PowerPoint 2016

PowerPoint 2016

Sehen und Können

Hermann Plasa

ISBN 978-3-95982-010-3

© 2016 by Markt+Technik Verlag GmbH
      Espenpark 1a
      90559 Burgthann

Produktmanagement Christian Braun, Burkhardt Lühr
Herstellung Jutta Brunemann, j.brunemann@mut.de
Covergestaltung David Haberkamp
Coverfoto © goodluz – Fotolia.com
Satz inpunkt[w]o, Haiger, www.inpunktwo.de
Druck Media-Print Informationstechnologie GmbH, Paderborn
Printed in Germany

Liebe Leserin, lieber Leser,

dieses Buch macht Sie Schritt für Schritt mit Microsoft Office PowerPoint 2016 vertraut. Zu Beginn erhalten Sie einen Schnellüberblick über alle Hauptbereiche von PowerPoint. In den folgenden Kapiteln vertiefen Sie dieses Basiswissen. Sie erfahren, wie Sie Power-Point an Ihre Wünsche und Arbeitsweise anpassen, wie Sie Text- und Objektplatzhalter mit Inhalt betanken und wie Sie Formen, Textfelder, Bilder, Tabellen, Diagramme sowie SmartArt-Grafiken erstellen und bearbeiten. Danach wird's dynamisch: Sie lernen, wie Sie Texte und Objekte animieren und Ihre Präsentation mithilfe von Hyperlinks, Audio und Video flexibel, interaktiv und zielgruppenorientiert gestalten. In den beiden letzten Kapiteln werfen Sie einen Blick unter PowerPoints Motorhaube und erfahren Näheres zum Folienmaster sowie zu Präsentationsvorlagen.

Über den Autor

Hermann Plasa ist seit Mitte der 90er Jahre als IT- und Präsentationstrainer, Führungskräfte-Coach, Redner sowie Fach- und Reisebuchautor tätig. Sein Spezialgebiet sind die PC-Präsentation mit dem Schwerpunkt »Vertriebs- und Kundenpräsentation« sowie Train-the-Trainer-Workshops. Seit 2008 ist er geschäftsführender Gesellschafter der SoGeht's GmbH, für die er E-Learning-Lösungen zu Microsoft-Office-Anwendungen entwickelt. Im Nebenberuf unternimmt der passionierte Langstreckenradler monatelange Radreisen fernab von Deutschland.

Qualifikationen

Diplom-Pädagoge (Univ.) mit dem Schwerpunkt »Erwachsenenbildung«; Fortbildung und Supervision in den Bereichen Transaktionsanalyse, Kommunikation, Konfliktmanagement; Fortbildung zum Mediendesigner/-analytiker (CDI); Zertifizierung zum Microsoft Certified Trainer (MCT); Fortbildung zum Werbetexter; Coaching-Ausbildung bei Dr. Gunther Schmidt am Milton-Erickson-Institut in Heidelberg (»Systemische und hypnotherapeutische Konzepte für Organisationsberatung, Coaching und Persönlichkeitsentwicklung«).

E-Learning »Die besten Tipps & Tricks zu PowerPoint«

Seit 2008 entwickle ich Lernvideos zu Microsoft-Office-Anwendungen. Für Sie gibt's als Bonus zum Buch »Die besten Tipps & Tricks zu PowerPoint«. Mithilfe kurzer, verständlicher und praxisnaher Videos werden Sie Ihr Arbeitstempo vervielfachen und in deutlich kürzerer Zeit zu besseren Ergebnissen kommen.

Eine Beispielpräsentation mit ausgewählten Folien aus dem Buch können Sie auf der Startseite herunterladen. Hier geht's zum E-Learning:

- Flash: *www.fit-for-office.com/videos/ppt2016/story.html*
- HTML5: *www.fit-for-office.com/videos/ppt2016/story_html5.html*

Falls Sie nicht ins E-Learning-Portal kommen, Fragen oder Anmerkungen haben, erreichen Sie mich per E-Mail unter folgender Adresse: *Hermann.Plasa@so-geht's.eu*.

Ihr
Hermann Plasa

1 Schnelleinstieg

13

Die Programmoberfläche 14
Textplatzhalter betanken 16
Präsentationen öffnen und erstellen 18
Gegliederte Aufzählung erstellen 20
Folienlayout nachträglich ändern 22
Einfache Tabelle erstellen 24
Einfaches Diagramm erstellen 26
Einfache SmartArt-Grafik erstellen 28
Bild von Datenträger einfügen 30
Onlinegrafik einfügen 32
Video von Datenträger einfügen 34
Onlinevideo (YouTube) einfügen 36
Design zuweisen 38
Folienübergänge zuweisen 40
Arbeitsansichten 42
Präsentationsansichten 46
Die Referentenansicht im Überblick 48
Die Ansichtsleiste 52
Folien löschen 54
Abschnitte 56
Präsentation auf Festplatte speichern 58
Präsentation drucken 60

2 PowerPoint anpassen

63

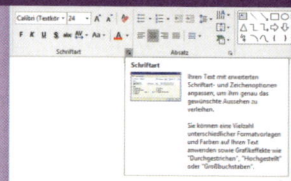

Ausgewählte PowerPoint-Optionen 64
Rechtschreibprüfung und AutoKorrektur 66
AutoFormat 68
Symbolleiste für den Schnellzugriff 70

3 Formen und Textfelder

75

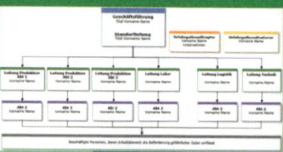

Formen erstellen und anpassen 76
Flexible und unflexible Textfelder 78
Pfeile, Linien und Verbindungslinien 80
»Sieben auf einen Streich« – Objekte markieren 82

4 Grafiken

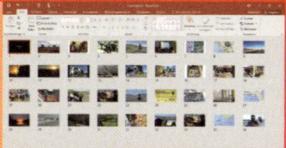

Mehrere Grafiken vom Datenträger einfügen 86
Grafik als Folienhintergrund. 88
Grafik als Füllung für Formen. 90
Formatieren mit Bildformatvorlagen 92
Bilder anpassen. 94
Bildbereiche freistellen. 96
Bild zuschneiden 98
Bilder komprimieren 100
Ein Fotoalbum erstellen und anpassen 102
Übungsbeispiel »Bullaugen-Effekt« 106
Übungsbeispiel »Schwebender Bild-Würfel«. 108
Übungsbeispiel »Team-Organigramm« 112
Übungsbeispiel »Text und Bild« 114

5 Tabellen

Varianten zum Erstellen einer Tabelle 118
Zellen markieren, verbinden und trennen 120
Zellfarben und Rahmenlinien von Hand formatieren 124
Spalten und Zeilen skalieren, einfügen und löschen 126

6 Basiswissen Diagramme

Kurzüberblick über Diagrammtypen 130
Excel-Diagramm einfügen. 132
Diagrammformatvorlagen, Schnelllayouts und Farben 134
Diagrammelemente anpassen 136

7 SmartArt-Grafiken – Schaubilder auf Knopfdruck

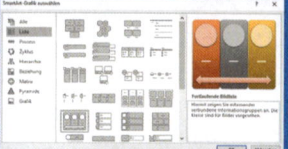

SmartArt-Grafik ohne Platzhalter erstellen. 140
Layout wechseln 142
Formatvorlage zuweisen 144
Übungsbeispiel »Team« 146

8 Animationseffekte

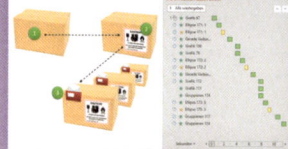

Überblick über die Animationen. 150
Effekt zuweisen und austauschen 152
Effekt anpassen. 154
Aufzählung, Diagramm und SmartArt animieren 156
Effekte automatisch auslösen 158

9 Hyperlinks

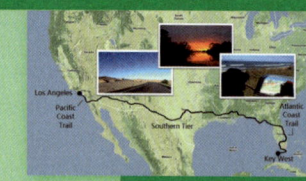

Hyperlinks ins Internet und zu Office-Dateien 162
Hyperlinks zu anderen Präsentationen 166
Blättern im Kiosk-Modus 168

10 Audio und Video

Einfügen einer Audiodatei und allgemeiner Überblick 172
Startvarianten für Audiodateien 174
Abspieldauer anpassen 178
Video einfügen 182
Startvarianten für Videos 184
Video anpassen 186
Videogröße wählen 188

11 Der Folienmaster

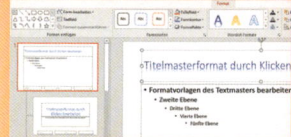

Die Masteransicht 192
Formatierungen anpassen 194
Objekte einfügen und anpassen 196
Verbogene Folien reparieren 198
Standards für Formen, Textfelder und Linien anpassen 200
Fußzeile anpassen 202
Mehrere Folienmaster in einer Präsentation 204

12 Präsentationsvorlage

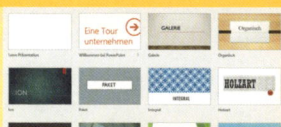

Überblick über die Vorlagen 208
Präsentationsvorlage erstellen 210
Präsentationsvorlage bearbeiten 212
Präsentationsvorlage als Design speichern 214
Präsentationsvorlage als Standardvorlage speichern 216

Tastenkombinationen 218
Stichwortverzeichnis 224

Schnelleinstieg

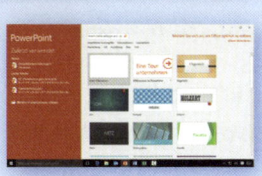

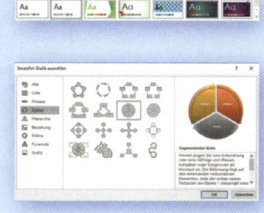

Start 1

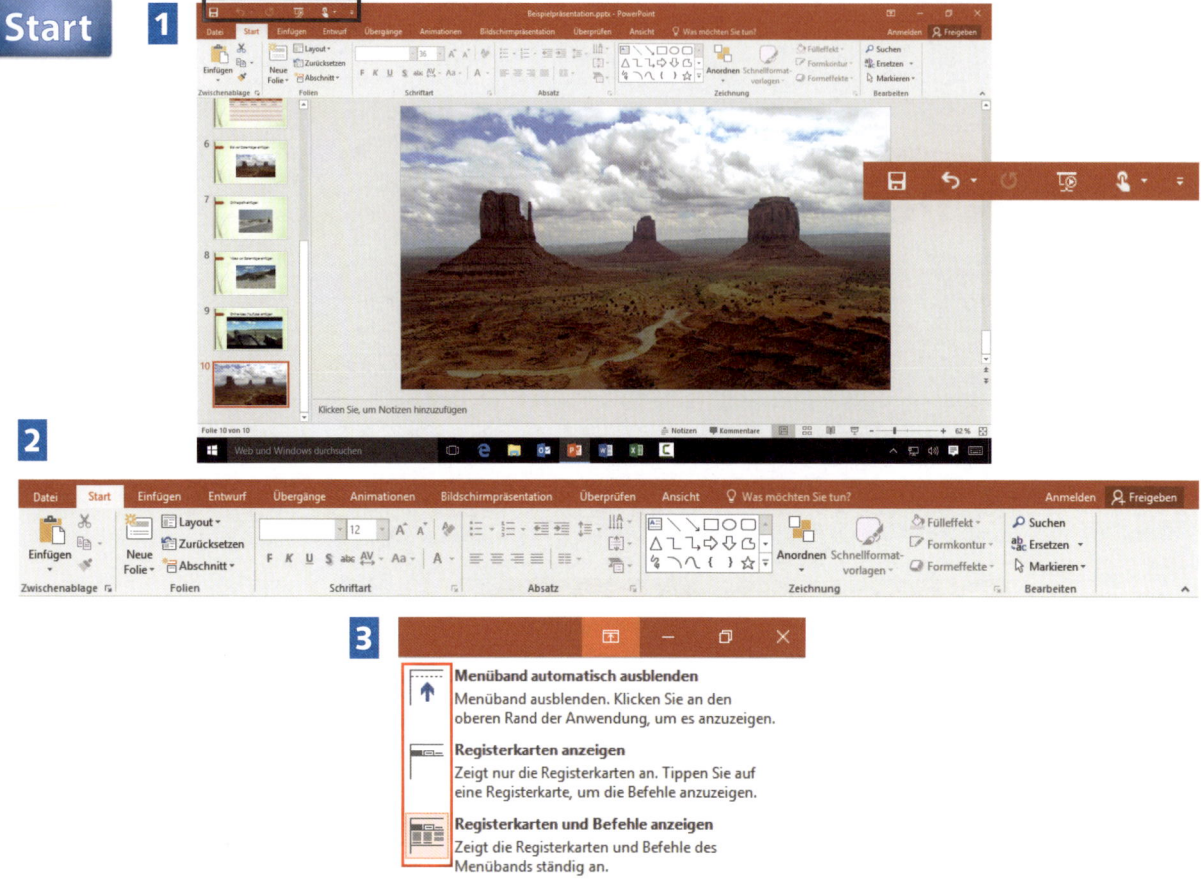

2

3

1 Oben links befindet sich die *Symbolleiste für den Schnellzugriff*, kurz: *Schnellzugriffsleiste*.

2 Unterhalb der *Schnellzugriffsleiste* erstreckt sich das Menüband vom linken bis zum rechten Bildschirmrand. Per Voreinstellung zeigt PowerPoint nach dem Öffnen das Register *Start*.

3 Per Voreinstellung ist das Menüband samt Registerkarten und Befehlen sichtbar, aber in den *Menüband-Anzeigeoptionen* gibt es noch zwei weitere Varianten.

Mit der Version 2007 hielt ein neues Benutzerkonzept Einzug in die Office-Welt. Das **Menüband** ersetzte die guten alten Drop-down-Menüs. Es ist dynamisch: Die Registerkarten zeigen je nach Größe des Programm-fensters bzw. Auflösung des Bildschirms mal mehr und mal weniger Symbole an. Wundern Sie sich also nicht, falls Ihr Bildschirm mal mehr, mal weniger und mal andere Symbole anzeigt als die Abbildungen in diesem Buch.

WISSEN

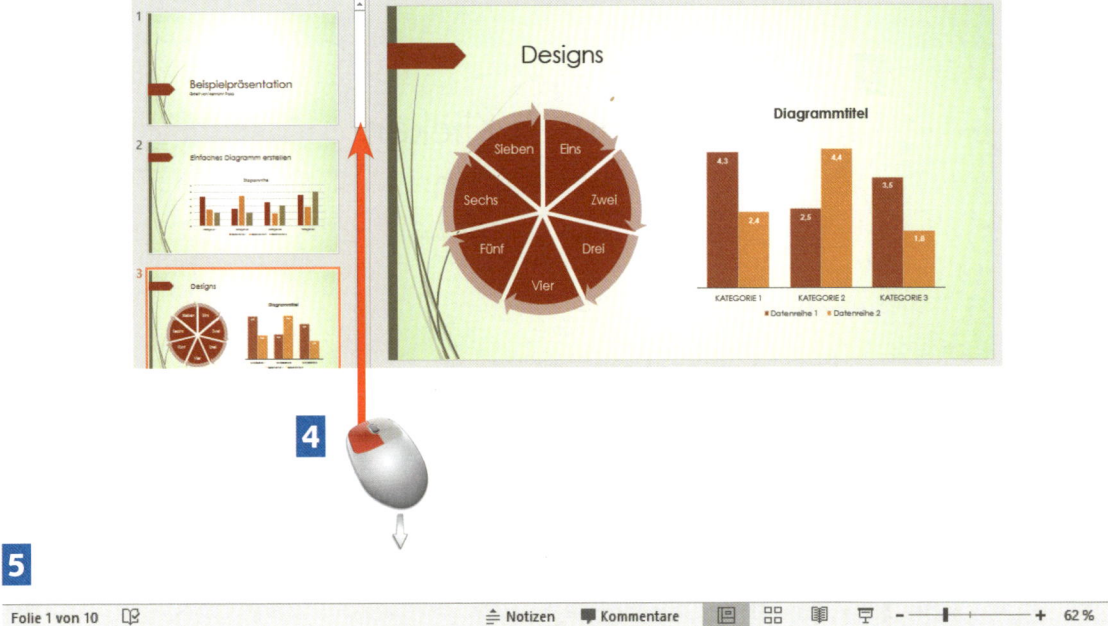

4 Den Löwenanteil des Programmfensters nimmt die aktuelle Folie ein. Links davon befindet sich ein Bereich mit Miniatur-Folien. Die Breite dieses Bereichs können Sie mit gedrückter linker Maustaste anpassen. Probieren Sie am besten jetzt gleich aus, wie schmal bzw. breit Sie diesen Bereich ziehen können.

5 Am unteren Rand des PowerPoint-Fensters kleben die Status- und Ansichtsleiste.

6 Kontextabhängige Register: Das Menüband enthält in den ständig angezeigten Registern jene Werkzeuge, die **immer** in Griffweite sein sollten. Für Spezialwerkstoffe wie z. B. Tabellen, Grafiken, Diagramme, SmartArt-Grafiken sowie Audio- und Video-dateien gibt es spezielle Register mit Spezialwerkzeugen. Diese Register erscheinen automatisch, sobald Sie einen solchen Spezialwerkstoff (Kontext) bearbeiten, und verschwinden automatisch, sobald Sie sich anderen Werkstoffen zuwenden. **Ende**

Mit der Tastenkombination Strg+F1 minimieren Sie das Menüband bzw. blenden ein minimiertes Menüband wieder ein.

Per Voreinstellung erhalten Sie in einem kleinen Fenster Hinweise zu demjenigen Symbol, auf das Sie gerade mit der Maus zeigen. Das ist in der Orientierungsphase hilfreich, wird vielen Anwendern aber irgendwann lästig. Zum Abschalten wählen Sie *Datei/Optionen/Allgemein/ QuickInfo-Format* und klicken auf die Variante *QuickInfos nicht anzeigen*.

TIPP   **TIPP**

Start

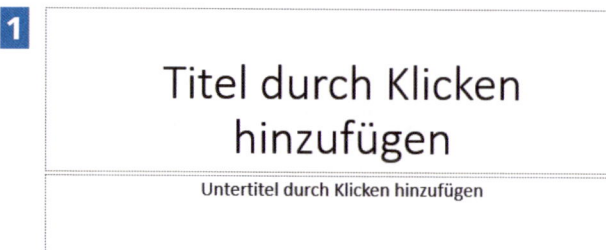

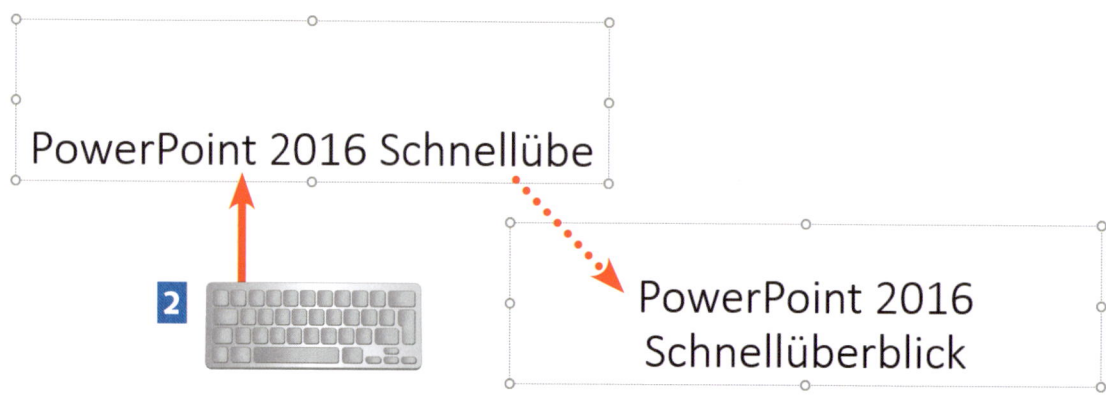

1 Textplatzhalter erkennen Sie an einem gepunkteten Rahmen sowie – je nach Folien-layout – an der Aufforderung, einen Titel, Untertitel oder Text durch Klicken hinzuzu-fügen.

2 Tun Sie PowerPoint den Gefallen, klicken Sie in den gewünschten Platzhalter und tippen Sie den Titel in den Titel-Platzhalter. PowerPoint sorgt automatisch für einen Zeilenum-bruch, sobald ein Wort nicht mehr in den Platzhalter passt.

Platzhalter sind das optische Rückgrat einer Präsentation. Position und Formate sind trotz unterschiedlicher Folienlayouts so definiert, dass beim Blättern durch die Präsentation alle Folien »wie aus einem Guss« wirken. Im Sinne eines einheitlichen Erscheinungsbildes aller Folien sollten Sie deshalb Position und Formate des Titel-Platzhalters niemals und die-jenigen der restlichen Textplatzhalter nur in Ausnahmefällen ändern.

WISSEN

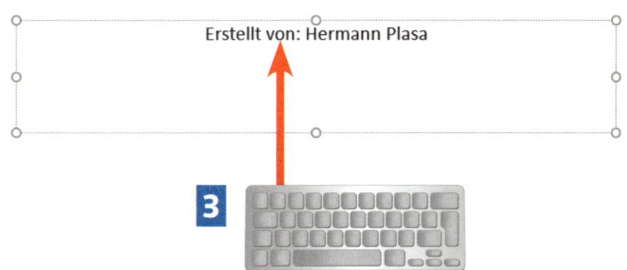

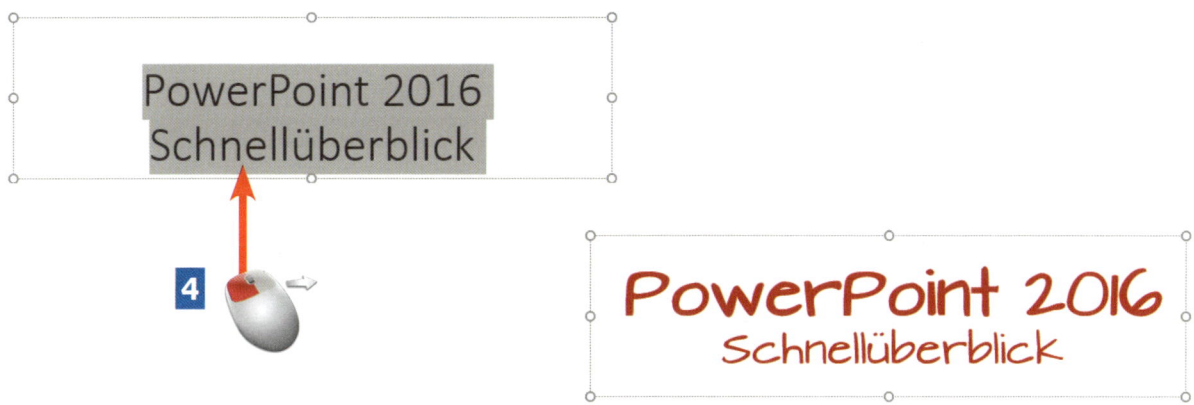

3 Jetzt tippen Sie Text in den Untertitel-Platzhalter ein.

4 Um – entgegen meines Rates – Text in Platzhaltern zu formatieren, folgen Sie der klassischen Methode »erst markieren, dann formatieren«.

Ende

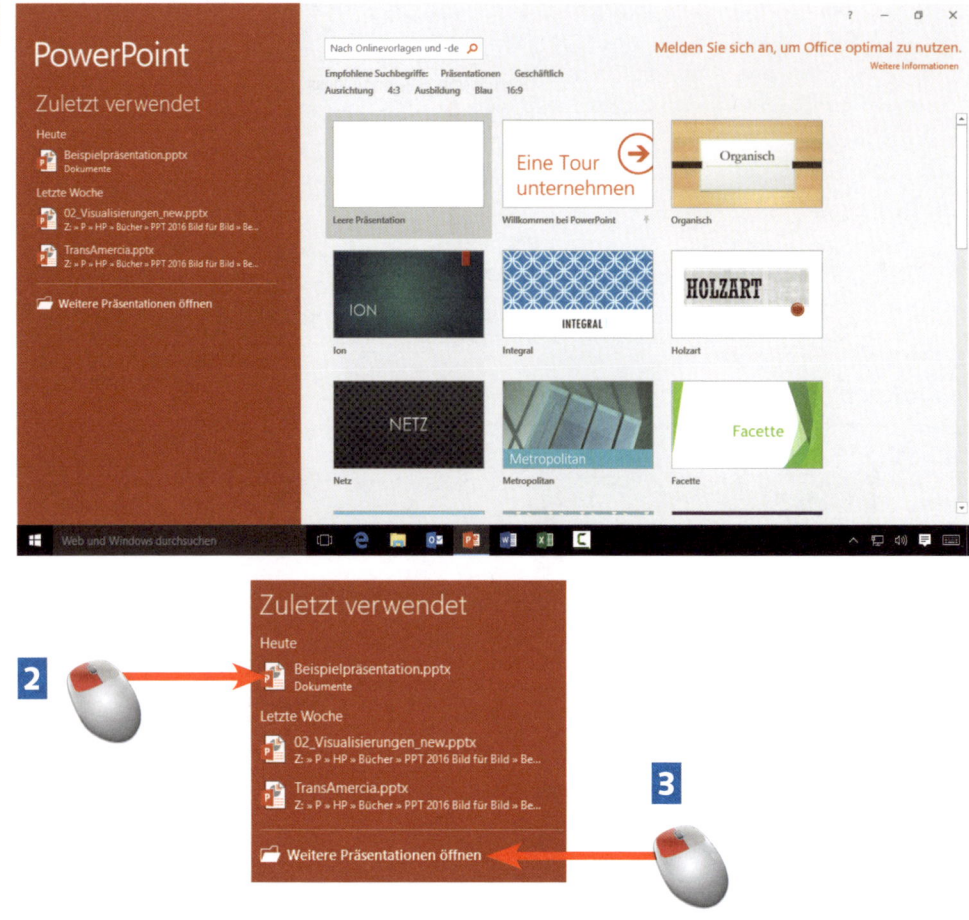

1 Nach dem Start begrüßt Sie PowerPoint per Voreinstellung mit dem *Startbildschirm*.

2 Zum Öffnen einer kürzlich verwendeten Präsentation klicken Sie diese in der Liste *Zuletzt verwendet* an.

3 Für Präsentationen, die nicht in der Liste enthalten sind, müssen Sie den Weg über *Weitere Präsentationen öffnen* gehen.

Mit PowerPoint 2013 hat das Folienformat 16:9 das bis dahin geltende Format 4:3 als Standardformat für neue Präsentationen abgelöst. Keine Bange! »Alte« Präsentationen im 4:3-Format werden anstandslos geöffnet und beim Speichern wieder im 4:3-Format gespeichert.

WISSEN

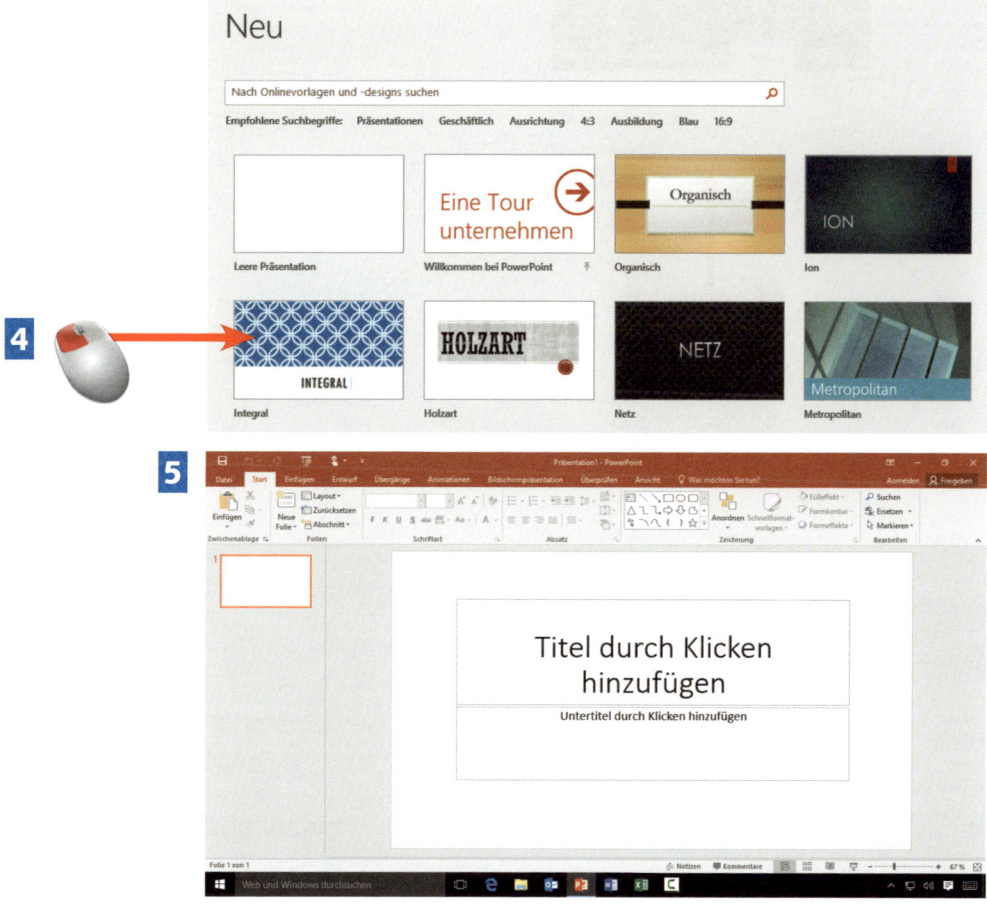

4 Zum Erstellen einer neuen Präsentation klicken Sie entweder das Vorschaubild der gewünschten Präsentationsvorlage an oder lassen PowerPoint online nach einer Vorlage suchen.

5 Für eine neue leere Präsentation in schlichtem Weiß wählen Sie links oben die Vorlage *Leere Präsentation* und es erscheint die Titelfolie der neuen Präsentation.

Ende

Zum Erstellen einer neuen leeren Präsentation müssen Sie nicht den langen Weg über das Register *Datei* gehen. Schneller geht's mit Strg+N.

Auch zum Öffnen einer Präsentation müssen Sie nicht den langen Weg über das Register *Datei* gehen. Schneller geht's mit Strg+F12.

Die Liste *Zuletzt verwendet* enthält per Voreinstellung die 25 zuletzt verwendeten Präsentationen. Um diese Anzahl auf einen beliebigen Wert zwischen 1 und 50 einzustellen, wählen Sie *Datei/Optionen/Erweitert*. Scrollen Sie etwas nach unten und geben Sie im Bereich *Anzeigen/ Diese Anzahl zuletzt verwendeter Präsentationen anzeigen* den gewünschten Wert ein.

TIPP   **TIPP**   **HINWEIS**

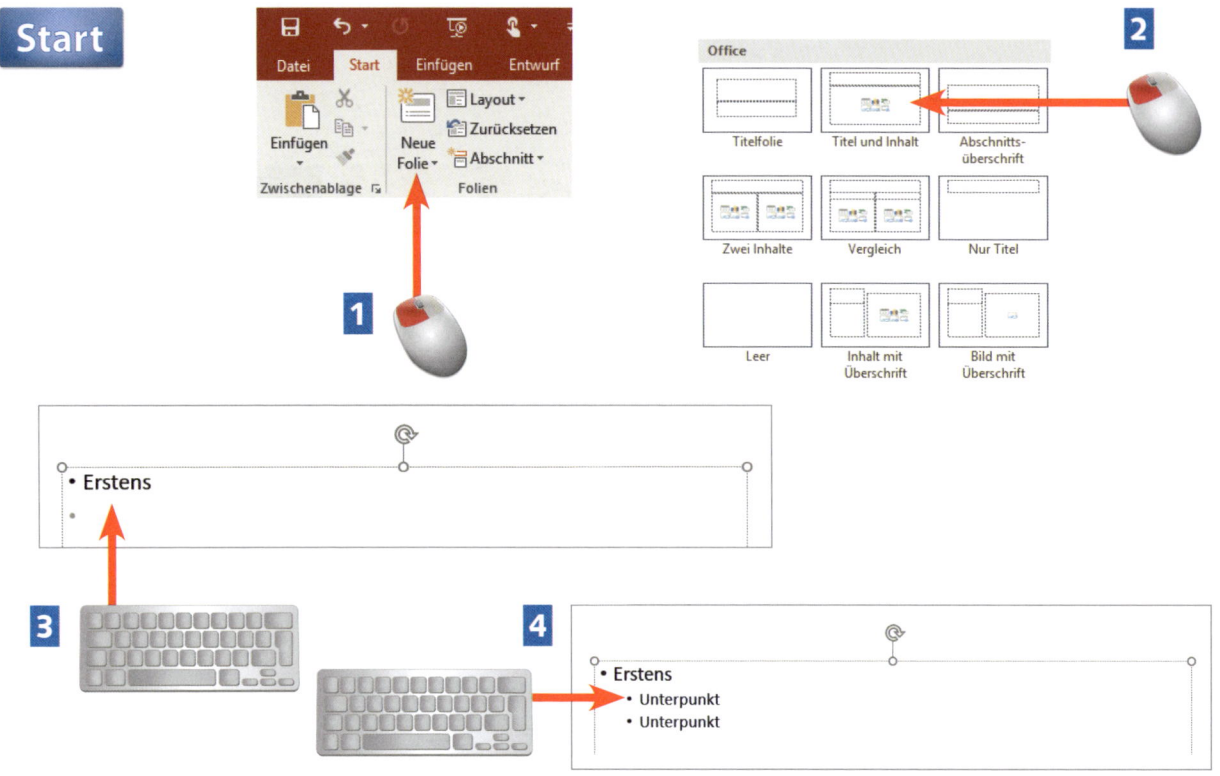

1 Klicken Sie im Register *Start* auf *Neue Folie*, um das Auswahlfenster mit den Folien-layouts zu öffnen.

2 Wählen Sie (für dieses Beispiel) das Folienlayout *Titel und Inhalt*.

3 Tippen Sie den Text des ersten Aufzählungspunktes in den Platzhalter und erzeugen Sie mit ⏎ einen neuen leeren Absatz.

4 Zum Einrücken des (noch leeren) neuen Absatzes drücken Sie die Taste ⇆ und tippen den ersten Unterpunkt. Mit ⏎ erzeugen Sie anschließend einen weiteren Absatz und geben den zweiten Unterpunkt ein.

Für Aufzählungen sind die Zeichen- und Absatzformate aller Gliederungs-ebenen im sogenannten *Folienmaster* definiert. Beim Erstellen einer Aufzählung legen Sie nur noch die Gliederungsebenen der Absätze fest und PowerPoint erledigt sämtliche Formatierungen automatisch.

WISSEN

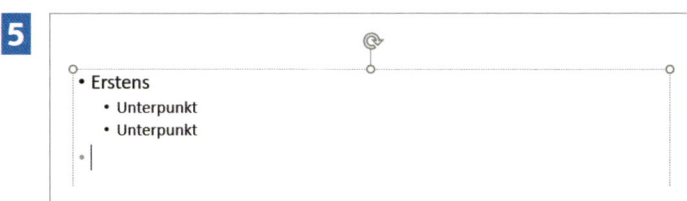

5 Jetzt wird's spannend! Denn nun ist der nächste Hauptpunkt fällig. Drücken Sie ⏎, um einen neuen Absatz zu erzeugen. Um diesen Absatz vom Unterpunkt zum Hauptpunkt zu befördern, legen Sie mit ⇧+⇥ den Rückwärtsgang ein. Voilà.

6 Mithilfe von ⇥ bzw. ⇧+⇥ erzeugen Sie nun die restlichen Haupt- und Unterpunkte. Alles wird gut, wenn Sie sich dabei streng an folgende Reihenfolge halten:

- Zuerst erzeugen Sie mit ⏎ einen neuen Absatz.
- Dann legen Sie mit ⇥ bzw. ⇧+⇥ die gewünschte Gliederungsebene für diesen Absatz fest.
- Abschließend tippen Sie den Text ein.

Ende

HINWEIS

Falls das Aufzählungszeichen eines Absatzes plötzlich verschwinden sollte, wurde die per Voreinstellung für diesen Platzhalter aktivierte Funktion *Aufzählungszeichen* versehentlich deaktiviert. Um das Problem zu lösen, klicken Sie zuerst in den Textabsatz ohne Aufzählungszeichen und dann im Register *Start* auf das Symbol *Aufzählungszeichen*.

TIPP

Um einem Absatz nachträglich per Tastatur eine andere Gliederungsebene zuzuweisen, klicken Sie **vor** den ersten Buchstaben dieses Absatzes und drücken dann wie gehabt ⇥ bzw. ⇧+⇥.

Start

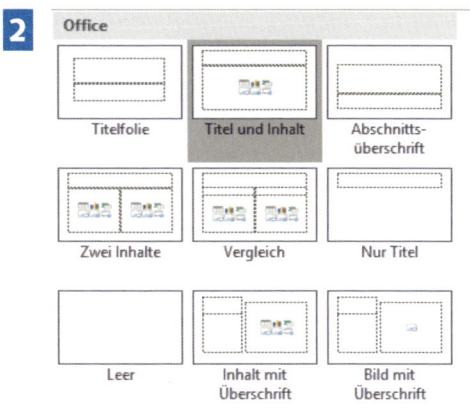

1 Zum Ändern des Folienlayouts der aktuellen Folie klicken Sie im Register *Start* auf *Layout*.

2 In der Auswahlliste ist das der Folie aktuell zugewiesene Layout eingefärbt, in diesem Bild mit grauer Farbe. Je nach gewähltem Office-Design variiert diese Farbe.

Alle vorinstallierten Präsentationsvorlagen enthalten die hier abgebildeten neun Folienlayouts. Viele Unternehmen passen diese Layouts jedoch
an bzw. erstellen zusätzliche benutzerdefinierte Folienlayouts.

WISSEN

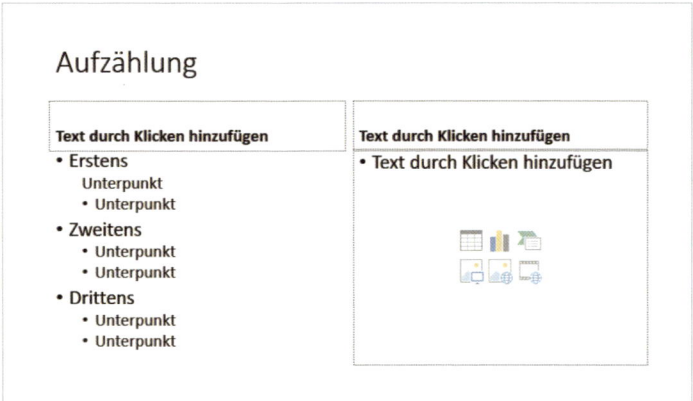

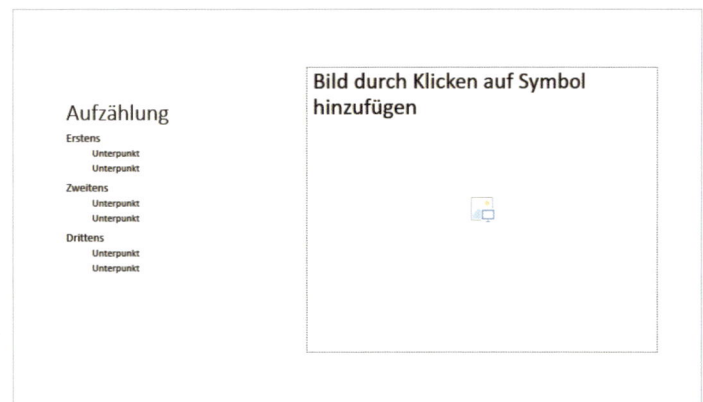

3 Klicken Sie auf das gewünschte Layout, zum Beispiel *Vergleich*. In diesem Fall verfrachtet PowerPoint die vorhandene Aufzählung in den linken der beiden Aufzählungsplatzhalter und stellt zwei Untertitel- sowie einen zweiten Aufzählungsplatzhalter zur Verfügung.

4 So sieht das Ergebnis aus, wenn Sie das Layout *Bild mit Überschrift* wählen.

Ende

Bei nachträglichem Zuweisen eines anderen Folienlayouts gehen keine Inhalte verloren! Sie können das Layout einer Folie also zu jedem beliebigen Zeitpunkt ohne Datenverlust ändern.

Das Office-Design ändern Sie über *Datei/Optionen/ Allgemein/Office-Design*.

Kontextmenü: Ein Kontextmenü öffnet sich nach einem Klick mit der **rechten** Maustaste auf ein Objekt und enthält eine Auswahl der für dieses Objekt am häufigsten verwendeten Befehle.

HINWEIS   **TIPP**   **FACHWORT**

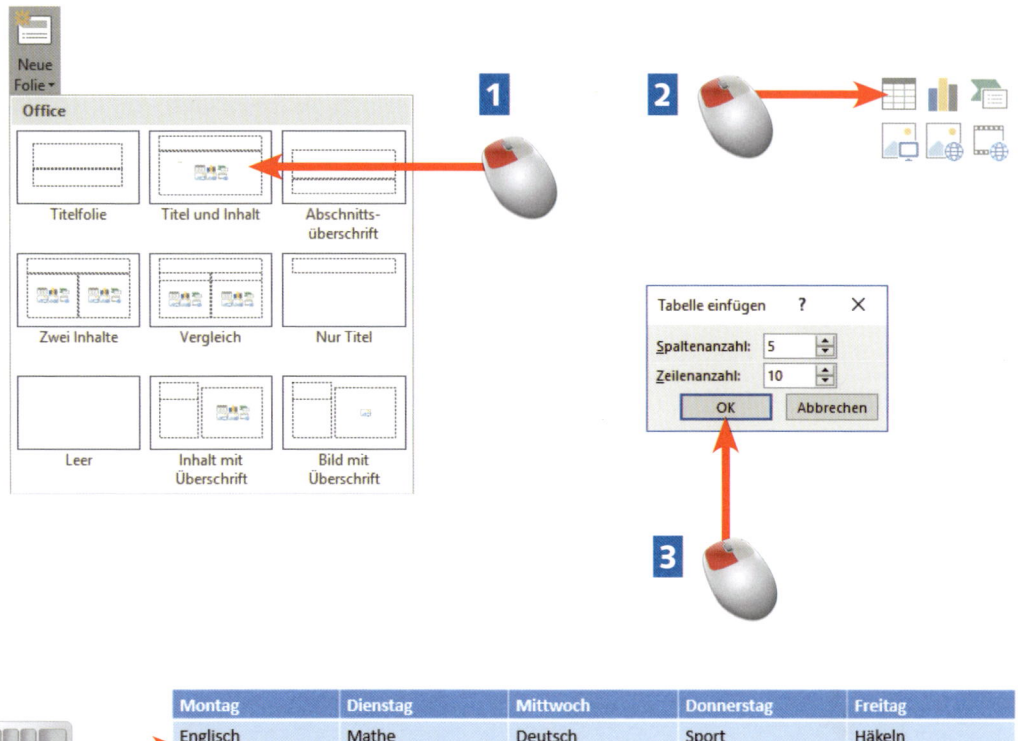

Montag	Dienstag	Mittwoch	Donnerstag	Freitag
Englisch	Mathe	Deutsch	Sport	Häkeln
Mathe	Geschichte	Erdkunde	Deutsch	Stricken

1 Erstellen Sie eine neue Folie. Für Tabellen empfehle ich das Layout *Titel und Inhalt*.

2 Klicken Sie im Objektplatzhalter auf das Symbol *Tabelle einfügen*.

3 Wählen Sie die gewünschte Spalten- und Zeilenanzahl und klicken Sie abschließend auf *OK*.

4 Tippen Sie den gewünschten Text in die Zellen.

Das Layout *Titel und Inhalt* eignet sich für Tabellen besonders gut, weil der Platzhalter eine angemessene Breite besitzt und durch seine fixe Position für ein einheitliches Erscheinungsbild der Präsentation sorgt.

WISSEN

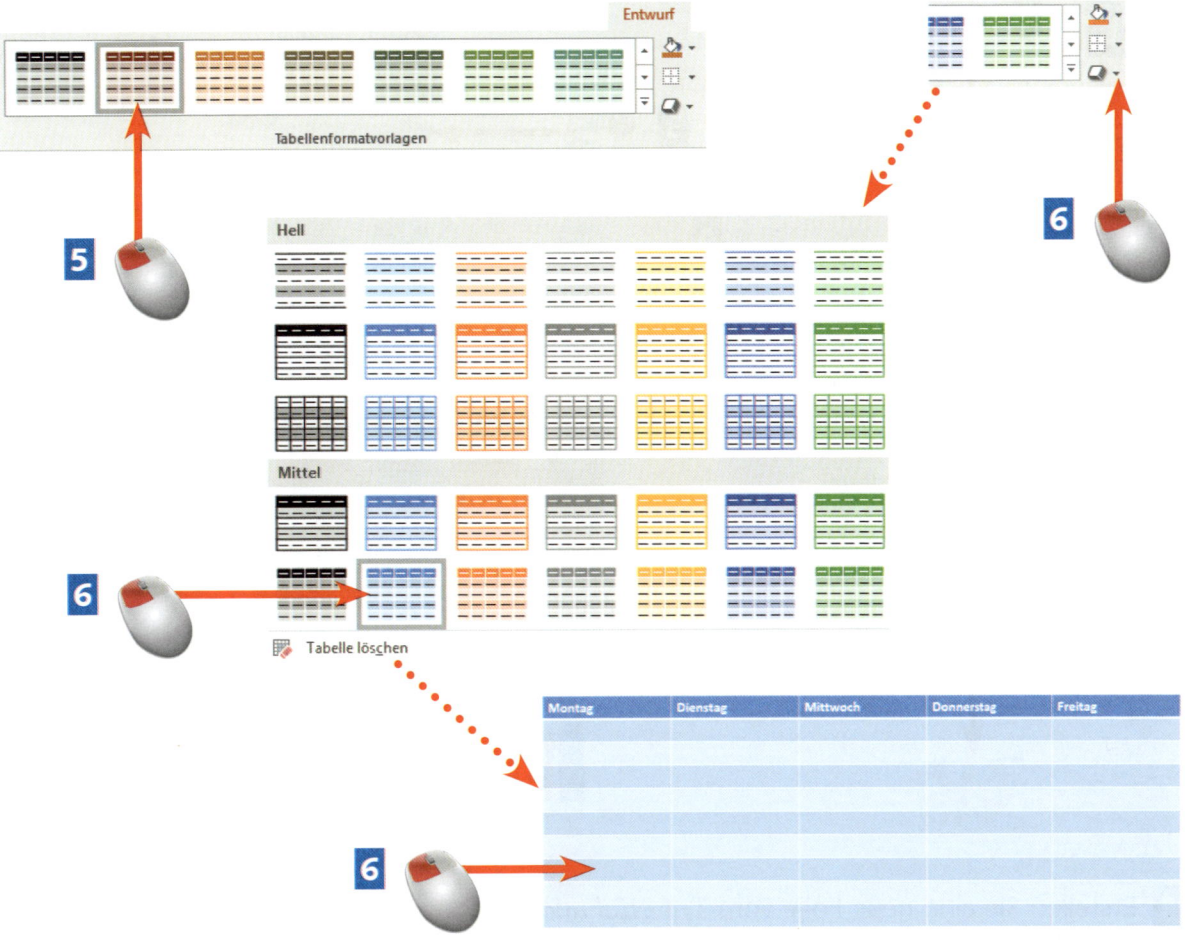

5 Mithilfe der *Tabellenformatvorlagen* im Register *Entwurf* der Tabellentools formatieren Sie die komplette Tabelle mit einem einzigen Klick.

6 Um alle Tabellenformatvorlagen zu sehen, klicken Sie auf das Symbol *Weitere*. **Ende**

Mit der Taste ⇥ springt der Cursor zur nächsten, mit ⇧+⇥ zur vorherigen Zelle.

Um am Ende der Tabelle eine zusätzliche Zeile anzufügen, klicken Sie in die letzte Zelle der Tabelle und drücken die ⇥-Taste.

Die beiden Register *Entwurf* und *Layout* der Tabellentools werden erst nach einem Klick in die Tabelle angezeigt.

TIPP **TIPP** **HINWEIS**

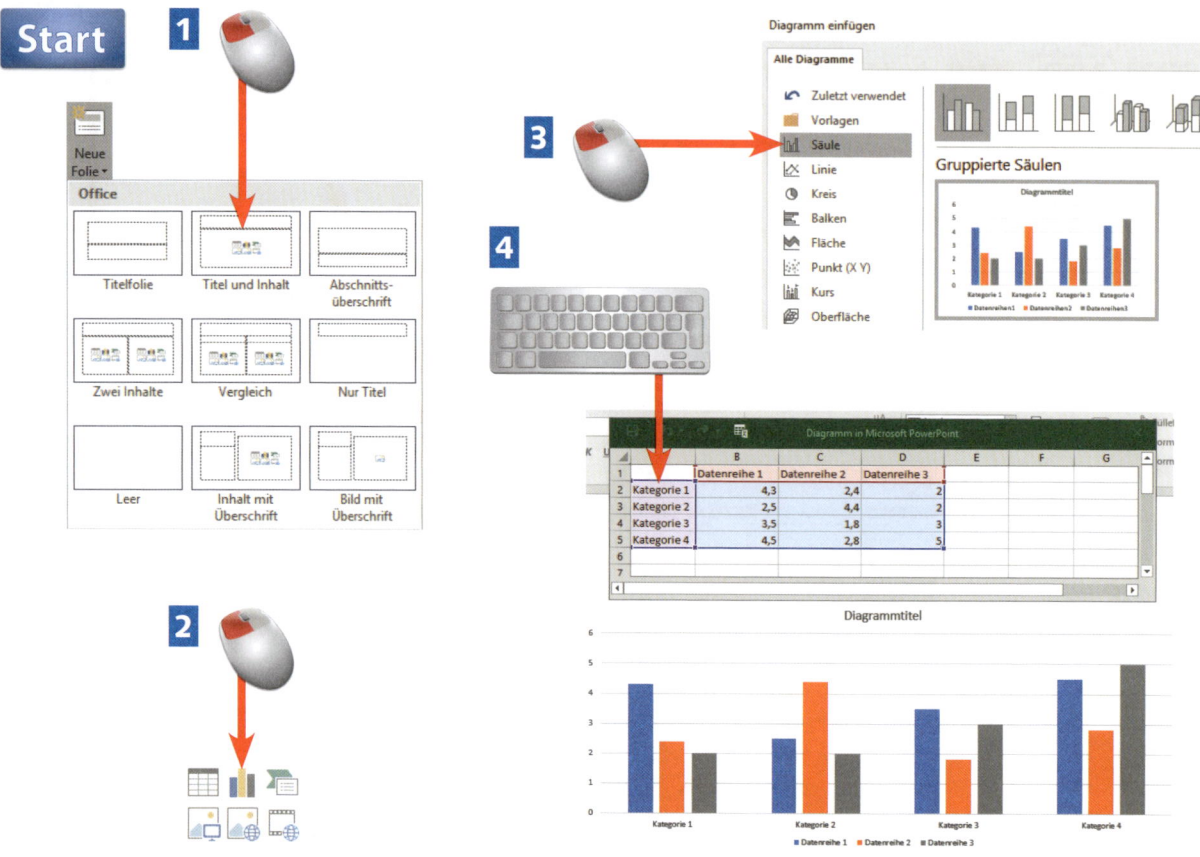

1 Erstellen Sie eine neue Folie vom Typ *Titel und Inhalt*.

2 Klicken Sie im Objektplatzhalter auf das Symbol *Diagramm einfügen*.

3 Wählen Sie im Dialogfenster *Diagramm einfügen* die gewünschte Variante.

4 Auf der Folie erscheint nun das Diagramm samt Datenblatt. Überschreiben Sie die Beispieldaten bzw. befüllen Sie zusätzliche Spalten oder Zeilen mit Daten. Während Sie die Daten ändern, passt sich das Diagramm entsprechend an.

Das Layout *Titel und Inhalt* eignet sich für Diagramme besonders gut, weil der Platzhalter eine angemessene Breite besitzt und durch seine fixe Position für ein einheitliches Erscheinungsbild der Präsentation sorgt.

WISSEN

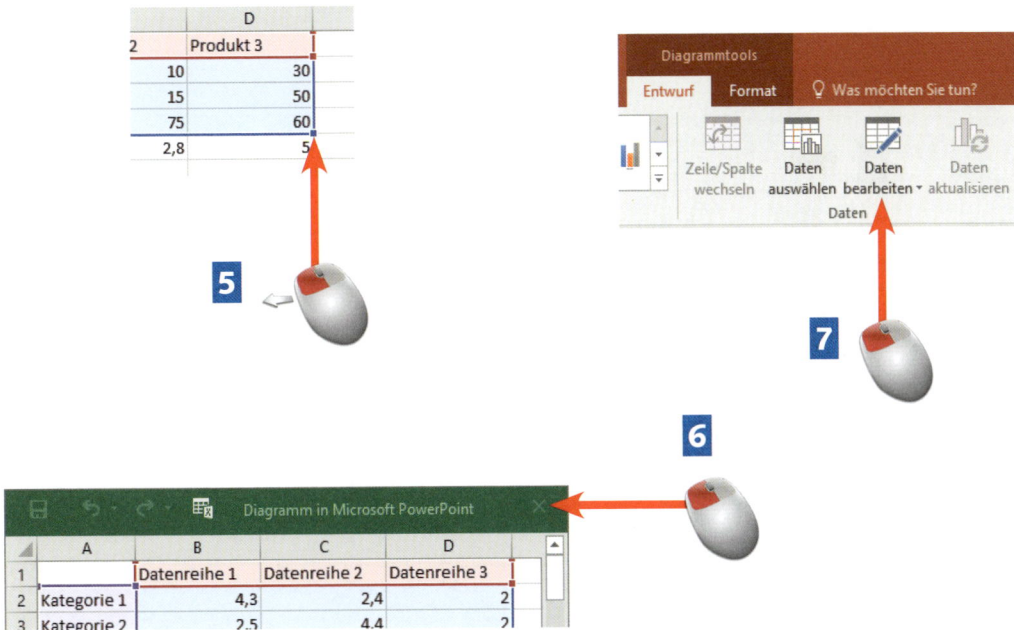

5 Um unerwünschte Spalten bzw. Zeilen nicht mehr im Diagramm anzuzeigen, verkleinern Sie den blauen Rahmen um den Datenbereich. Ziehen Sie dazu das kleine, blaue Kästchen an der rechten unteren Ecke des blauen Rahmens nach oben bzw. nach links. Zeilen oder Spalten, die nicht mehr innerhalb dieses blauen Rahmens liegen, verschwinden aus dem Diagramm.

6 Zum Schließen des Datenblattes klicken Sie rechts außen in der Titelleiste des Datenblattes auf das Schließfeld *X*.

7 Um das Datenblatt wieder anzuzeigen, klicken Sie zuerst ins Diagramm und wählen anschließend im Register *Entwurf* der Diagrammtools den Befehl *Daten bearbeiten*.

Ende

HINWEIS	HINWEIS	TIPP
Diagramm und Datenblatt sind als Diagrammobjekt in der Präsentationsdatei gespeichert. Wenn Sie die Präsentation später per E-Mail versenden oder die Folie mit dem Diagramm in eine andere Präsentation kopieren, reisen Diagramm und Datenblatt als blinde Passagiere mit.	Die beiden Register *Entwurf* und *Format* der Diagrammtools werden erst dann angezeigt, wenn das Diagramm markiert bzw. bearbeitet wird.	Falls Sie auf Folien ohne Objektplatzhalter ein Diagramm erstellen möchten, klicken Sie im Register *Einfügen* auf *Diagramm*, um das Dialogfenster *Diagramm einfügen* zu öffnen. Ab dann geht's weiter wie hier beschrieben.

Start

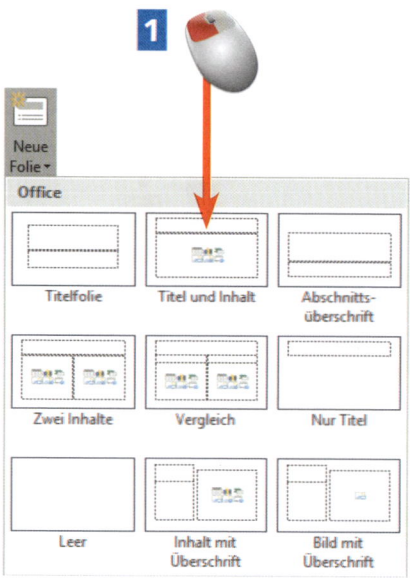

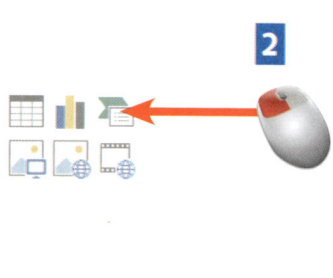

1 Erstellen Sie eine neue Folie. Für dieses Beispiel verwende ich das Folienlayout *Titel und Inhalt*.

2 Klicken Sie im Objektplatzhalter auf das Symbol *SmartArt-Grafik einfügen*.

SmartArt-Grafiken sind Schaubilder, die Sie mit wenigen Handgriffen erstellen und anpassen. Optisch ansprechende Listen, vertikale oder horizontale Prozesse sowie (einfache) Organisationsdiagramme lassen sich mithilfe von SmartArt-Grafiken schnell und bequem erstellen.

WISSEN

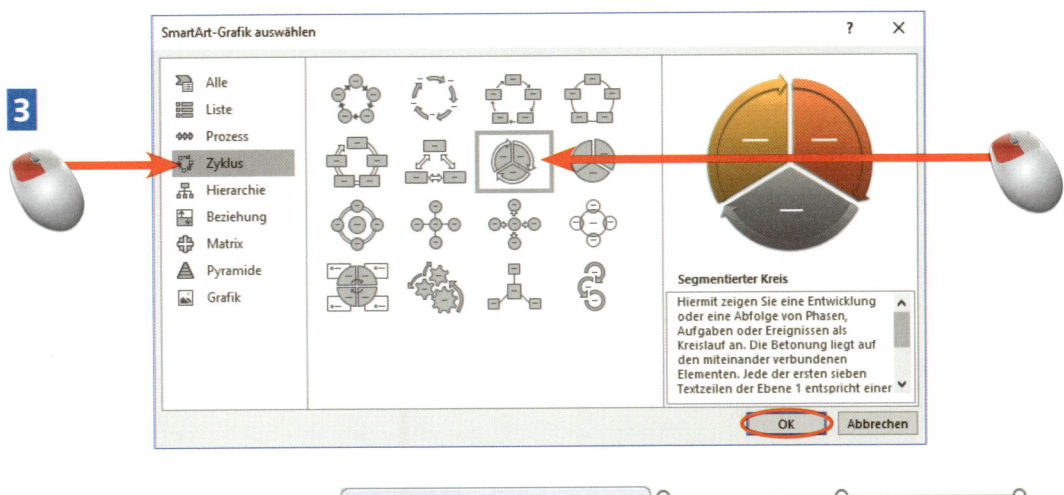

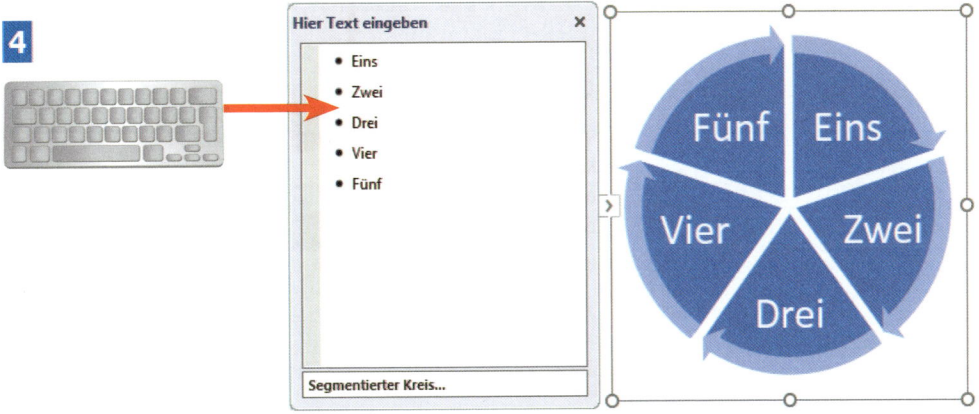

3 Wählen Sie im Dialogfenster *SmartArt-Grafik auswählen* links den gewünschten Typ. Für dieses Beispiel wähle ich *Zyklus*. Im mittleren Teil des Dialogfensters erscheinen nun die Varianten dieses SmartArt-Typs. Treffen Sie Ihre Wahl und klicken Sie abschließend auf *OK*.

4 Die SmartArt-Grafik erscheint auf der Folie. Links davon schwebt der sogenannte Textbereich. Tippen Sie den gewünschten Text in den Textbereich. Während Sie tippen, entsteht die SmartArt-Grafik.

Ende

Die beiden Register *Entwurf* und *Format* der SmartArt-Tools werden erst dann angezeigt, wenn die SmartArt-Grafik markiert bzw. bearbeitet wird.

Das Fassungsvermögen mancher SmartArt-Grafiken ist begrenzt. Der für das Beispiel verwendete *Segmentierte Kreis* verkraftet maximal sieben Textabsätze (Segmente). Probieren Sie es aus. Wenn Sie – ohne Tricks – einen Kreis mit acht Segmenten erstellen können, erhalten Sie vom Autor eine Flasche Champagner.

Falls Sie auf Folien ohne Objekt-platzhalter eine SmartArt-Grafik erstellen möchten, klicken Sie im Register *Einfügen* auf *SmartArt-Grafik*, um das Dialogfenster *SmartArt-Grafik auswählen* zu öffnen. Ab dann geht's weiter wie hier beschrieben.

HINWEIS   **HINWEIS**   **TIPP**

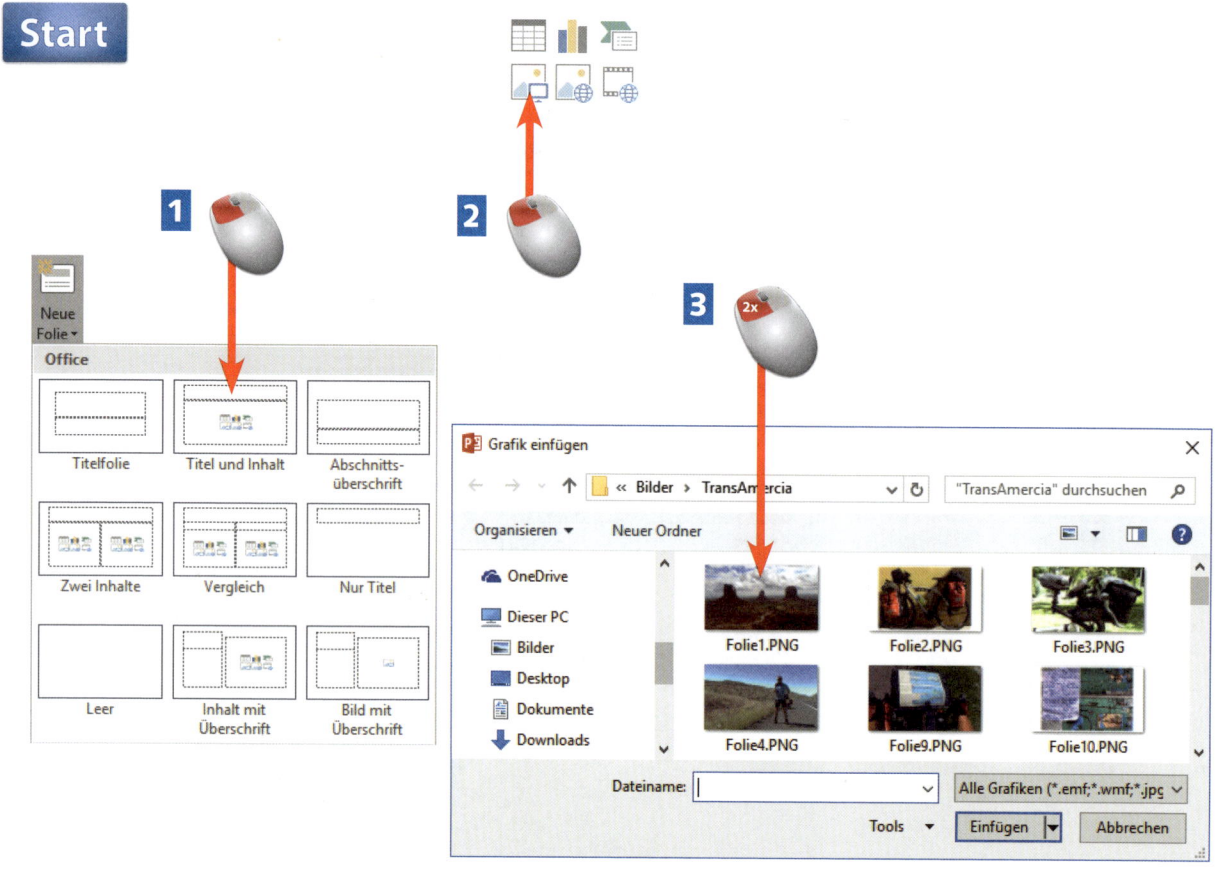

1 Erstellen Sie eine neue Folie. Für dieses Beispiel verwende ich das Folienlayout *Titel und Inhalt*.

2 Klicken Sie im Objektplatzhalter auf das Symbol *Bilder*, um das Dialogfenster *Grafik einfügen* zu öffnen.

3 Im Dialogfenster *Grafik einfügen* suchen und doppelklicken Sie auf das gewünschte Bild.

WISSEN

PowerPoint kann Bilder aus verschiedenen Quellen importieren. Ein typisches Beispiel für das Einfügen eines Bildes vom Datenträger sind Fotos aus der Digitalkamera, die im Normalfall im JPEG-Format vorliegen. PowerPoint kommt mit den meisten gängigen Bildformaten problemlos zurecht.

TIPP

Mit diesen Bildformaten kommt PowerPoint besonders gut zurecht: JPEG, PNG, GIF, BMP.

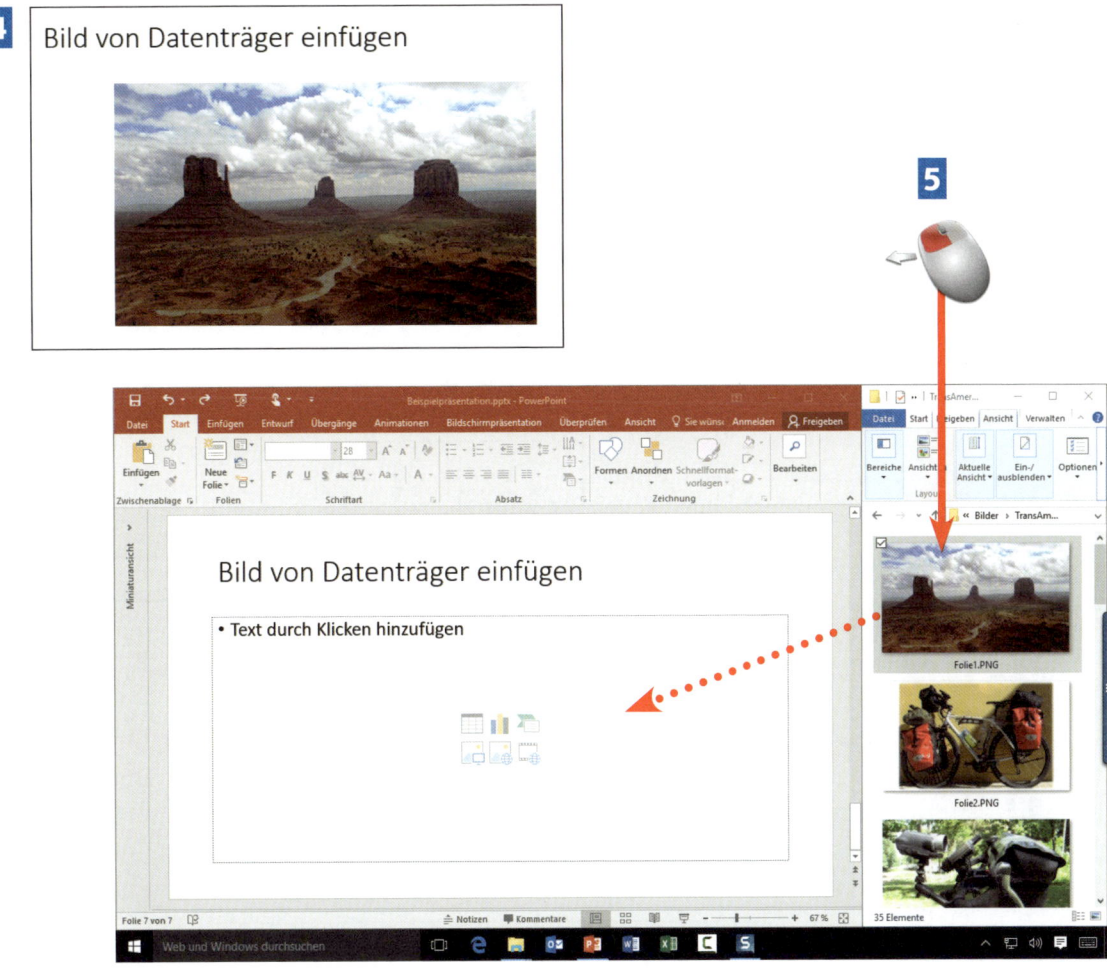

4 PowerPoint fügt das Bild in den Platzhalter ein.

5 Alternativ zu der beschriebenen Methode können Sie Bilder auch aus dem Windows-Explorer mit gedrückter linker Maustaste direkt in die Folie ziehen.

Ende

Per Voreinstellung werden Bilder beim Einfügen automatisch auf 220 ppi (pixels per inch, Pixel pro Zoll) komprimiert. Das garantiert einwandfreie Qualität sowohl für die Bildschirmpräsentation als auch für den Druck der Folien. Zum Ändern dieser Voreinstellung wählen Sie *Datei/Optionen/Erweitert*, scrollen nach unten bis zum Bereich *Bildgröße* und -qualität und wählen die gewünschte Variante in der Liste *Standardzielausgabe festlegen auf*.

Nutzen Sie in höchster Qualität erzeugte Bilder für Ihre Folien (Dateigrößen von 30 MByte und mehr pro Grafik sind keine Seltenheit), bläht das die Präsentation trotz eingebauter Standardkomprimierung sehr auf, was beim Versenden als E-Mail-Anhang zum Problem werden kann.

HINWEIS **HINWEIS**

Start

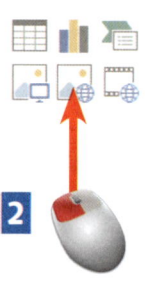

1 Erstellen Sie eine neue Folie. Für dieses Beispiel verwende ich das Folienlayout *Titel und Inhalt*.

2 Klicken Sie im Objektplatzhalter auf das Symbol *Onlinegrafiken*, um das Dialogfenster *Bilder einfügen* zu öffnen.

Microsoft hat die gute alte ClipArt-Sammlung leider eingestampft. PowerPoint nutzt für die Suche nach Onlinegrafiken nun Microsofts hauseigene Suchmaschine Bing.

WISSEN

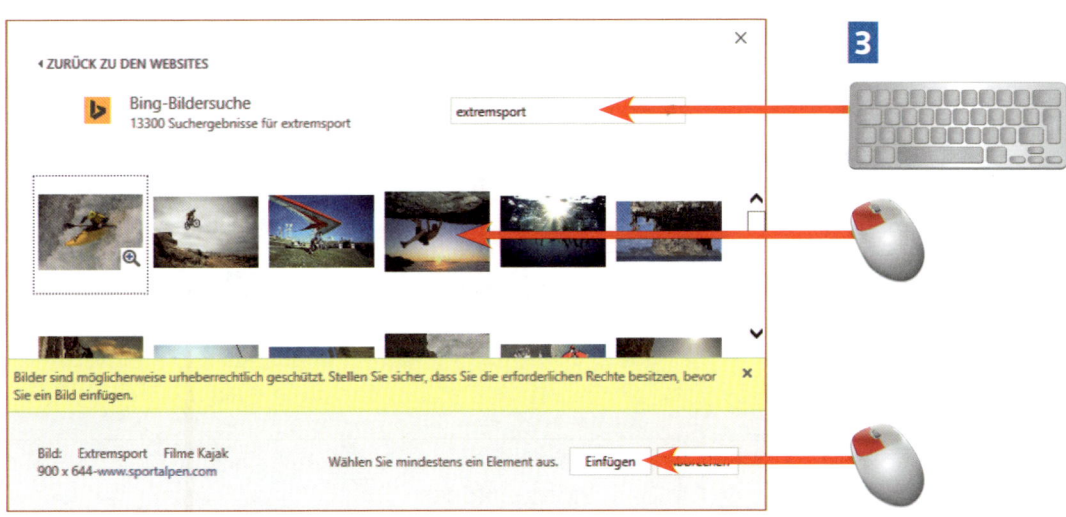

3 Tippen Sie einen Suchbegriff ein, starten Sie die Suche mit ⏎, klicken Sie in der Trefferliste das gewünschte Bild an und wählen Sie abschließend *Einfügen*.

4 Die Suche in diesem Beispiel ergab 13.300 Treffer. Um die Trefferliste einzugrenzen, tippen Sie mehrere Suchbegriffe ein. Namen von Personen tippen Sie in Anführungszeichen.

Ende

TIPP

Die Auswahl an Bildquellen wird erweitert, sobald Sie sich mit einem Microsoft-Konto anmelden. Diesen Hinweis samt Anmeldelink finden Sie in einem grauen Kasten am unteren Rand des Dialogfensters *Bilder einfügen*.

TIPP

Um mehrere Onlinegrafiken in einem einzigen Arbeitsgang einzufügen, klicken Sie diese in der Trefferliste der Reihe nach mit gedrückter Strg-Taste an und wählen abschließend *Einfügen*.

HINWEIS

Achtung! Die Handgriffe zum Einfügen einer Onlinegrafik sind einfach, aber die urheberrechtlichen Aspekte können unter Umständen schwer wiegen.

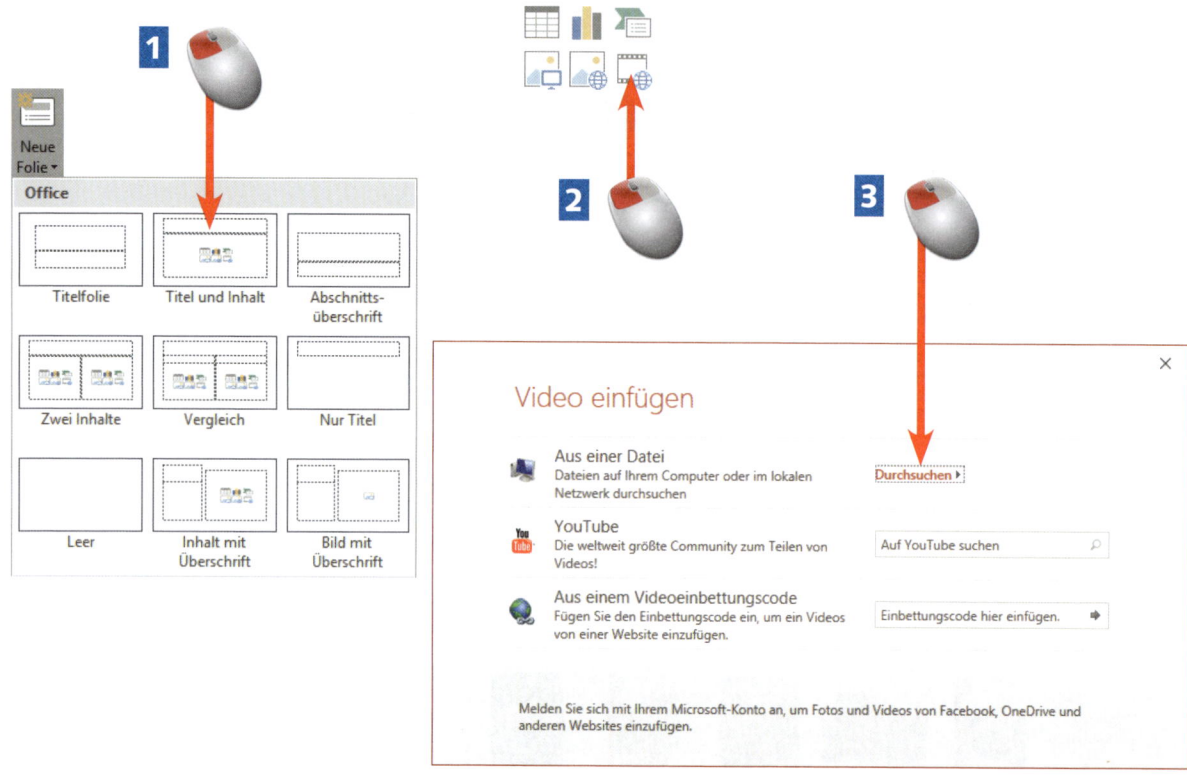

1 Erstellen Sie eine neue Folie. Für dieses Beispiel verwende ich das Folienlayout *Titel und Inhalt*.

2 Klicken Sie im Objektplatzhalter auf das Symbol *Video einfügen*, um das gleichnamige Dialogfenster zu öffnen.

3 Klicken Sie im Dialogfenster *Video einfügen/Aus einer Datei* auf *Durchsuchen*.

PowerPoint bettet Videos in die Präsentation ein. Mit anderen Worten: Die Dateigröße der Präsentation wächst nach dem Einfügen eines Videos um die Dateigröße des Videos an. PowerPoint 2016 unterstützt diese Videoformate: ASF, AVI, MP4, M4V, MOV, MPG/MPEG, SWF und WMV.

Sie können das Video analog zu einer eingefügten Grafik verschieben, vergrößern oder verkleinern und mit optischen Effekten versehen. Details dazu erfahren Sie in Kapitel 10 »Audio und Video«.

WISSEN   **HINWEIS**

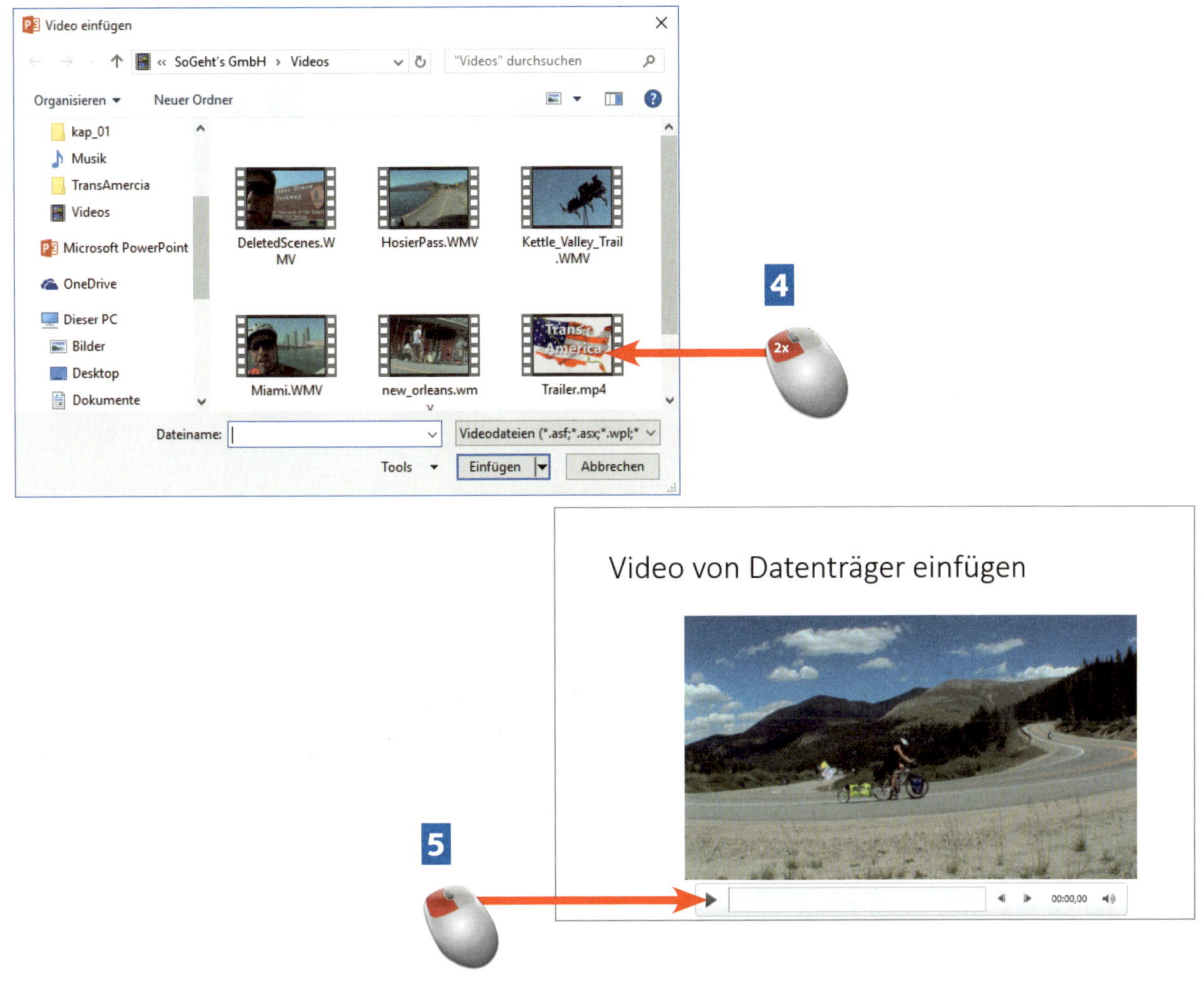

Video von Datenträger einfügen

4 Suchen Sie das gewünschte Video und doppelklicken Sie darauf.

5 PowerPoint fügt das Video in den Platzhalter ein. Zum Abspielen klicken Sie auf den Play-Button.

Ende

HINWEIS

Eingebettete Videos sorgen zwar für riesige Präsentationsdateien, aber dafür ist das alte Problem »unbekannt verzogen« vom Tisch. Weil eingebettete Objekte als blinde Passagiere immer an Bord der Präsentationsdatei bleiben, müssen Sie sich keinerlei Gedanken mehr darüber machen, ob alle externen (verknüpften) Daten während der Präsentation verfügbar sind.

TIPP

Um Videos im Präsentationsmodus zu starten, drücken Sie zunächst ⇧+F5, um die aktuelle Folie von der Normalansicht in den Präsentationsmodus zu schalten, und klicken anschließend mitten ins Video.

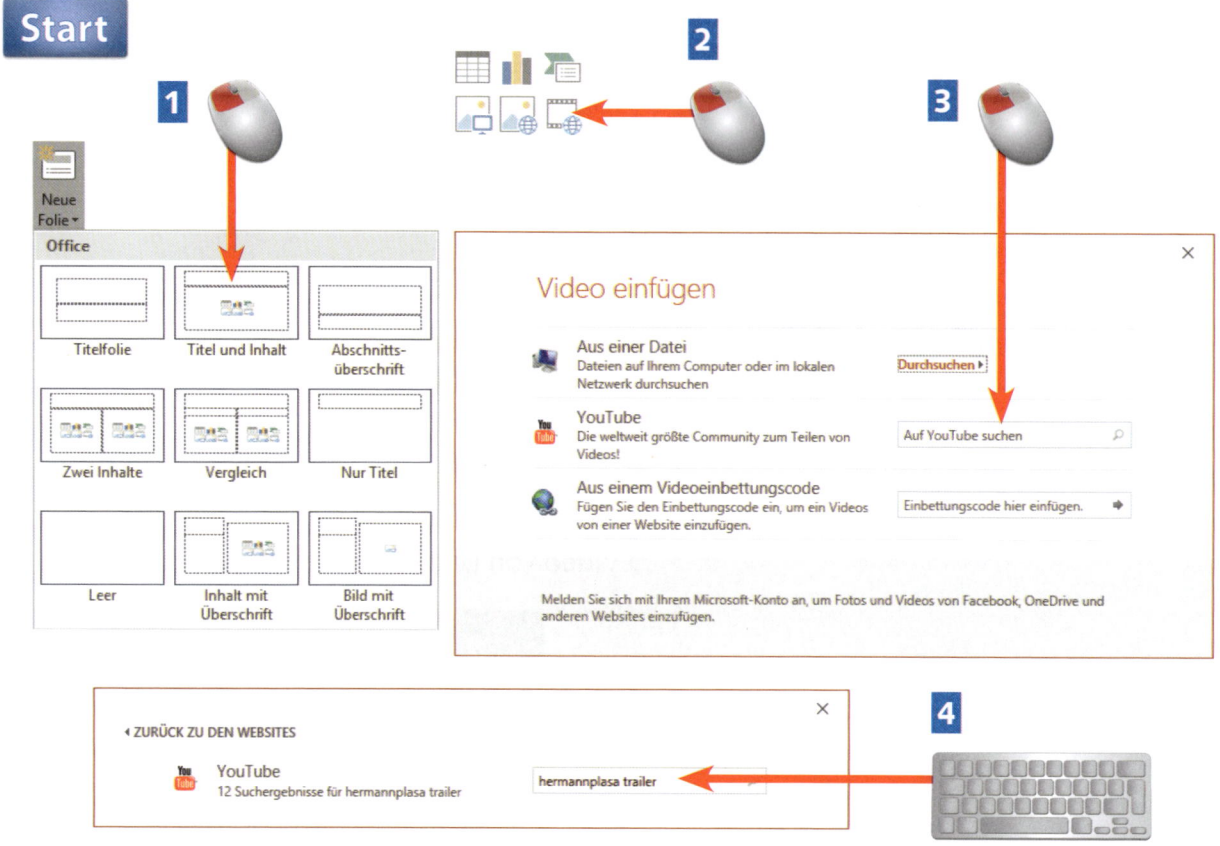

1 Erstellen Sie eine neue Folie. Für dieses Beispiel verwende ich das Folienlayout *Titel und Inhalt.*

2 Klicken Sie im Objektplatzhalter auf das Symbol *Video einfügen*.

3 Es erscheint das Dialogfenster *Video einfügen*.

4 Tippen Sie einen oder mehrere Suchbegriffe ein und drücken Sie ⏎, um die Suche zu starten

Wie der Begriff »Onlinevideo« vermuten lässt, müssen Sie online sein, um Videos aus dem Internet einzufügen und abzuspielen. Analog zu den Onlinegrafiken gilt auch für Onlinevideos, dass Ihnen das Dialogfenster *Video einfügen* mehr Videoquellen anbietet, wenn Sie sich mit Ihrem Microsoft-Konto anmelden. Den entsprechenden Link finden Sie im Dialogfenster *Video einfügen*.

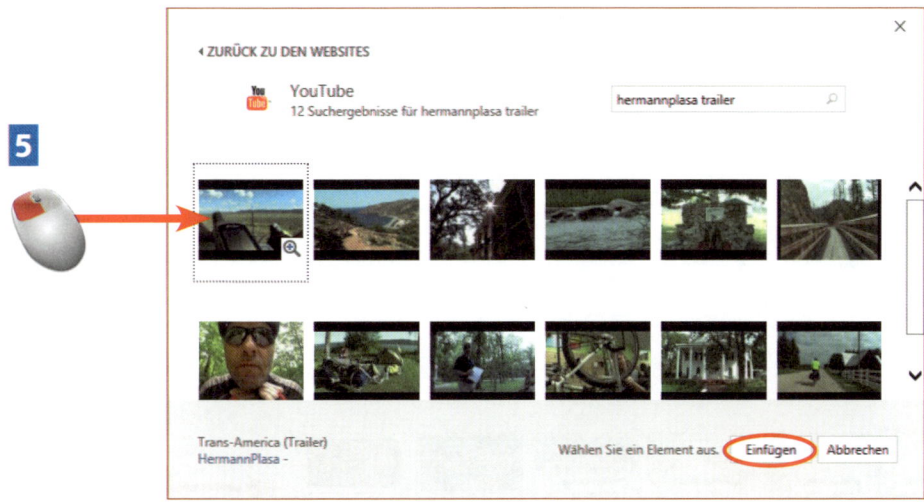

Trans-America (Trailer)

5 Zum Einfügen klicken Sie im Dialogfenster zuerst auf das Vorschaubild und dann auf *Einfügen*.

6 Onlinevideos erwachen erst im Präsentationsmodus zum Leben. Die linke Abbildung zeigt das Video in der Normalansicht, die rechte im Präsentationsmodus. **Ende**

Um die Suche zu beschleunigen bzw. die Trefferliste zu präzisieren, starten Sie in YouTube das Video, kopieren anschließend die URL in das oben gezeigte Suchfeld und drücken ⏎. Dieses Beispielvideo finden Sie unter der URL *http://tinyurl.com/plasa-transamerica*.

TIPP

Um mehrere Videos in eine Folie einzufügen, empfiehlt sich das Folienlayout *Nur Titel*. Zum Einfügen eines jeden Videos wählen Sie *Einfügen/Video/Onlinevideo* und fügen die Videos der Reihe nach ein wie beschrieben.

TIPP

Die YouTube-Steuerelemente können Sie von PowerPoint aus nicht beeinflussen. Mit anderen Worten: Sie müssen mit dem vorliebnehmen, was Ihnen YouTube serviert.

HINWEIS

Start

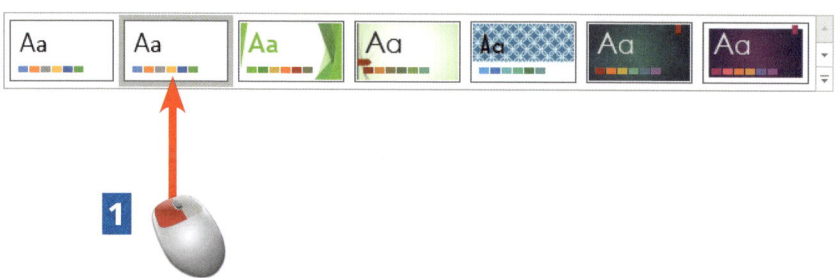

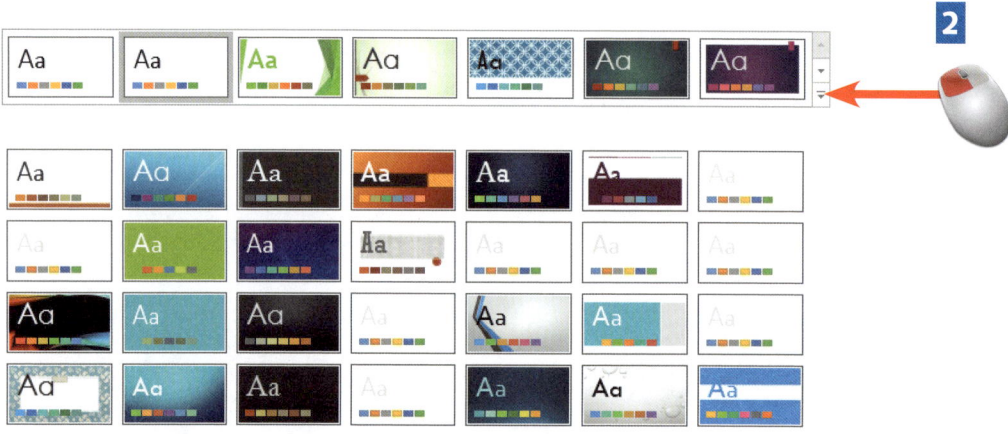

1 Designs stecken im Register *Entwurf*. Für eine Vorschau zeigen Sie mit der Maus auf ein Vorschaubild, zum Zuweisen klicken Sie es an.

2 Für die vollständige Auswahlliste klicken Sie auf das Symbol *Weitere*.

Mithilfe von Designs gestalten Sie mit einem einzigen Mausklick die komplette Präsentation um. Hintergrundobjekte, Farben, Schriften und Effekte werden mit dem Zuweisen eines Designs allen Folien der aktuellen Präsentation zugewiesen. Unternehmen stellen ihren Mitarbeitern in der Regel ein verpflichtendes Unternehmensdesign zur Verfügung. Privatanwender dürfen natürlich nach Belieben aus der Fülle farbenfroher Designs schöpfen.

WISSEN

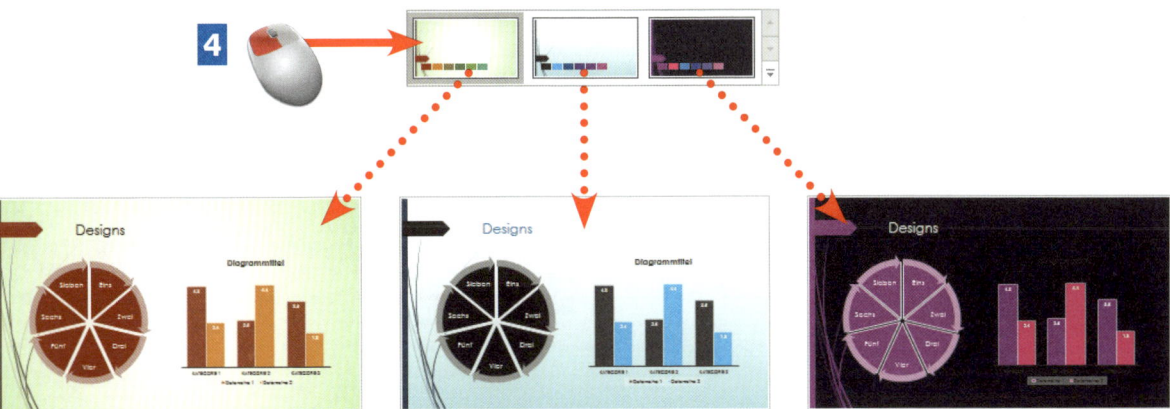

3 Hier sehen Sie dieselbe Folie nach dem Zuweisen von drei verschiedenen Designs.

4 Jedes Design ist in mehreren Varianten verfügbar, die Sie direkt rechts von den Designs im Register *Entwurf* finden. Auch hier gilt: Für eine Vorschau zeigen Sie mit der Maus auf eine Variante, zum Zuweisen klicken Sie sie an.

Ende

TIPP

Das Vorschaubild für das neutrale »leere Design« finden Sie immer ganz links oben in der Auswahlliste.

HINWEIS

Ein Design wird per Voreinstellung aus gutem Grund allen Folien der aktuellen Präsentation zugewiesen. Wenn Sie – aus sehr guten Gründen – unterschiedlichen Folien unterschiedliche Designs zuweisen möchten, markieren Sie links im Foliennavigationsbereich die entsprechenden Mini-Folien durch Anklicken mit gedrückter Strg-Taste, klicken dann das Vorschaubild des gewünschten Designs mit der rechten Maustaste an und wählen im Kontextmenü abschließend *Für ausgewählte Folien übernehmen*.

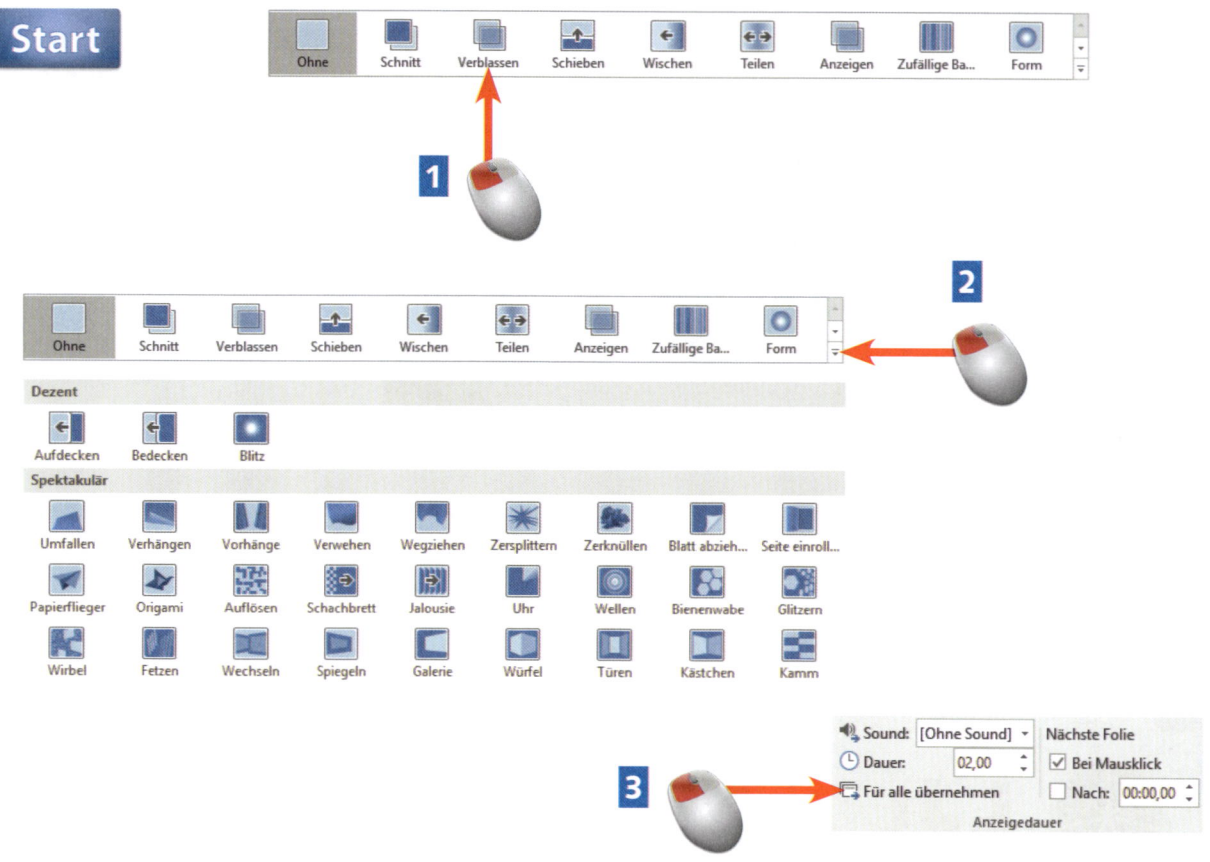

1 Um der aktuellen Folie einen Übergang zuzuweisen, klicken Sie im Register *Übergänge* auf den gewünschten Effekt.

2 Für die vollständige Auswahlliste an Designs klicken Sie auf das Symbol *Weitere*.

3 Sollen alle Folien denselben Übergang erhalten, weisen Sie ihn zunächst einer beliebigen Folie zu und klicken anschließend auf das Symbol *Für alle übernehmen*.

Per Voreinstellung schaltet PowerPoint im Präsentationsmodus abrupt von einer Folie zur nächsten. Folienübergänge federn dieses »zack, zack, zack« zwar ab, aber ich rate Ihnen in Business-Präsentationen von allzu verspielten Effekten wie *Würfel* oder *Zerknüllen* ab. Greifen Sie besser zu dezenten Übergängen wie etwa *Verblassen*.

WISSEN

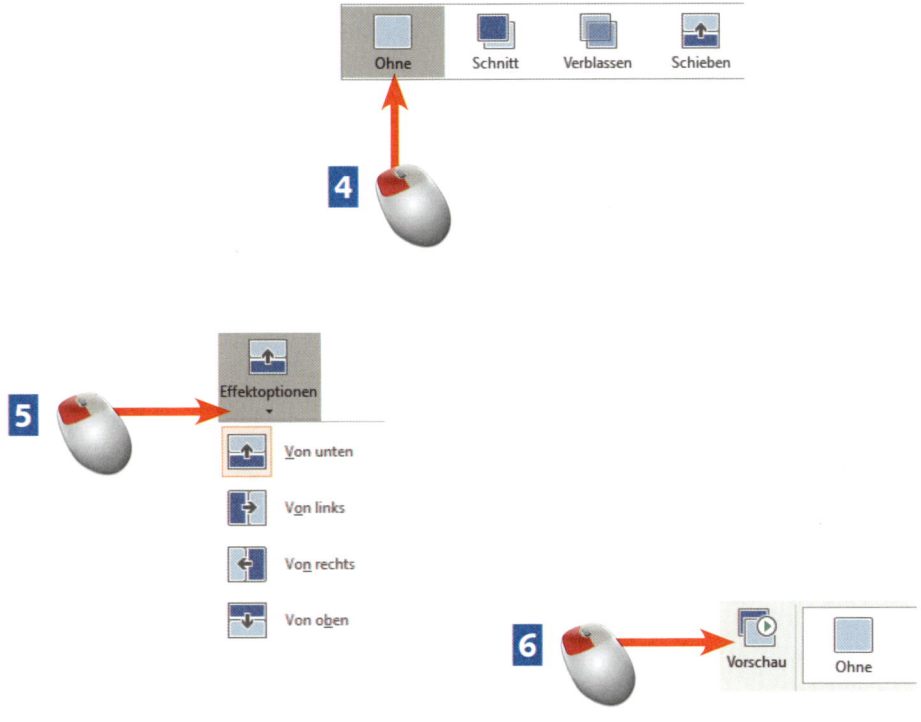

4 Zum Entfernen von Folienübergängen wählen Sie die Variante *Ohne*. Sollen alle Folienübergänge entfernt werden, wählen Sie anschließend *Für alle übernehmen*.

5 Für die meisten Übergänge können Sie zwischen mehreren Varianten wählen. Klicken Sie dazu auf *Effektoptionen* und wählen Sie die gewünschte Variante.

6 In seiner vollen Pracht und Herrlichkeit können Sie einen Übergangseffekt nur im Präsentationsmodus bewundern, für einen ersten Eindruck reicht die Vorschau. **Ende**

Um einer bestimmten Auswahl von Folien denselben Übergang zuzuweisen, markieren Sie links außen im Navigationsbereich oder in der Ansicht *Foliennavigation* die Mini-Folien der Reihe nach durch Anklicken mit gedrückter Strg-Taste und wählen anschließend den gewünschten Folienübergang.

Wenn Ihnen ein Folienübergang zu schnell bzw. zu langsam erscheint, ändern Sie die voreingestellte Dauer. Das dafür zuständige Uhrensymbol finden Sie gleich rechts neben den *Effektoptionen*.

Im Register *Übergänge* ist per Voreinstellung das Häkchen *Bei Mausklick* gesetzt. Das bedeutet aber nicht, dass Sie tatsächlich die Maus benötigen, um von Folie zu Folie zu navigieren. *Bei Mausklick* bedeutet lediglich »manuell« (im Gegensatz zu automatisch).

TIPP   **TIPP**   **HINWEIS**

Start

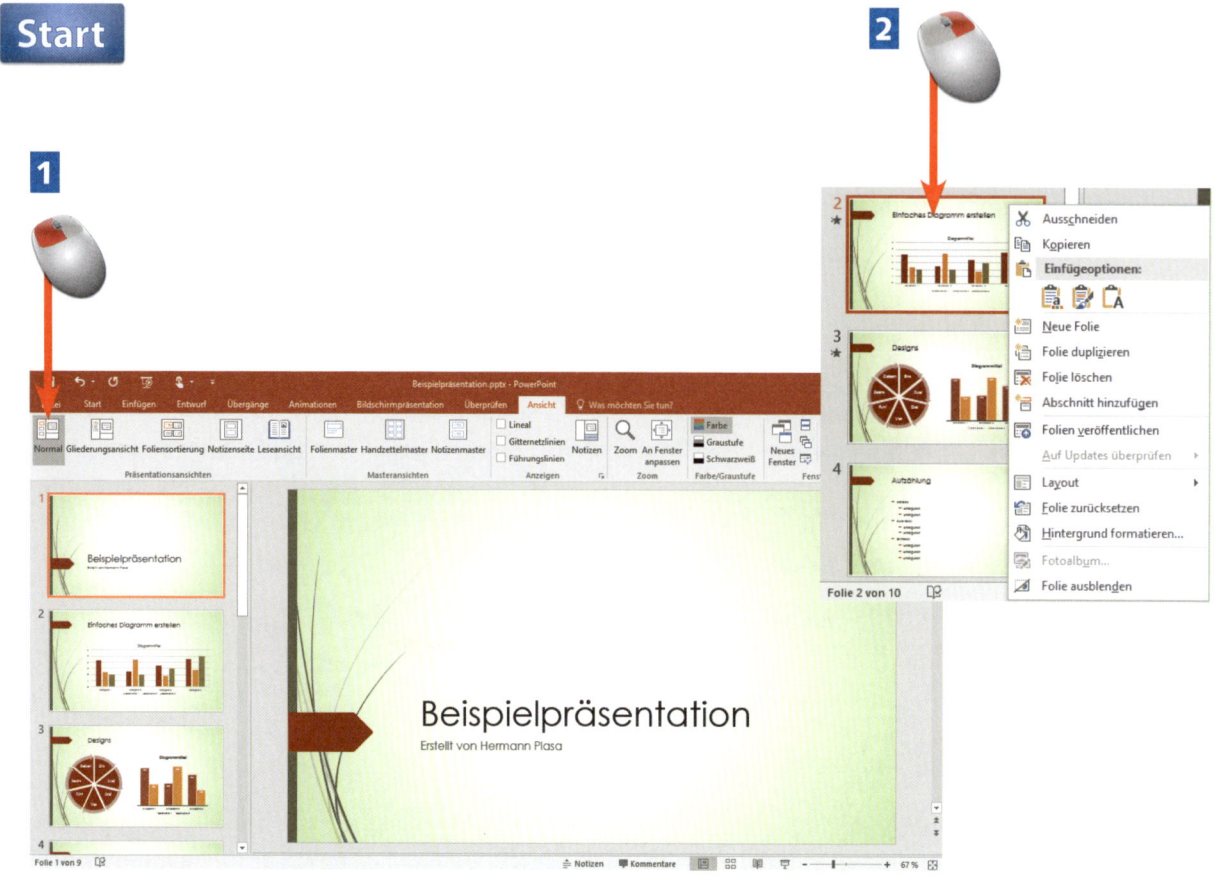

1 Per Voreinstellung öffnet PowerPoint neue Präsentationen in der **Normalansicht**. Den Großteil des Bildschirms nimmt die aktuelle Folie ein. Am linken Rand erscheinen die Miniatur-Folien.

2 Nach einem Klick mit der rechten Maustaste auf eine beliebige Miniatur-Folie öffnet sich das Kontextmenü mit einer Reihe häufig benötigter Befehle.

Das Register *Ansicht* enthält eine auf den ersten Blick verwirrende Vielfalt von Ansichten. Im ersten Schritt lernen Sie die Arbeitsansichten kennen. Wie der Name bereits andeutet, dienen diese Ansichten der Arbeit an Text und Objekten. Jede Arbeitsansicht eignet sich für ganz bestimmte Tätigkeiten.

WISSEN

3 In der **Gliederungsansicht** werden die Miniatur-Folien durch Text ersetzt, genauer gesagt durch den Inhalt der auf diesen Folien vorhandenen Titel- und Textplatzhalter. Bei Platzhaltern ohne Inhalt bzw. bei Folienlayouts ohne Platzhalter erscheint in dieser Ansicht nichts, wie die Abbildung deutlich macht (die Folie mit dem Layout *Leere Folie* enthält nur ein folienfüllendes Bild, aber keinerlei Text).

4 In der Ansicht **Foliensortierung** ordnet PowerPoint die Folien wie Fotos auf einer Arbeitsfläche an. Wie der Name andeutet, dient diese Ansicht zum Umsortieren der Folien, die Sie mit gedrückter linker Maustaste verschieben wie Fotos auf dem Wohnzimmertisch.

Per Klick auf eine Miniatur-Folie links im Navigationsbereich wechselt PowerPoint zu dieser Folie. Mit gedrückter linker Maustaste können Sie die Mini-Folien nach oben oder unten verschieben und so die Präsentation neu strukturieren.

Um Folien in der Gliederungsansicht zu verschieben, ziehen Sie das kleine Foliensymbol mit gedrückter linker Maustaste nach oben oder unten an die gewünschte Position.

In der Gliederungsansicht erstellen Sie durch Drücken der Taste ⏎ eine neue Folie. Der Text, den Sie anschließend eintippen, wird automatisch zum Folientitel. Mithilfe von ⇥ und ⇧+⇥ können Sie analog zum Aufzählungsplatzhalter komplette Aufzählungsfolien erstellen.

TIPP **TIPP** **TIPP**

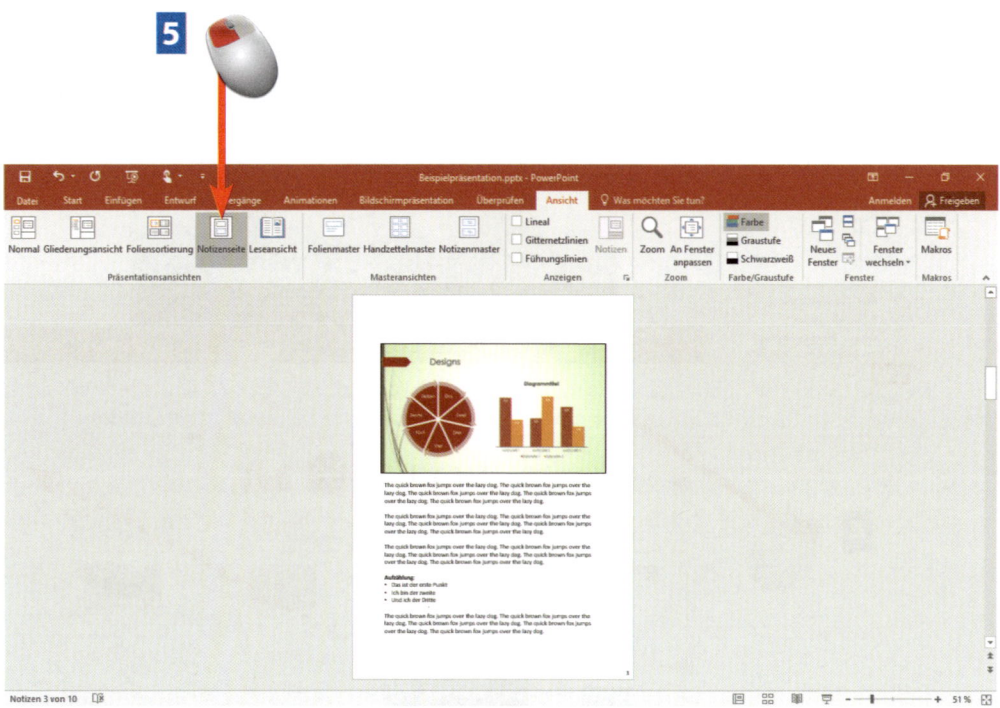

5 In der **Notizansicht** zeigt PowerPoint eine Hochformat-Seite. Der obere Teil enthält die Folie, der Bereich unterhalb der Folie bietet Platz für – wer hätte das gedacht – Notizen, die ich für dieses Beispiel in Hülle und Fülle eingetippt habe. Zunächst ist der sogenannte Notizenbereich natürlich leer.

Aus langjähriger Erfahrung empfehle ich Ihnen, für das Erstellen und Anpassen von Notizen in die Notizansicht zu wechseln. Der kleine Ausschnitt unterhalb der Folien eignet sich meiner Meinung nach in erster Linie zur Stichwort- und Ideensammlung, die Sie anschließend in der Notizansicht ausformulieren.

WISSEN

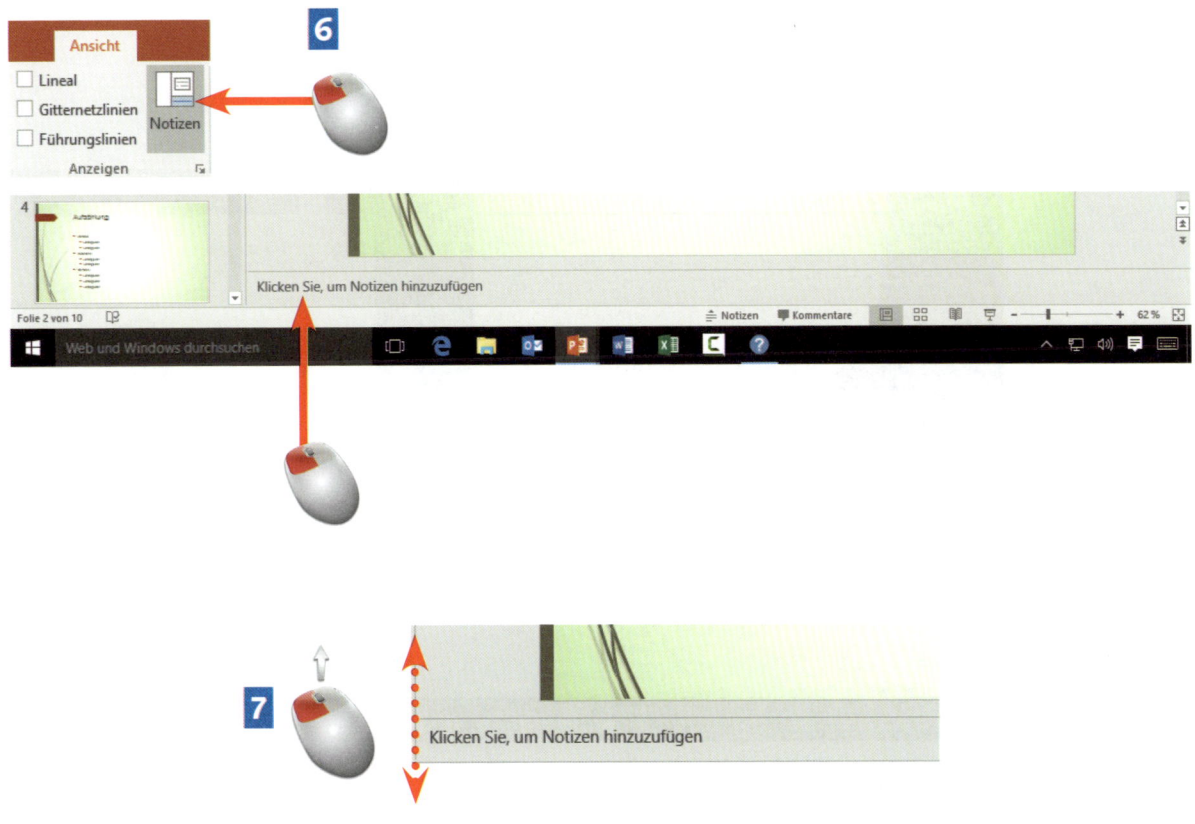

6 Einen kleinen Ausschnitt des Notizenbereichs können Sie in der Normalansicht ein- bzw. ausblenden. Klicken Sie dazu im Register *Ansicht* auf das Symbol *Notizen*.

7 Durch Ziehen mit gedrückter linker Maustaste am oberen Rand des Notizenbereichs vergrößern bzw. verkleinern Sie den angezeigten Ausschnitt des Notizenbereichs.

Ende

TIPP

Ich empfehle Ihnen, alle Arbeitsansichtssymbole der Symbolleiste für den Schnellzugriff hinzuzufügen. Zur Erinnerung: Rechtsklick auf das Symbol und im Kontextmenü *Zu Symbolleiste für den Schnellzugriff hinzufügen* wählen. Auf diese Weise können Sie ohne den Umweg über das Register *Ansicht* zwischen allen Arbeitsansichten wechseln.

HINWEIS

Die Druckvariante der Notizansicht eignet sich ideal für das Erstellen von Handouts für Ihr Publikum. Auf diese Weise können Sie die Folien mit visualisierten Kerninformationen bestücken und das Kleingedruckte sowie ergänzende Prosa in den Notizenbereich auslagern.

Start

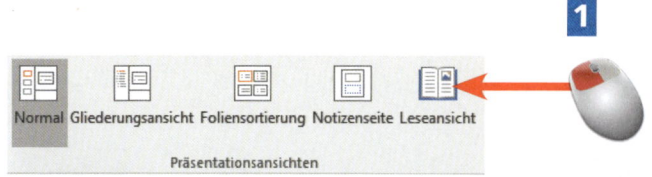

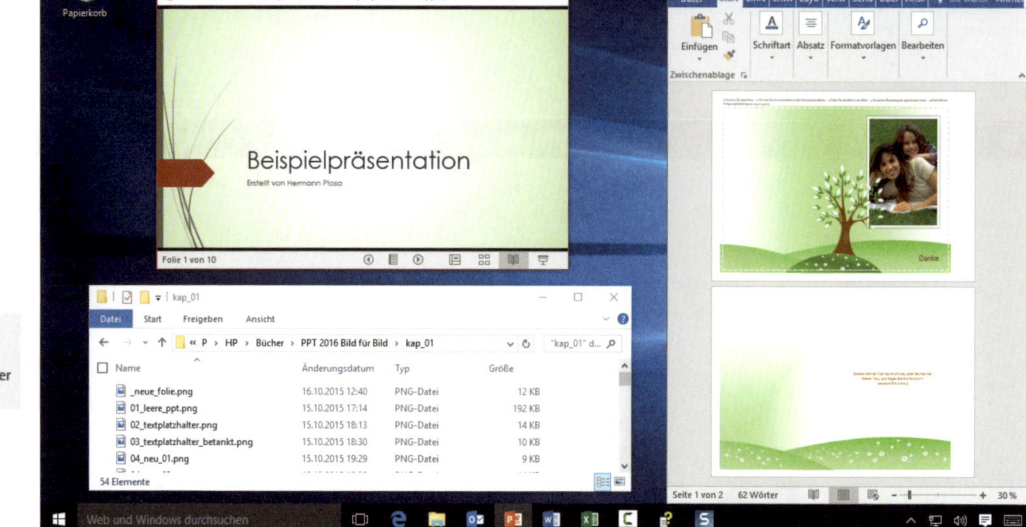

1 In der *Leseansicht* läuft die Bildschirmpräsentation in einem Fenster statt im Vollbild-modus ab. Eine feine Sache für Multitasker.

2 Im *Präsentationsmodus* zeigt PowerPoint die Präsentation im Vollbildmodus. Um sie von Beginn an abzuspielen, klicken Sie im Register *Bildschirmpräsentation* auf das Symbol *Von Beginn an*. Um sie ab der aktuellen Folie abzuspielen, klicken Sie auf das Symbol *Ab aktueller Folie*.

> Die Präsentationsansichten dienen dem Testen und Vorführen der Bildschirmpräsentation. Gewöhnen Sie sich am besten von vornherein an, jede Folie in einer Präsentationsansicht und nicht nur im Vorschau-modus der Normalansicht zu testen.

WISSEN

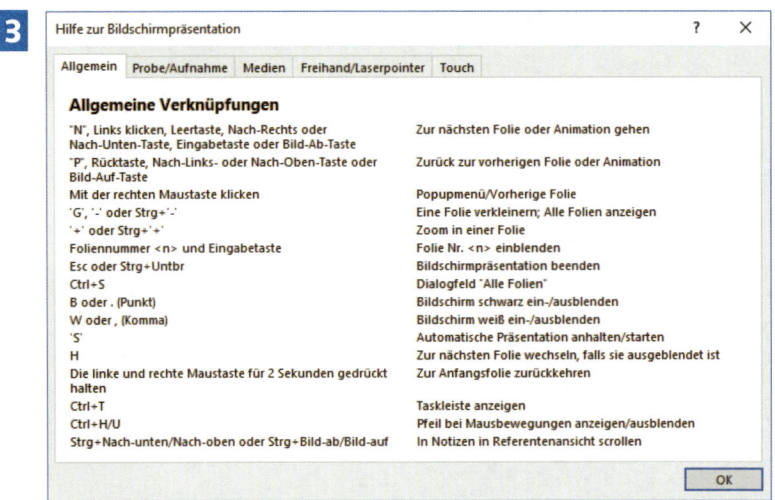

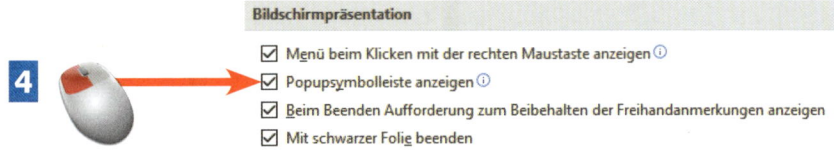

3 Eine Übersicht aller Steuerungsmöglichkeiten erhalten Sie, wenn Sie im Präsentations- modus die Funktionstaste F1 drücken.

4 Mit *Datei/Optionen/Erweitert/Bildschirmpräsentationen* sind alle Optionen per Voreinstellung aktiviert. Wenn Sie wissen, dass Sie eine bestimmte Option auch wirklich benötigen, belassen Sie das entsprechende Häkchen. Ansonsten ent- fernen Sie es. Ich habe alle Optionen vor Jahren abgeschaltet und nie vermisst. **Ende**

Mit F5 starten Sie die Bildschirm- präsentation von Beginn an und mit ⇧+F5 schalten Sie die aktuelle Folie in den Präsenta- tionsmodus.

Mit der Taste B (wie »Black«) schalten Sie während der Bildschirmpräsentation die Projek- tion aus bzw. wieder an. Praktisch, falls es kurze Diskussionsphasen während der Präsentation gibt, bei der die lichtstarke Projektion einer im Moment uninteressanten Folie den Blick des Publikums magnetisch anzieht und damit die Aufmerksamkeit streut statt bündelt.

Mit der Taste → blättern Sie im Präsentationsmodus zur nächsten, mit der Taste ← zur vorherigen Folie. Um vom Präsentationsmodus zurück in die zuletzt verwendete Arbeits- ansicht zu wechseln, drücken Sie die Taste Esc.

TIPP   **TIPP**   **TIPP**

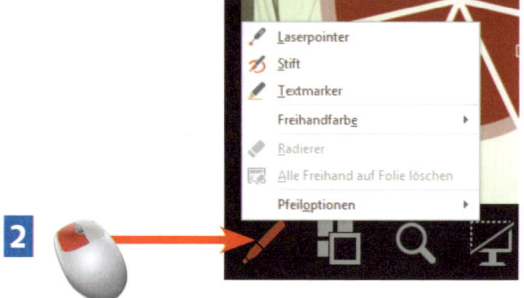

1 Im Mittelpunkt der Referentenansicht steht die Folie. Diese – und nur diese – sieht Ihr Publikum. Der Rest ist »for your eyes only«.

2 Für die *Pfeiloptionen* klicken Sie auf den Stift links unterhalb der Folie. Besonders gelungen finde ich den digitalen *Laserpointer*, der im Gegensatz zum analogen Pointer ruhig und präzise zeigt und nicht an der Leinwand herumzittert wie ein Marienkäfer mit Schüttelfrost.

In der Referentenansicht sehen Sie mehr als Ihr Publikum. Während Ihr Publikum auf der Leinwand wie gewohnt nur die Folien sieht, werfen Sie einen Blick hinter die Kulissen. Mit der Referentenansicht haben Sie Ihren digitalen Souffleur immer in der Nähe.

WISSEN

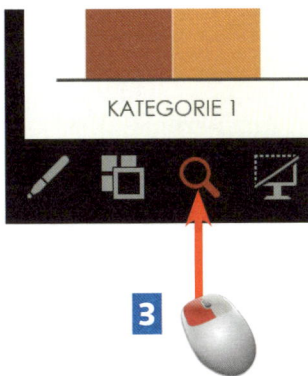

3 Sehr nützlich finde ich auch die Lupe, mit der Sie Bildschirmbereiche durch Klicken vergrößern können. Im Vergrößerungsmodus können Sie den sichtbaren Folienausschnitt mit gedrückter linker Maustaste verschieben. Zum Aufheben des Vergrößerungsmodus klicken Sie erneut auf die Lupe.

4 Ein Klick auf ein Pfeilsymbol blättert eine Aktion (Effekt oder Folie) vor bzw. zurück.

5 Die Referentenansicht enthält auch ein wirksames Gegengift für die Hauptkrankheit vieler Referenten: das Überziehen der Redezeit. Links oberhalb der Folie erscheint die bereits verstrichene Redezeit, rechts oberhalb die aktuelle Uhrzeit.

Die Referentenansicht sendet zwei unterschiedliche Videosignale an zwei verschiedene Ausgabegeräte. Als Anwender von PowerPoint 2016 haben Sie es einfach. Sie müssen nur den Beamer (bzw. zweiten Monitor) anschließen und PowerPoint kümmert sich automatisch um die technischen Dinge, die man in früheren Versionen noch von Hand erledigen musste.

HINWEIS

6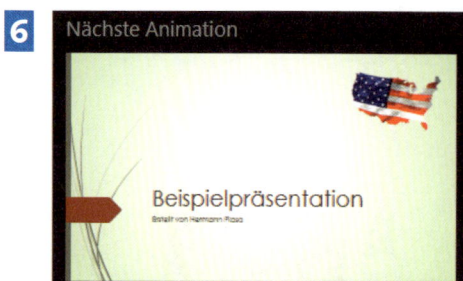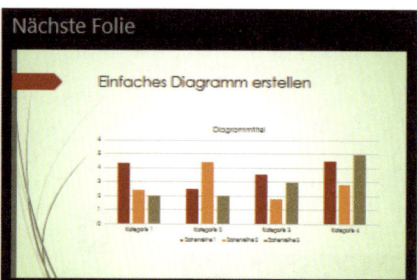

6 Die nächste Animation (die Flagge in der linken Abbildung) bzw. die nächste Folie (rechte Abbildung) sehen Sie rechts oben in der Referentenansicht. Vorbei sind die Zeiten, in denen sich der Referent zusammen mit dem Publikum vom Inhalt der jeweils nächsten Folie überraschen lassen musste.

Für einen kleinen Vorgeschmack der Referentenansicht an einem einzelnen Monitor drücken Sie Alt + F5 . Mit Esc geht's wieder zurück zur Arbeitsansicht.

WISSEN

7 Unterhalb der Animations- bzw. Folienvorschau zeigt die Referentenansicht – sofern vorhanden – die Notizen dieser Folie an. Mithilfe des großen und kleinen *A* erhöhen bzw. verkleinern Sie die angezeigte Schriftgröße der Notizen.

8 Zum Aktivieren der Referentenansicht setzen Sie im Register *Bildschirmpräsentation* das Häkchen vor *Referentenansicht*.

Ende

Achtung! Das Wissen um den Souffleur verführt dazu, die Vorbereitung zu vernachlässigen. Ein Referent, der die Notizen als Teleprompter für den Vortrag nutzt, ist wie ein Schauspieler, der seinen Text nicht lernt und stattdessen auf den Souffleur zählt. Beschränken Sie sich auf drei bis fünf Stichwörter pro Folie, damit Sie Ihren Vortrag vortragen und nicht vorlesen.

HINWEIS

Start

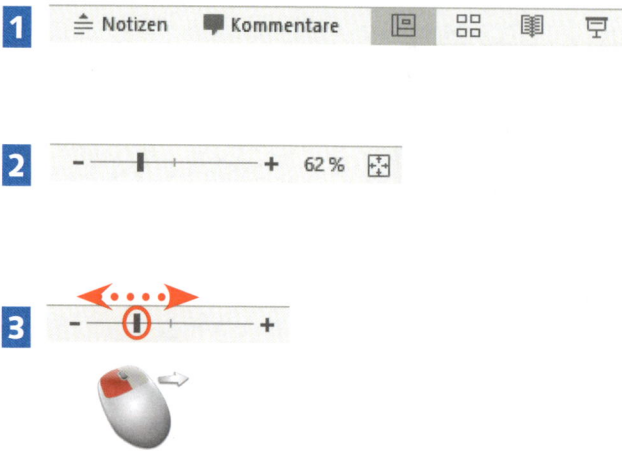

1 Die Ansichtsleiste befindet sich am unteren rechten Fensterrand von PowerPoint und enthält – von links nach rechts – die Symbole *Notizen ein/aus*, *Kommentare ein/aus*, *Normalansicht*, *Foliensortierung*, *Leseansicht*, *Präsentationsmodus*.

2 Neben den Ansichtssymbolen enthält die Ansichtsleiste auch noch die Zoom-Einstellungen.

3 Ein Klick auf das Minus- bzw. Pluszeichen verkleinert bzw. vergrößert den Zoomfaktor schrittweise um 10 %. Schneller – aber nicht so exakt – geht's, wenn Sie den Schieberegler mit gedrückter linker Maustaste nach links bzw. rechts ziehen.

Die Ansichtsleiste bzw. Statusleiste finden Sie am unteren Bildschirmrand. Sie ermöglicht den schnellen Zugriff auf wesentliche Programmfunktionen und zeigt zentrale Informationen zur aktuellen Präsentation.

WISSEN

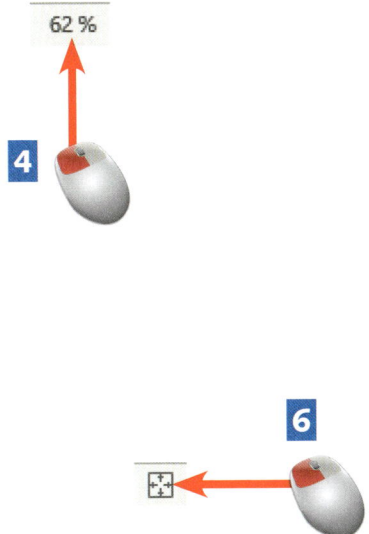

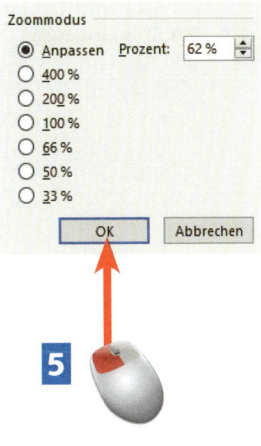

4 Um einen bestimmten Zoomfaktor einzustellen, klicken Sie auf den aktuell angezeigten Wert, um das Dialogfenster *Zoommodus* zu öffnen.

5 Wählen Sie den gewünschten Wert und klicken Sie auf *OK*.

6 Das Symbol *Folie an das aktuelle Fenster anpassen* wählt den optimalen Zoomfaktor. Diese Einstellung sorgt auch dafür, dass Sie bei Verkleinerung oder Vergrößerung des PowerPoint-Programmfensters immer die komplette Folie sehen.

Ende

Zoomfaktoren zwischen 300 % und 400 % sind das Mittel der Wahl, wenn es um Millimeterarbeit an winzigen Objekten geht. Umgekehrt sind Zoomfaktoren um die 20 % nach dem Einfügen riesiger Fotos sehr hilfreich, die sich bei normalen Zoomfaktoren viel zu breit machen.

Ein fest eingestellter Zoomfaktor in Granit gemeißelt führt dazu, dass man bei der Arbeit mit wechselnden Computern bzw. Bildschirmen mal zu viel und mal zu wenig von der Folie sieht. Meine Empfehlung: immer die Einstellung *Folie an das aktuelle Fenster anpassen* verwenden.

TIPP

HINWEIS

Start

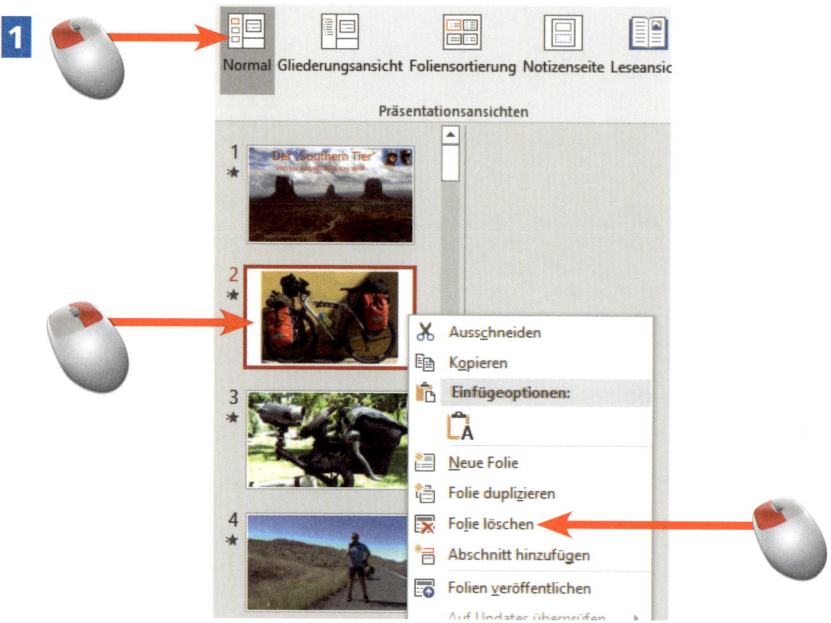

1 In der *Normalansicht* klicken Sie die zu löschende Miniatur-Folie mit der rechten Maustaste an und wählen anschließend im Kontextmenü den Befehl *Folie löschen*.

Folien können Sie in jeder Arbeitsansicht löschen, die Handgriffe bleiben dabei immer die gleichen. Solange es sich um einzelne Folien handelt, bietet sich die *Normalansicht* an. Wenn Sie es mit komplexen Präsentationen zu tun haben bzw. mehrere Folien auf einen Streich löschen wollen, empfehle ich die Ansicht *Foliensortierung*.

WISSEN

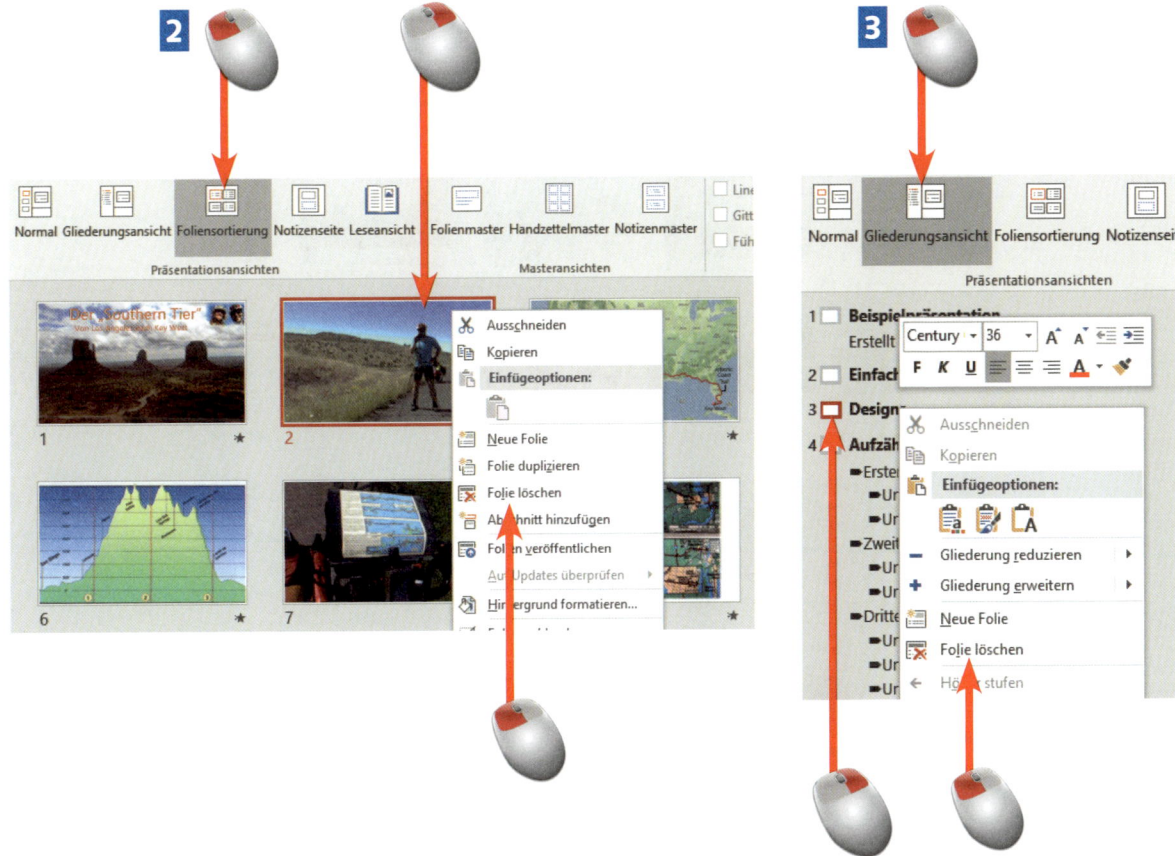

2 Auch in der Ansicht *Foliensortierung* klicken Sie die zu löschende Folie mit der rechten Maustaste an und wählen anschließend im Kontextmenü den Befehl *Folie löschen*.

3 Um Folien in der *Gliederungsansicht* zu löschen, klicken Sie das Foliensymbol oder den Folientitel mit der rechten Maustaste an und wählen im Kontextmenü den Befehl *Folie löschen*.

Ende

Mit der Tastatur geht's erfahrungsgemäß schneller. Klicken Sie unabhängig von der Ansicht die zu löschende Folie an und drücken Sie die Taste [Entf].

Um mehrere Folien zu löschen, markieren Sie diese zunächst der Reihe nach durch Anklicken mit gedrückter [Strg]-Taste. Zum Löschen aller markierten Folien drücken Sie [Entf].

TIPP

TIPP

Start

1 Zum Erzeugen eines Abschnitts empfehle ich die Ansicht *Foliensortierung*. Klicken Sie mit der rechten Maustaste vor diejenige Folie, die die erste des zweiten (bzw. nächsten) Abschnitts sein soll, und wählen Sie im Kontextmenü den Befehl *Abschnitt hinzufügen*.

2 Wiederholen Sie diese Aktion so oft, bis Sie alle gewünschten Abschnitte erzeugt haben.

Abschnitte strukturieren eine Präsentation in einzelne Kapitel und vereinfachen die Arbeit mit komplexen Präsentationen erheblich. Typische Beispiele sind Abschnitte für Produkte, Projektphasen oder Unternehmensbereiche.

WISSEN

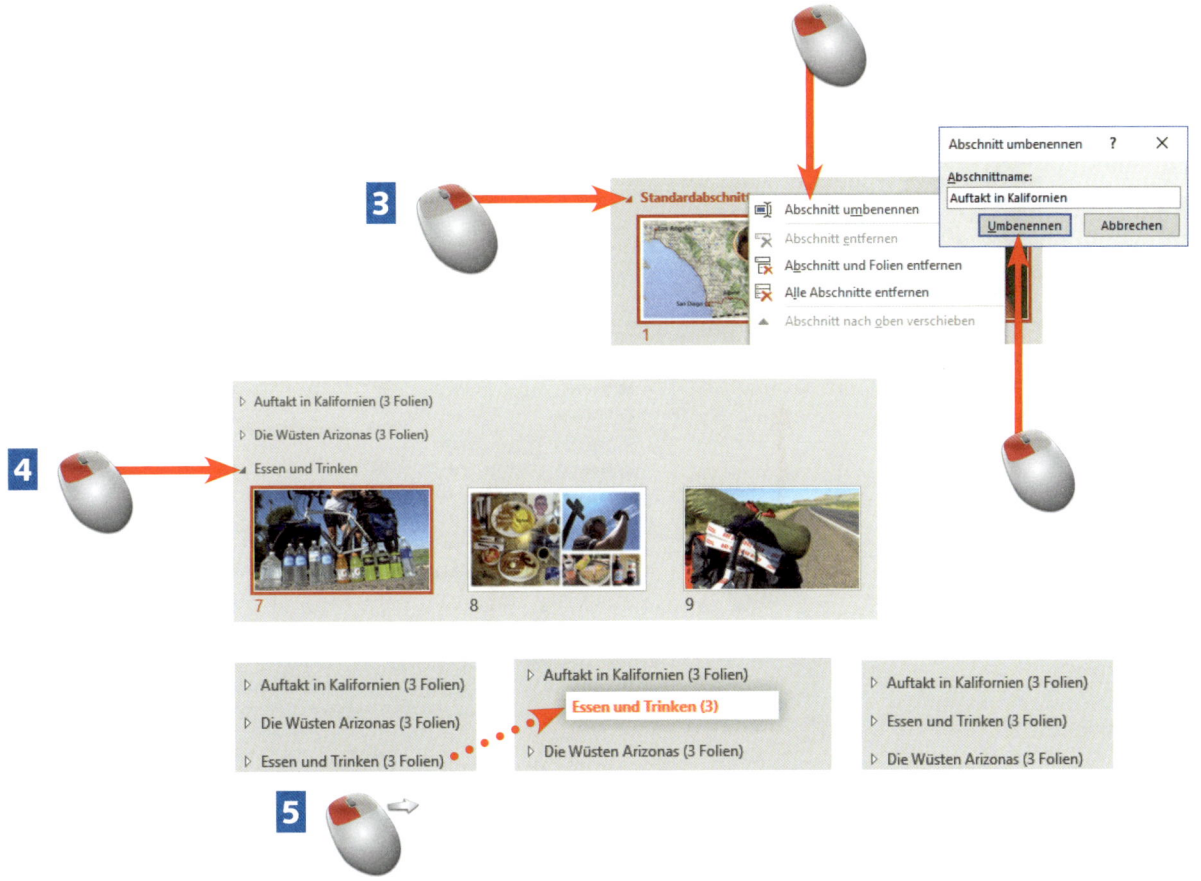

3 Klicken Sie die von PowerPoint zunächst automatisch vergebenen Abschnittsnamen der Reihe nach mit der rechten Maustaste an und benennen Sie sie um.

4 Zum Auf- bzw. Zuklappen von Abschnitten klicken Sie auf die kleinen Dreiecke links vom Abschnittsnamen.

5 Besonders praktisch ist das Verschieben eines Abschnitts samt dessen Folien mithilfe der gedrückten linken Maustaste.

Ende

Um den ersten Abschnitt brauchen Sie sich nicht zu kümmern. Den erstellt PowerPoint automatisch, sobald Sie den zweiten Abschnitt wie beschrieben eingefügt haben.

Abschnitte lassen sich drucken. Wählen Sie *Datei/Drucken/Einstellungen* und klicken Sie dann auf die Schaltfläche *Alle Folien drucken* und wählen den gewünschten Abschnitt aus.

Abschnitte können Sie natürlich auch in der Normalansicht erstellen und dort aufklappen, zuklappen und verschieben.

HINWEIS   **HINWEIS**   **TIPP**

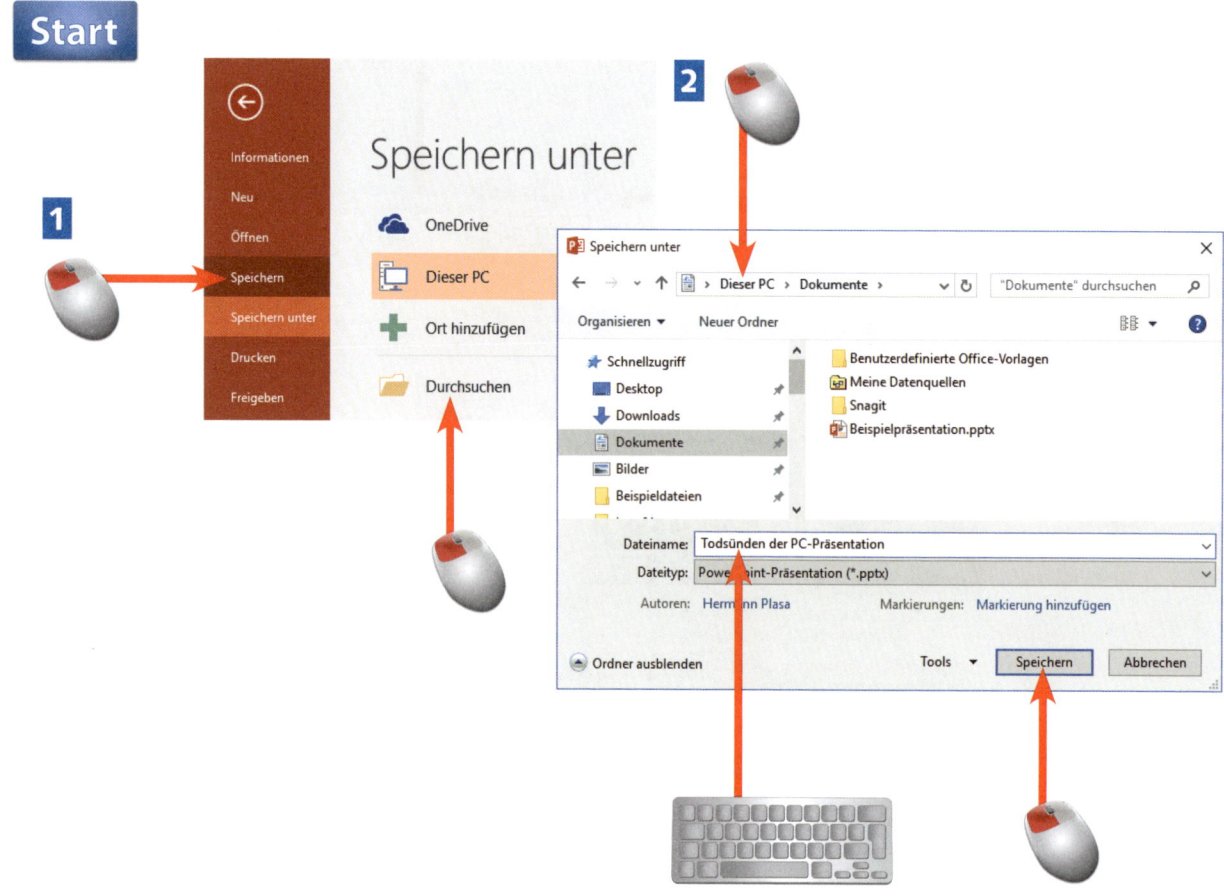

1 Um eine Präsentation erstmals zu speichern, wählen Sie *Datei/Speichern*. PowerPoint lotst Sie zunächst ins Vorzimmer *Speichern unter*, da Sie der Software noch einen Dateinamen sowie einen Speicherort mitteilen müssen, bevor das Programm Ihren Befehl »Speichern« ausführen kann. Zum Speichern auf der Festplatte wählen Sie *Durchsuchen*.

2 Wählen Sie den Zielordner, tippen Sie den Dateinamen ein, unter dem PowerPoint die Präsentation speichern soll, und klicken Sie abschließend auf *Speichern*.

Beim erstmaligen Speichern einer Präsentationsdatei wird PowerPoint Sie nach einem Dateinamen und Speicherort fragen. Beim wiederholten Speichern erledigt PowerPoint den Auftrag ohne weitere Rückfrage und speichert die Präsentation unter dem aktuellen Namen am aktuellen Speicherort. Der Befehl *Speichern unter* erzeugt eine Kopie der Datei, und zwar entweder unter neuem Namen am bisherigen Speicherort, unter dem bisherigem Namen an einem neuen Speicherort oder unter neuem Namen an einem neuen Speicherort.

WISSEN

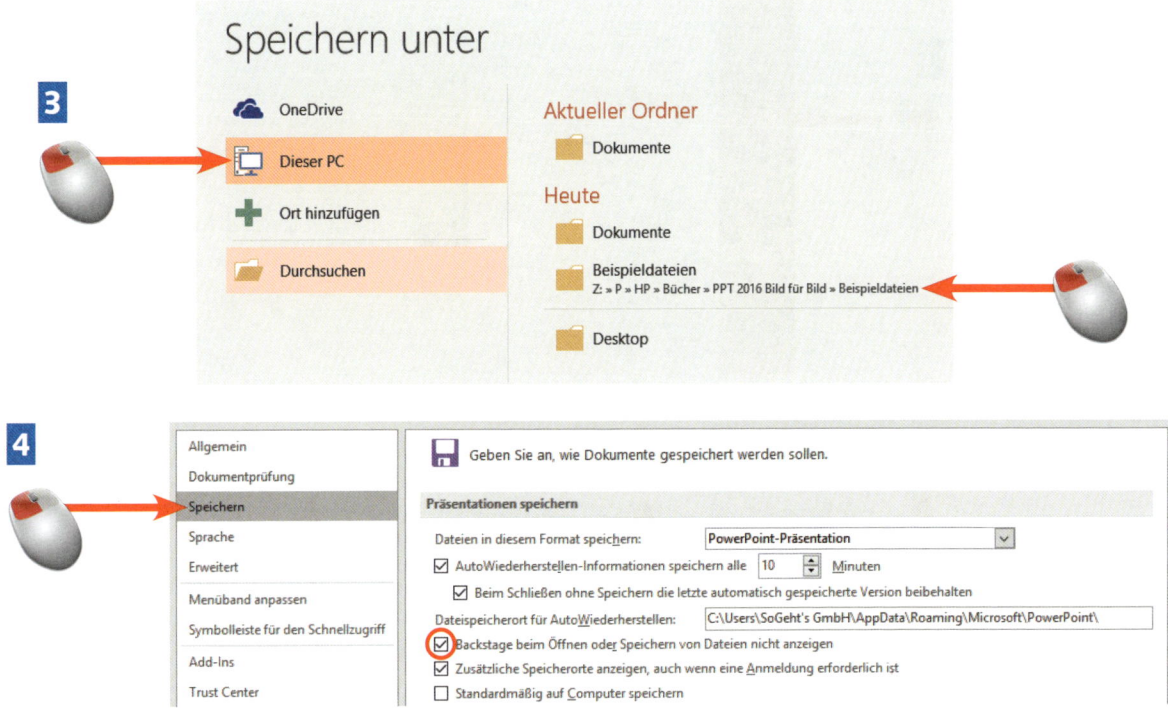

3 Sie können sich den Klick auf *Durchsuchen* sparen, wenn Sie den gewünschten Ordner in dieser Vorschlagsliste entdecken.

4 Wenn es Ihnen wie mir ergeht und Ihnen dieser klickintensive Weg zum Speichern zu umständlich erscheint, wählen Sie *Datei/Optionen/Speichern* und setzen das Häkchen vor *Backstage beim Öffnen oder Speichern von Dateien nicht anzeigen*. Von nun an wird PowerPoint beim erstmaligen *Speichern* ohne Zwischenrufe das Dialogfenster *Speichern unter* öffnen.

Ende

Um eine bereits gespeicherte Präsentation zu sichern, drücken Sie Strg+S.

Unbedingt merken! Egal, ob Sie eine Datei erstmals oder wiederholt speichern, und unabhängig von der eben erwähnten Voreinstellung *Backstage beim Öffnen oder Speichern von Dateien nicht anzeigen* führt der schnellste und sicherste Weg zum Dialogfenster *Speichern unter* immer über F12.

Per Voreinstellung öffnet PowerPoint eine Präsentation in der zuletzt gespeicherten Ansicht. Auch der zuletzt gewählte Zoomfaktor wird gespeichert und beim nächsten Öffnen wieder verwendet.

TIPP   **TIPP**   **HINWEIS**

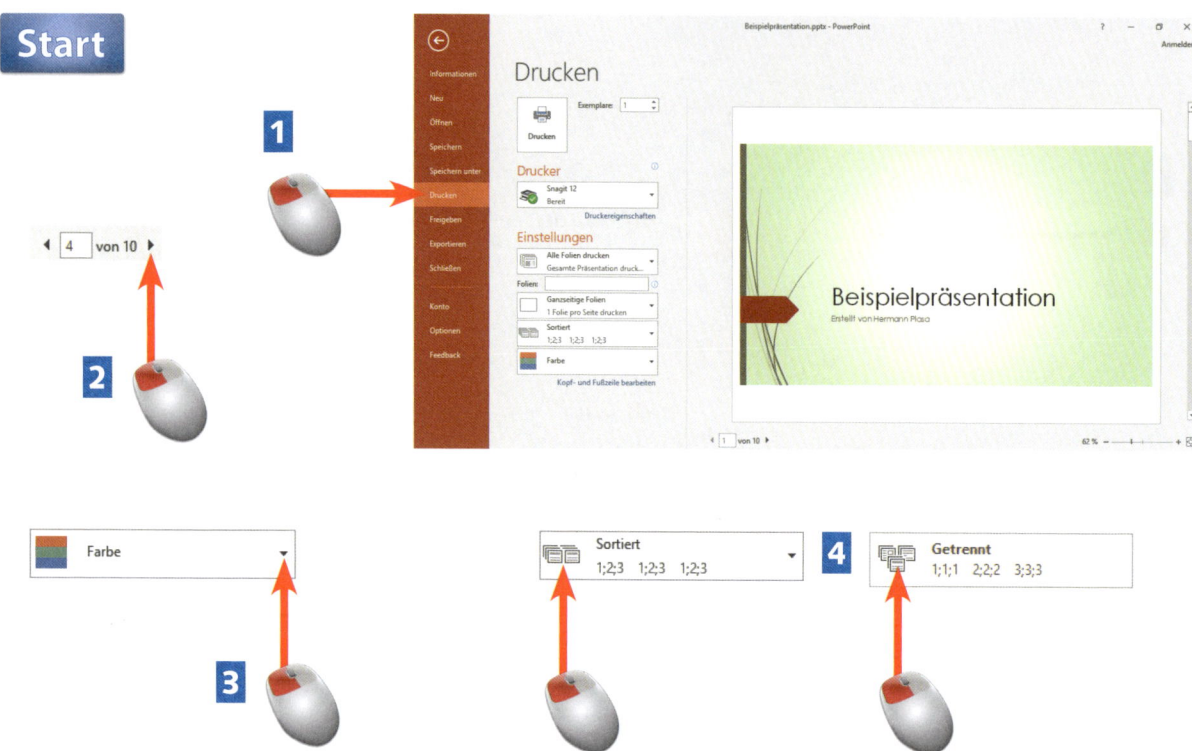

1 Wählen Sie *Datei/Drucken*.

2 Für eine Druckvorschau blättern Sie mithilfe der kleinen Dreiecke folienweise vor bzw. zurück.

3 Per Voreinstellung will PowerPoint farbig drucken. Hier ändern Sie das bei Bedarf.

4 Per Voreinstellung druckt PowerPoint bei Sammelaufträgen (z. B. fünf Exemplare) jede Präsentation der Reihe nach von der ersten bis zur letzten Folie aus. Alternativ dazu können Sie festlegen, dass PowerPoint fünfmal die Folie 1, dann fünfmal die Folie 2 etc. ausdruckt.

Als Faustregel gilt, dass PowerPoint für jede Ansichtsvariante auch eine Druckvariante anbietet. Per Voreinstellung will PowerPoint Folien drucken (entspricht der Normalansicht). Aber PowerPoint kann auch Notizen (Notizansicht), Handzettel (Ansicht *Foliensortierung*) oder die Gliederung (*Gliederungsansicht*) drucken.

WISSEN

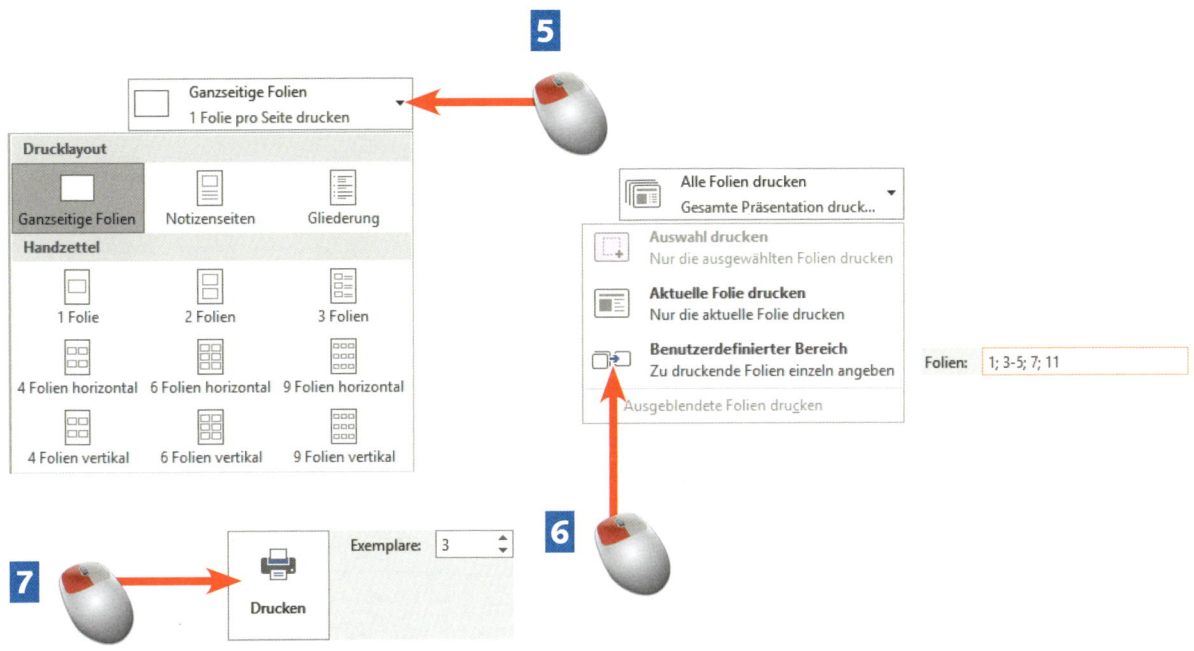

5 PowerPoint geht zunächst davon aus, dass Sie ganzseitige Folien drucken möchten. Alternativ stehen Notizseiten, die Gliederung oder diverse Handzettelvarianten zur Verfügung.

6 Per Voreinstellung will PowerPoint alle Folien drucken. Hier grenzen Sie das ein. *Auswahl drucken* bezieht sich auf markierte Folien. Dieser Befehl ist nur aktiv, wenn Sie zuvor auch tatsächlich Folien markiert haben. Ansonsten – wie auch in dieser Abbildung – ist der Befehl grau (deaktiviert). *Aktuelle Folie* ist selbsterklärend und *Benutzerdefinierter Bereich* druckt nur ganz bestimmte Folien, im hier abgebildeten Beispiel die Folien 1, 3–5, 7 und 11.

7 Hier wählen Sie die Anzahl der zu druckenden Exemplare, und mit einem Klick auf *Drucken* starten Sie den Ausdruck.

Ende

Ausgeblendete Folien drucken würde auch diejenigen Folien drucken, die in der Bildschirmpräsentation nicht zu sehen sind. Zum Ausblenden von Folien klicken Sie in der Ansicht *Foliensortierung* die gewünschte Folie mit der rechten Maustaste an und wählen im Kontextmenü *Folie ausblenden*.

Wenn Sie die voreingestellten Druckoptionen anpassen möchten, wählen Sie *Datei/Optionen/ Erweitert* und nehmen in den Bereichen *Drucken* und *Beim Drucken des Dokumentes* Ihre Auswahl vor.

Der schnellste Weg zum Dialogfenster *Drucken* führt über Strg + P.

HINWEIS   **HINWEIS**   **TIPP**

PowerPoint anpassen

2

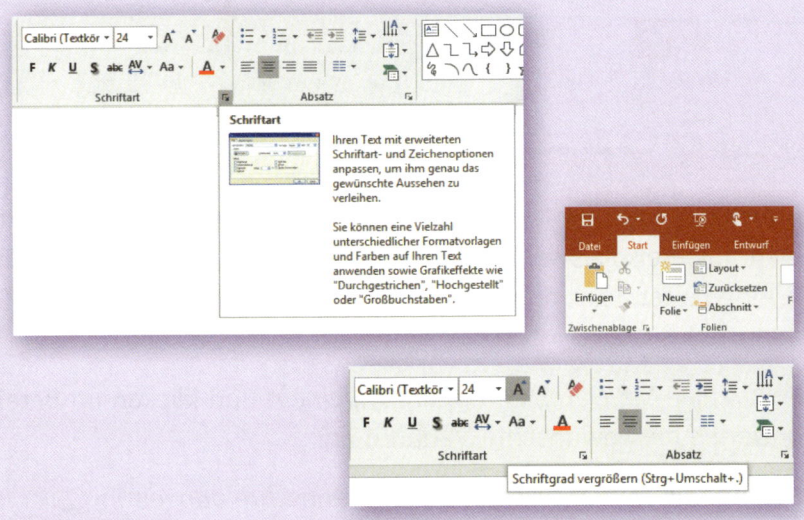

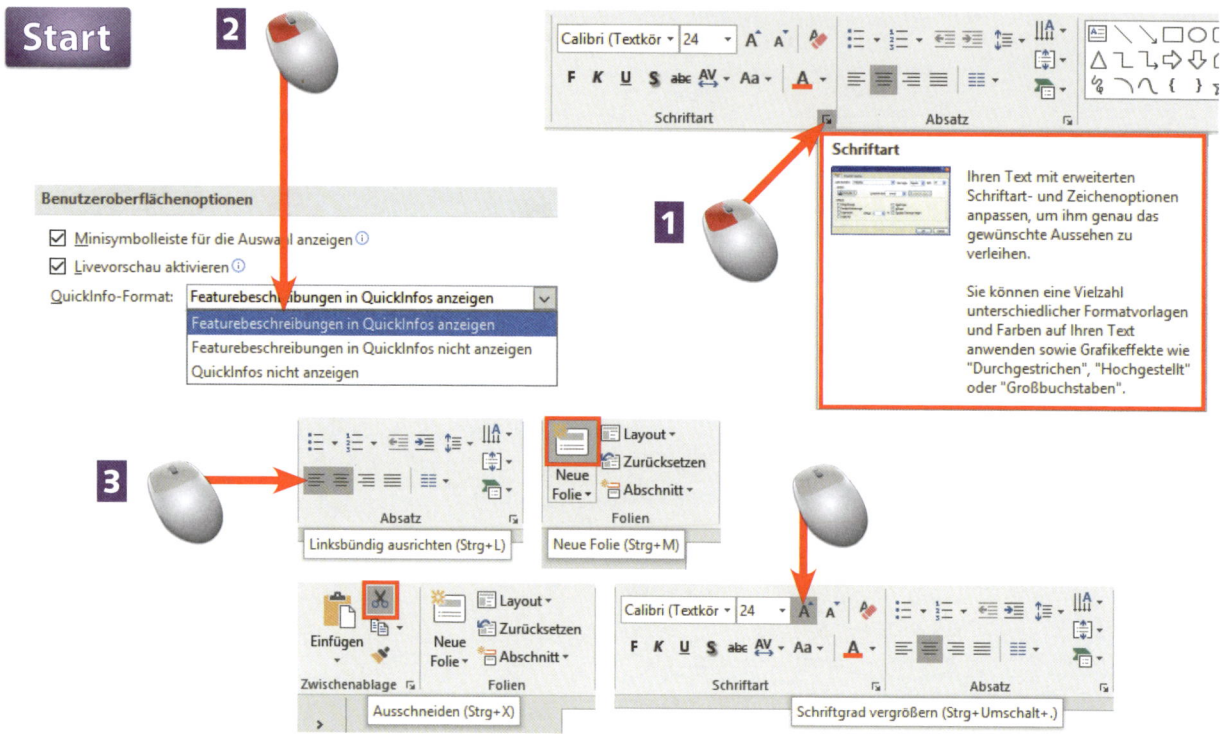

1 Das *QuickInfo-Format* bestimmt, ob bzw. in welchem Ausmaß PowerPoint Hinweise einblendet, wenn Sie beispielsweise mit der Maus auf ein Element im Menüband zeigen. Die Voreinstellung lautet *Featurebeschreibungen in QuickInfos* anzeigen. Das Ergebnis sieht so aus.

2 Zum Anpassen wählen Sie *Datei/Optionen/Allgemein* und klicken im Bereich *Benutzer-oberflächenoptionen* die gewünschte Variante an.

3 Ich empfehle Ihnen die mittlere Variante *Featurebeschreibungen in QuickInfos nicht anzeigen*, mit der das auf Dauer eher lästige Aufpoppen der Meldungen (Feature-beschreibung) abgestellt ist, PowerPoint jedoch noch nützliche Hinweise wie z. B. Tastenkombinationen liefert. Hier einige Beispiele.

Die Programmoptionen im Register *Datei* bilden die Schaltzentrale, mit deren Hilfe Sie PowerPoint an Ihre Wünsche bzw. Ihren Arbeitsstil anpassen. Die im folgenden vorgestellten Optionen halte ich für besonders erwähnenswert.

WISSEN

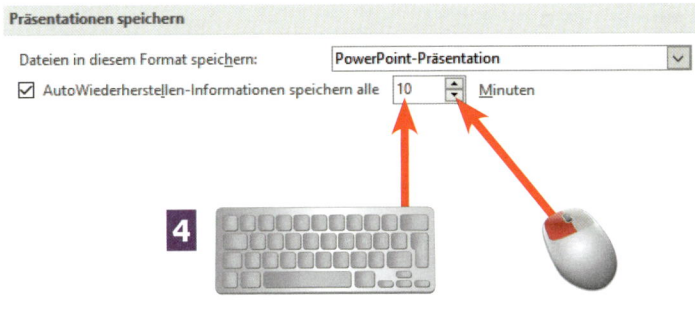

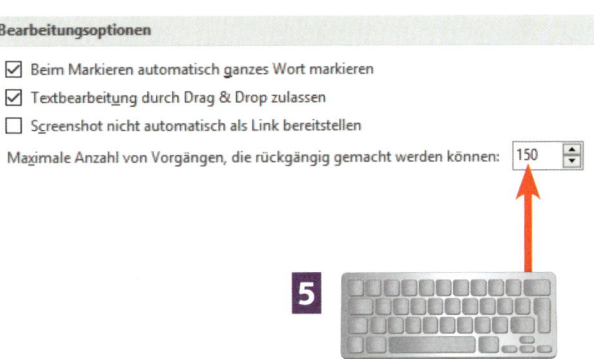

4 Per Voreinstellung ist automatisches Zwischenspeichern alle 10 Minuten aktiviert. Hier ändern Sie diese Voreinstellungen bei Bedarf: *Datei/Optionen/Speichern*.

5 Aus unerfindlichen Gründen ist die Anzahl von rückgängig zu machenden Aktionen per Voreinstellung auf 20 beschränkt. Ändern Sie das am besten direkt auf die maximal mögliche Anzahl von 150 Aktionen. Wählen Sie *Datei/Optionen/Erweitert/ Bearbeitungsoptionen* und überschreiben Sie den voreingestellten Wert mit 150.   **Ende**

Automatisches Zwischenspeichern ist wie der Sicherheitsgurt im Auto: niemals ohne! Wenn Sie Nervenkitzel lieben, erhöhen Sie das Intervall zum Zwischenspeichern auf 30 Minuten, wenn Sie im Fall des Falles Ihren Ärger minimieren möchten, senken Sie es auf 5 Minuten.

Um Aktionen rückgängig zu machen, können Sie statt des Symbols in der Schnellzugriffs- leiste auch Strg + Z drücken.

Falls Ihnen 20 rückgängig zu machende Aktionen ausreichend erscheinen, kann ich Ihnen aus Erfahrung versichern, dass dem nicht so ist. Falls Sie z. B. Objekte mithilfe der Pfeiltasten positionieren, sind 20 Aktionen im Nu verbraucht. Wenn Sie dann den Rückwärts- gang einlegen möchten und auf halbem Weg steckenbleiben, wissen Sie, was ich meine.

TIPP   **TIPP**   **HINWEIS**

Start

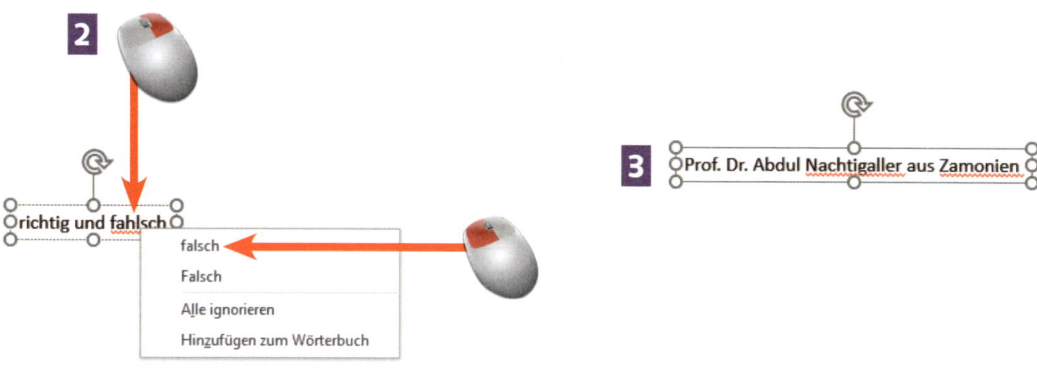

1 Per Voreinstellung ist die automatische Rechtschreibprüfung aktiv. Sobald PowerPoint einen – echten oder vermeintlichen – Fehler findet, malt es eine rote Wellenlinie unter das Wort.

2 Nach einem Klick mit der rechten Maustaste auf das bemängelte Wort bemüht sich PowerPoint um Korrekturvorschläge, die Sie bei Bedarf mit einem Linksklick übernehmen.

3 Weil PowerPoint aber nach dem Prinzip »was der Bauer nicht kennt, das isst er nicht« verfährt, meldet die Rechtschreibprüfung auch dort Fehler, wo alles richtig ist, aber PowerPoint ein Wort nicht in dem Wörterbuch findet, mit dem es gerade den Text abgleicht. Ein typisches Beispiel ist der weltberühmte Zamonier Prof. Dr. Nachtigaller aus Walter Moers Buch »Rumo«.

PowerPoint ist vorlaut und quatscht gern dazwischen. Mal ist das hilfreich, mal nervt es einfach nur, wenn Sie das Programm wieder einmal ungefragt überstimmt. Die gute Nachricht: Sie können Power-Point dressieren bzw. zähmen.

WISSEN

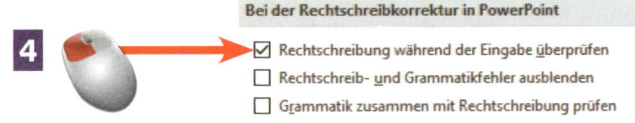

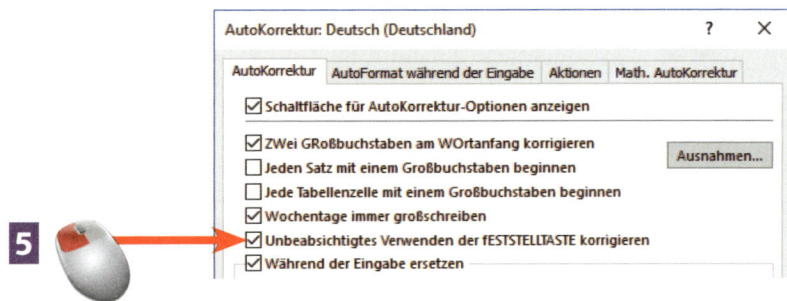

4 An dieser Stelle soll es jedoch nicht um Funktionsweise und Umgang mit der Recht-schreibprüfung gehen, sondern darum, wie Sie die roten Wellenlinien bei Bedarf ab-schalten. Wählen Sie dazu *Datei/Optionen/Dokumentprüfung* und entfernen Sie das Häkchen vor *Rechtschreibung während der Eingabe überprüfen*.

5 Um die AutoKorrektur zu zähmen, wählen Sie *Datei/Optionen/Dokumentprüfung/AutoKorrektur-Optionen* und setzen bzw. entfernen die Häkchen nach Bedarf. Meine Häkchen-Empfehlungen sehen Sie hier.

Ende

Um die AutoKorrektur zu deaktivieren, entfernen Sie das Häkchen vor *Während der Eingabe ersetzen*.

Sehr praktisch ist die AutoKorrektur-Option *Unbeabsichtigtes Verwenden der fESTSTELLTASTE korrigieren*, wobei ich mich seit Jahren frage, woran PowerPoint erkennt, ob der Anwender die Feststelltaste absichtlich oder versehentlich gedrückt hat.

Die AutoKorrektur sorgt unter anderem dafür, dass zwei Großbuchstaben am Wortanfang automatisch korrigiert werden. Das ist hilfreich, denn wer will schon Dinge wie WOrt oder HAus auf seinen Folien sehen? Ärgerlich wird's aber in dem Moment, wo PowerPoint den ersten Buchstaben eines Wortes großschreibt, obwohl Sie ihn absichtlich klein eingetippt haben.

TIPP　　　　**TIPP**　　　　**HINWEIS**

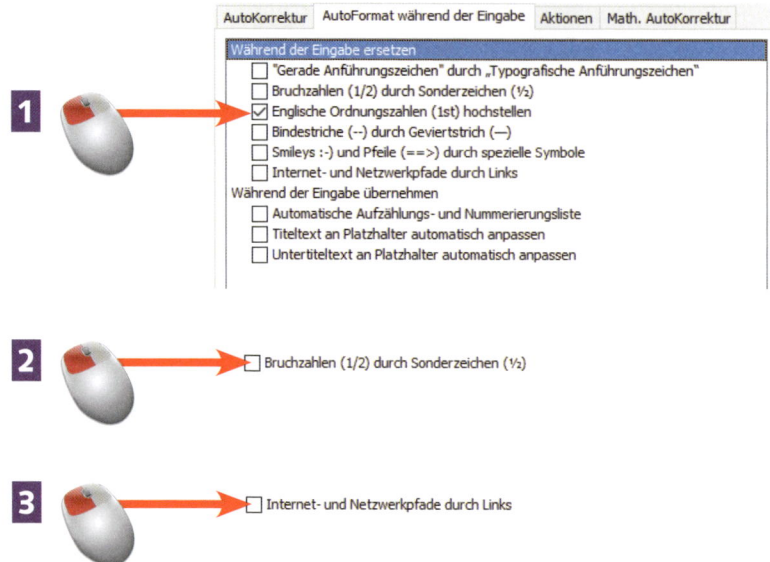

1 Zum Zähmen der AutoFormat-Funktion wählen Sie *Datei/Optionen/Dokumentprüfung/ AutoKorrektur/AutoFormat während der Eingabe*. Im gleichnamigen Dialogfenster wählen Sie die gewünschten Einstellungen durch Setzen bzw. Entfernen von Häkchen. Per Voreinstellung sind alle Optionen aktiviert. Meine Empfehlung sehen Sie hier.

2 Die Frage nach geraden oder typografische Anführungszeichen ist Geschmackssache, aber bei der Option *Bruchzahlen (1/2) durch Sonderzeichen (½)* geht's schon los mit den Problemen. Die Brüche ½ und ¾ kennt PowerPoint noch, aber versuchen Sie es doch einmal mit weniger üblichen Bruchzahlen.

3 Ob Sie Bindestriche durch Geviertstriche und Smileys und Pfeile durch Symbole ersetzen möchten, ist erneut Geschmackssache. Aber Sie sollten genau überlegen, ob Sie *Internet- und Netzwerkpfade durch Links* ersetzen möchten, denn nachträgliches Entfernen unerwünschter Links ist lästige Handarbeit und ein versehentlicher Klick während des Vortrags kann bei allen außer dem Referenten für große Heiterkeit sorgen.

Diese Funktion ist einen etwas genaueren Blick wert. *AutoFormat* ist Teil der AutoKorrektur und sorgt immer wieder für unerwünschte Adrenalinschübe. Beispiele gefällig? PowerPoint ändert auf eigene Faust die Schriftgröße in Textplatzhaltern, erstellt eine eingerückte Aufzählung oder Nummerierung, wo keine hingehört, oder verwandelt eine Internetadresse eigenmächtig in einen Hyperlink.

WISSEN

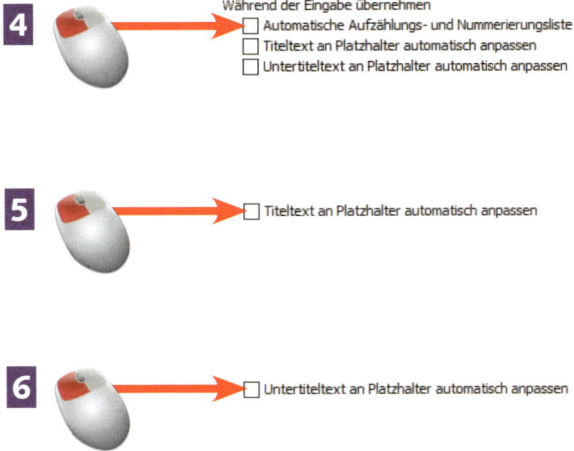

4 Die Option *Automatische Aufzählungs- und Nummerierungsliste* gehört zu den absoluten Nervtötern, weil PowerPoint ungefragt Listen erzeugt, sobald es vermutet, dass Sie eine solche Liste erstellen möchten. Und Sie dürfen mir eines glauben: PowerPoint liegt mit seinen Vermutungen oft daneben.

5 Die letzten beiden Optionen sollten Sie meiner Meinung nach in jedem Fall deaktivieren, da sie erstens für Layout-Brüche sorgen und zweitens nicht die Lösung, sondern Teil des Problems »zu viel Information« sind.
Titeltext an Platzhalter automatisch anpassen verkleinert die Schriftgröße des Titels automatisch, sobald dieser nicht mehr in zwei Zeilen passt und PowerPoint den Text in die dritte Zeile umbricht.

6 *Untertiteltext an Platzhalter automatisch anpassen* sorgt dafür, dass PowerPoint den Text – etwa in Aufzählungsplatzhaltern – automatisch verkleinert, sobald er nicht mehr in den Platzhalter passt. Mit dieser Funktion können Sie zwar einen Roman auf eine Folie quetschen, aber erstens kann dann niemand mehr den viel zu kleinen Text lesen und zweitens ist das Problem nicht die Schriftgröße, sondern die Textfülle. **Ende**

Folientitel sollten maximal 5–7 Wörter enthalten. Ideal sind kurze, klare und präzise Einzeiler.

Die französischen Anführungszeichen »Guillemets« erzeugen Sie über folgende Tastenkombinationen: Alt+0187 und Alt+0171 (die Ziffern müssen über den Nummernblock eingegeben werden).

Bei den AutoFormat-Optionen vertrete ich das »James-Dean-Prinzip«. Ich spiele damit auf den Film »... denn sie wissen nicht, was sie tun« an. Wer weiß, was eine bestimmte AutoFormat-Option bewirkt, entscheidet, ob er sie deaktiviert oder nicht. Wer es nicht weiß, sollte sie zur Vermeidung unangenehmer Überraschungen lieber deaktivieren.

TIPP   **TIPP**   **HINWEIS**

Start

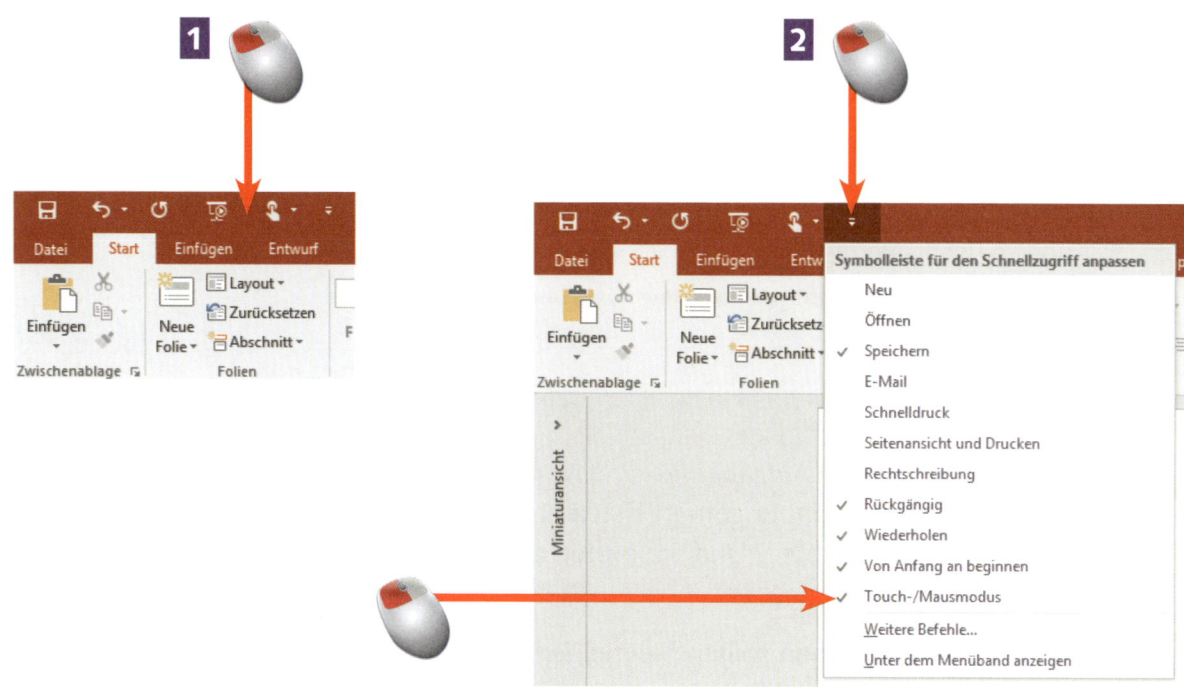

1 Per Voreinstellung ist die Schnellzugriffsleiste nur spärlich bestückt. Das können und sollten Sie ändern. Am besten jetzt gleich. Machen Sie mit und zimmern Sie sich jetzt Ihre persönliche Werkzeugleiste zusammen.

2 Öffnen Sie mit einem Klick auf das kleine Symbol rechts außen in der Schnellzugriffs-leiste die Auswahlliste *Symbolleiste für den Schnellzugriff anpassen*. Die Befehle mit Häkchen sind bereits in der Schnellzugriffsleiste enthalten. Um weitere Symbole aus dieser Liste einzufügen, klicken Sie sie der Reihe nach mit der linken Maustaste an.

Der klassische Weg zu den Symbolen im Menüband führt über die verschiedenen Registerkarten. Wer intensiv mit PowerPoint arbeitet, legt hier im Laufe der Zeit viele unnötige Mauskilometer zurück. Die Abkürzung heißt Symbolleiste für den Schnellzugriff, kurz: Schnell-zugriffsleiste.

WISSEN

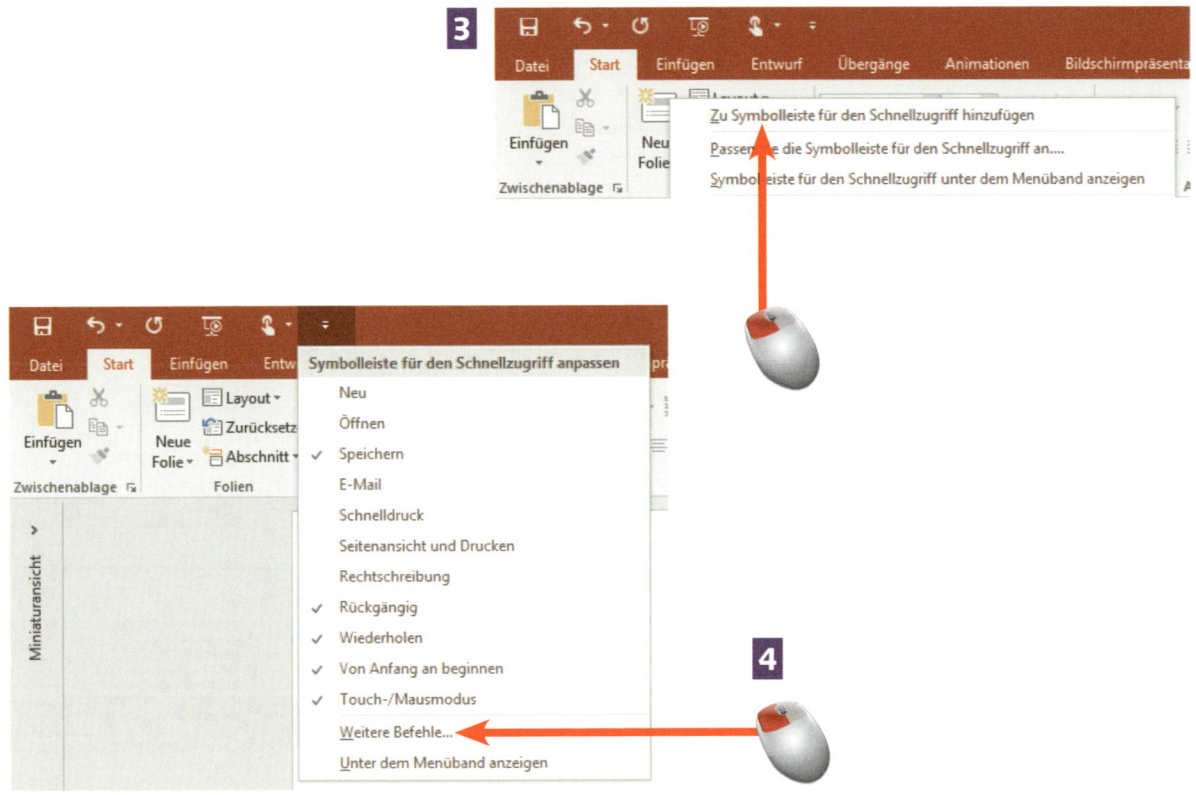

3 Die rechte Maustaste erschließt eine wesentlich ergiebigere Quelle. Klicken Sie die gewünschten Symbole in den verschiedenen Registern mit der rechten Maustaste an und wählen Sie anschließend im Kontextmenü den Befehl *Zu Symbolleiste für den Schnellzugriff hinzufügen*.

4 Der Weg zur Schatzkammer aller Symbole führt über *Weitere Befehle* in der Auswahlliste.

Um ein Symbol aus der Schnellzugriffsleiste zu entfernen, klicken Sie es mit der rechten Maustaste an und wählen *Aus Symbolleiste für den Schnellzugriff entfernen*.

Hier drei Tastenkombinationen zur Textformatierung:
Strg+⇧+F (Fett),
Strg+⇧+I (Kursiv) und
Strg+⇧+U (Unterstrichen).

Mit Strg+M erzeugen Sie eine neue Folie, mit Strg+N eine neue Präsentation.

TIPP   **TIPP**   **TIPP**

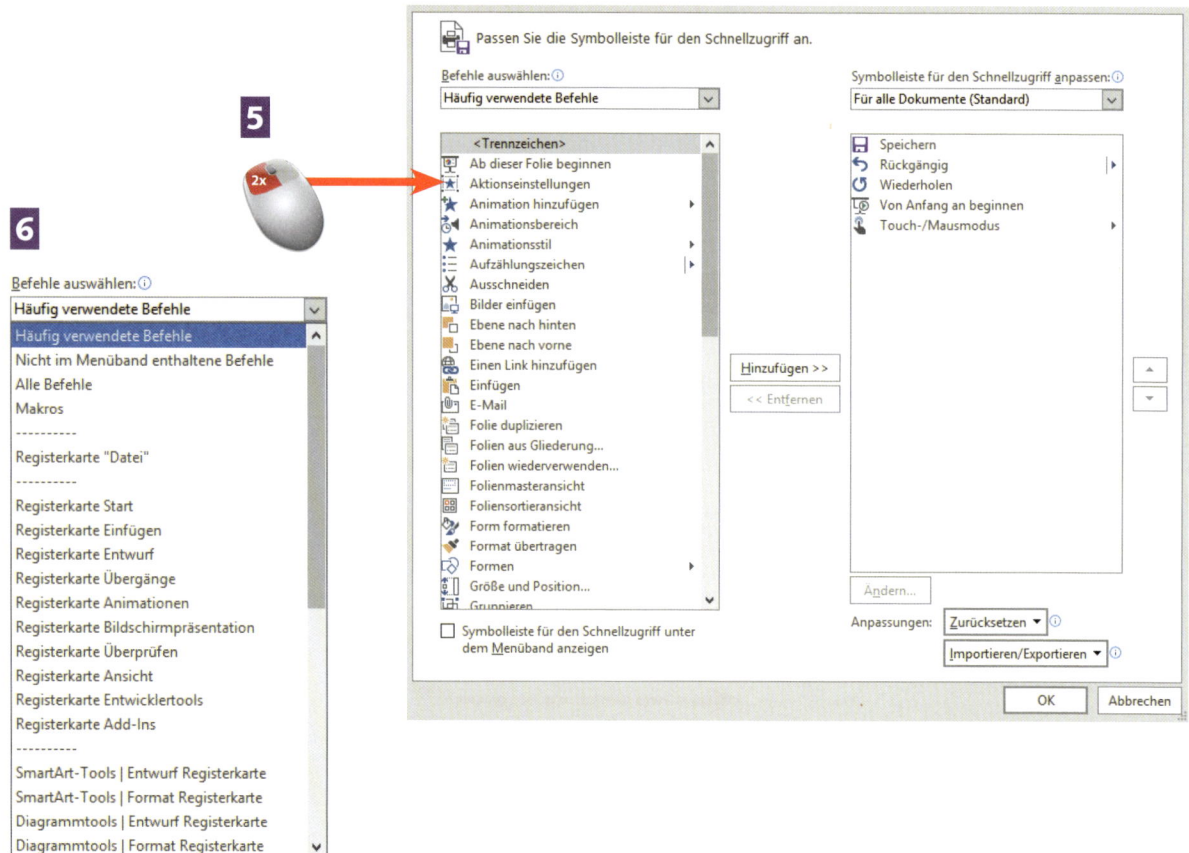

5 Es öffnet sich das folgende Dialogfenster. Links sehen Sie die verfügbaren Symbole, rechts die aktuelle Zusammensetzung Ihrer Schnellzugriffsleiste. Mit einem Doppelklick fügen Sie ein Symbol der Schnellzugriffsleiste hinzu.

6 Per Voreinstellung sehen Sie links nur eine kleine Auswahl verfügbarer Befehle. Schnallen Sie sich an: Es gibt noch ein paar Kategorien mehr, hinter denen sich jeweils eine Fülle von Befehlen verbirgt.

Über *Datei/Optionen/Symbolleiste für den Schnellzugriff/Importieren/ Exportieren/Alle Anpassungen exportieren* speichern Sie die aktuelle Zusammensetzung der Schnellzugriffsleiste als *PowerPoint-Anpassungen. exportedUI*. Diese Konfigurationsdatei lässt sich per E-Mail versenden und auf einem beliebigen anderen Computer über *Importieren/Exportieren/Anpassungsdatei importieren* einlesen.

WISSEN

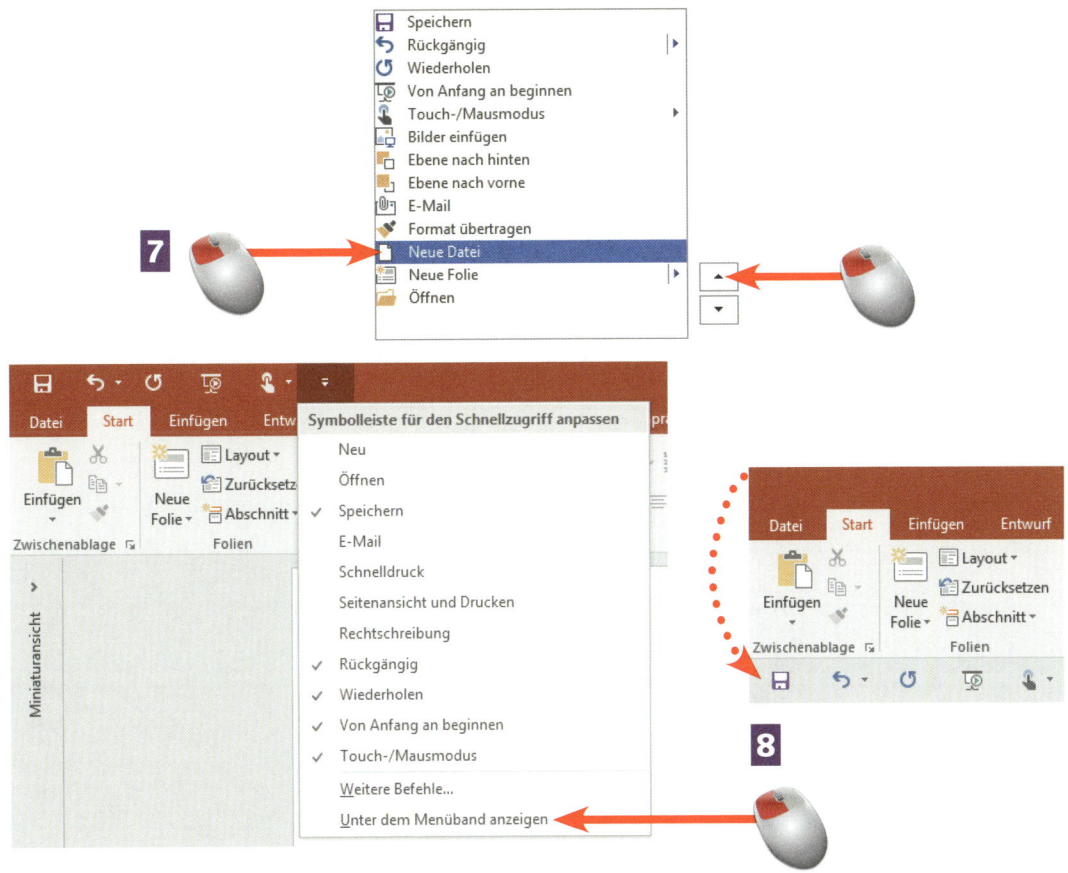

7 Um die Reihenfolge der Symbole in der Schnellzugriffsleiste anzupassen, klicken Sie ein Symbol an und verschieben es durch Klicken auf die Pfeiltasten am rechten Rand an die gewünschte Position.

8 Ich empfehle Ihnen, die Schnellzugriffsleiste unterhalb des Menübandes anzuzeigen. Auf diese Weise sparen Sie sich pro Jahr mindestens drei weitere Mauskilometer.

Ende

Der Befehl *Datei/Optionen/Symbolleiste für den Schnellzugriff/Zurücksetzen* setzt die Schnellzugriffsleiste wieder auf den Zustand unmittelbar nach der Installation von PowerPoint zurück.

Praktisch sind auch diese Tastenkombinationen zur Absatzformatierung:
Strg+E (zentriert),
Strg+R (rechtsbündig) und
Strg+L (linksbündig).

TIPP   **TIPP**

Formen und Textfelder

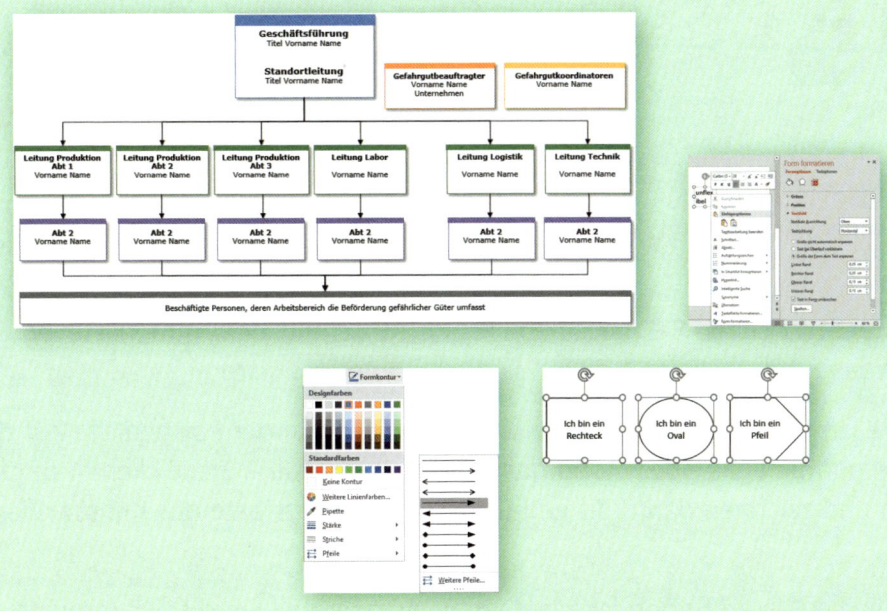

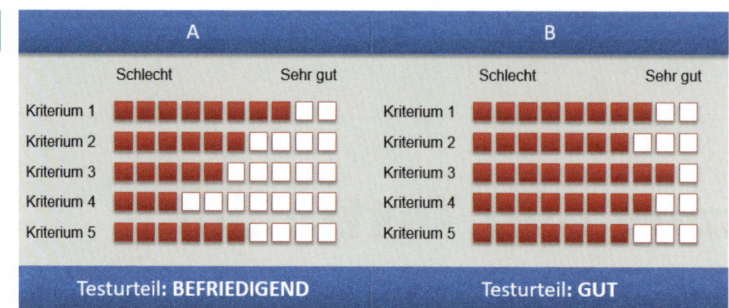

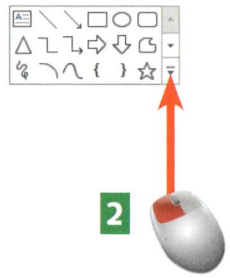

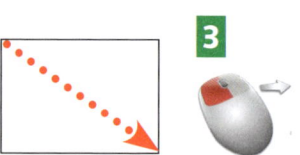

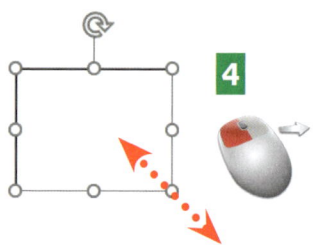

1 Dieses kleine Beispiel zeigt, was Sie allein mit Rechtecken und Textfeldern basteln können.

2 Im Register *Start* sehen Sie nur einen kleinen Ausschnitt der Formenliste. Mit einem Klick auf das Symbol *Weitere* öffnet sich die komplette Liste.

3 Zum Erstellen einer Form klicken Sie entweder zuerst in der Formenliste auf die Form und dann auf die Folie oder – und das ist der Normalfall – Sie klicken in der Liste auf die Form und zeichnen dann mit gedrückter linker Maustaste das Kunstwerk auf die Folie.

4 Zum Skalieren (Vergrößern oder Verkleinern) verwenden Sie die Skalierpunkte, die Sie mit gedrückter linker Maustaste in die gewünschte Richtung ziehen.

Auf den ersten Blick mögen PowerPoints Formen unscheinbar wirken. Aber aus Erfahrung kann ich Ihnen versichern, dass Sie mit einer kleinen Auswahl an Formen viel erreichen können.

WISSEN

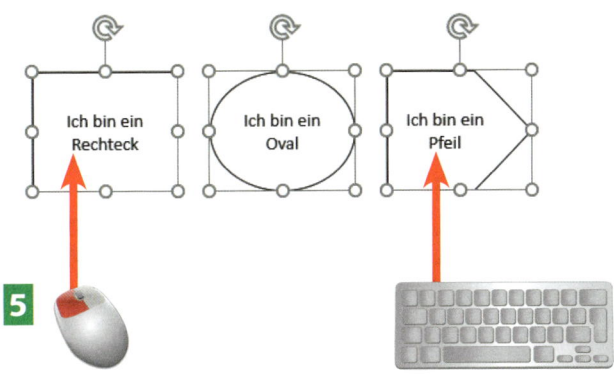

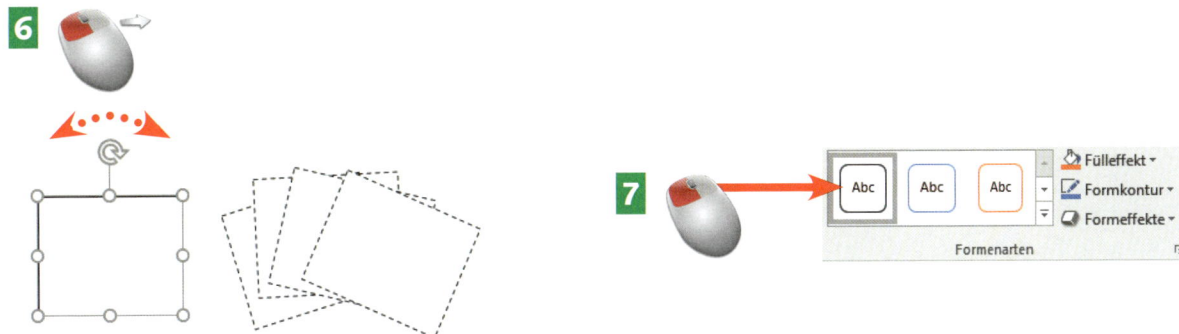

5 Die meisten Formen verfügen über ein integriertes Textfeld. Zum Einfügen von Text klicken Sie die Form an und tippen dann den gewünschten Text.

6 Zum Drehen eines Objektes ziehen Sie mit gedrückter linker Maustaste am Drehpunkt.

7 Zum Formatieren von Füllung oder Formkontur (Rahmenlinie) sowie zum Hinzufügen diverser optischer Effekte stehen Ihnen die Werkzeuge der Befehlsgruppe *Formenarten* zur Verfügung.

Ende

Der Doppelklick auf eine beliebige Form schaltet das Register *Format* der Zeichentools in den Vordergrund und ist der kürzeste Weg zu den benötigten Werkzeugen.

Um Objekte in Intervallen von 15 Grad zu drehen, drücken Sie während des Drehens die Taste ⇧.

Beim Eintippen von Text in Formen müssen Sie sich nicht um den Zeilenumbruch kümmern. PowerPoints Voreinstellung *Zeilenumbruch* umbricht den Text, sobald ein Wort an den rechten Rand der Form stößt.

TIPP   **TIPP**   **HINWEIS**

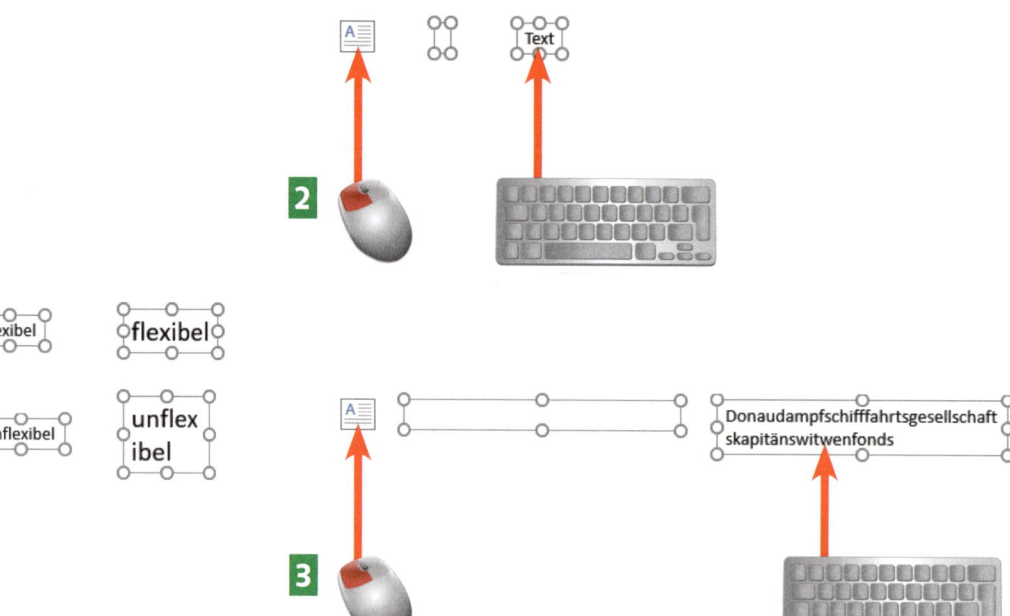

1   Ein flexibles Textfeld passt seine Größe an den Inhalt an. Unflexible Textfelder sind zwar in der Höhe variabel, aber ihre feste Breite führt immer wieder zu unschönen Textumbrüchen, wenn Sie nachträglich z. B. die Schriftgröße erhöhen.

2   Um ein flexibles Textfeld zu erstellen, klicken Sie in der Formenliste auf *Textfeld* und anschließend auf die Folie. Es öffnet sich ein kleines (leeres) Textfeld, in das Sie den Text eintippen. Das Textfeld wächst zusammen mit seinem Inhalt.

3   Um ein unflexibles Textfeld zu erstellen, klicken Sie ebenfalls in der Formenliste auf *Textfeld*. Statt nun jedoch auf die Folie zu klicken, tun Sie so, als würden Sie ein Rechteck zeichnen. Anschließend tippen Sie den Text ins leere Feld.

Textfelder setzen Sie ein, wenn die Titel-, Untertitel- und Aufzählungsplatzhalter nicht zum gewünschten Ergebnis führen. Es gibt flexible und unflexible Textfelder.

WISSEN

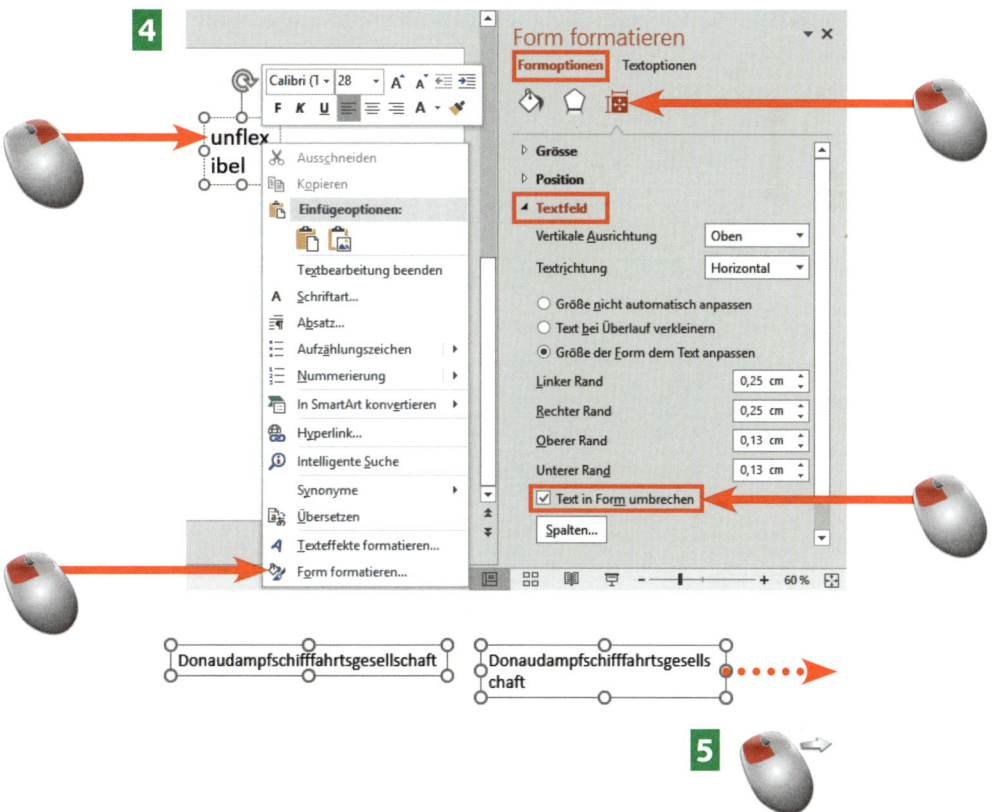

4 Um ein unflexibles in ein flexibles Textfeld zu verwandeln, klicken Sie mit der rechten Maustaste ins Textfeld und wählen *Form formatieren*. Im Aufgabenbereich *Form formatieren* wählen Sie anschließend *Formoptionen/Größe und Eigenschaften/Textfeld* und entfernen das Häkchen vor *Text in Form umbrechen*.

5 Nach dieser komplexen Abfolge von Handgriffen erscheint der Weg vom flexiblen zum unflexiblen Textfeld beinahe läppisch einfach. Sie brauchen dafür lediglich das Textfeld an einem der Skalierpunkte mit gedrückter linker Maustaste auf die gewünschte Breite zu ziehen.

Ende

Beim Zeichnen eines (unflexiblen) Textfeldes können Sie nur die Breite festlegen. Egal, wie hoch Sie das Textfeld zeichnen – sobald Sie die linke Maustaste loslassen, schnappt es auf diejenige Höhe zurück, die für die aktuell eingestellte Schriftgröße nötig ist.

Unflexible Textfelder sind dann sinnvoll, wenn es eine »rechte Begrenzung« des Textes gibt, zum Beispiel ein Bild oder ein Diagramm. In den meisten Fällen werden Sie jedoch mit dem flexiblen Textfeld besser bedient sein.

Bei dicht bevölkerten Folien empfehle ich Ihnen, Textfelder (links oder rechts) außerhalb der Folie zu erstellen und erst anschließend an die endgültige Parkposition zu ziehen.

HINWEIS   **HINWEIS**   **TIPP**

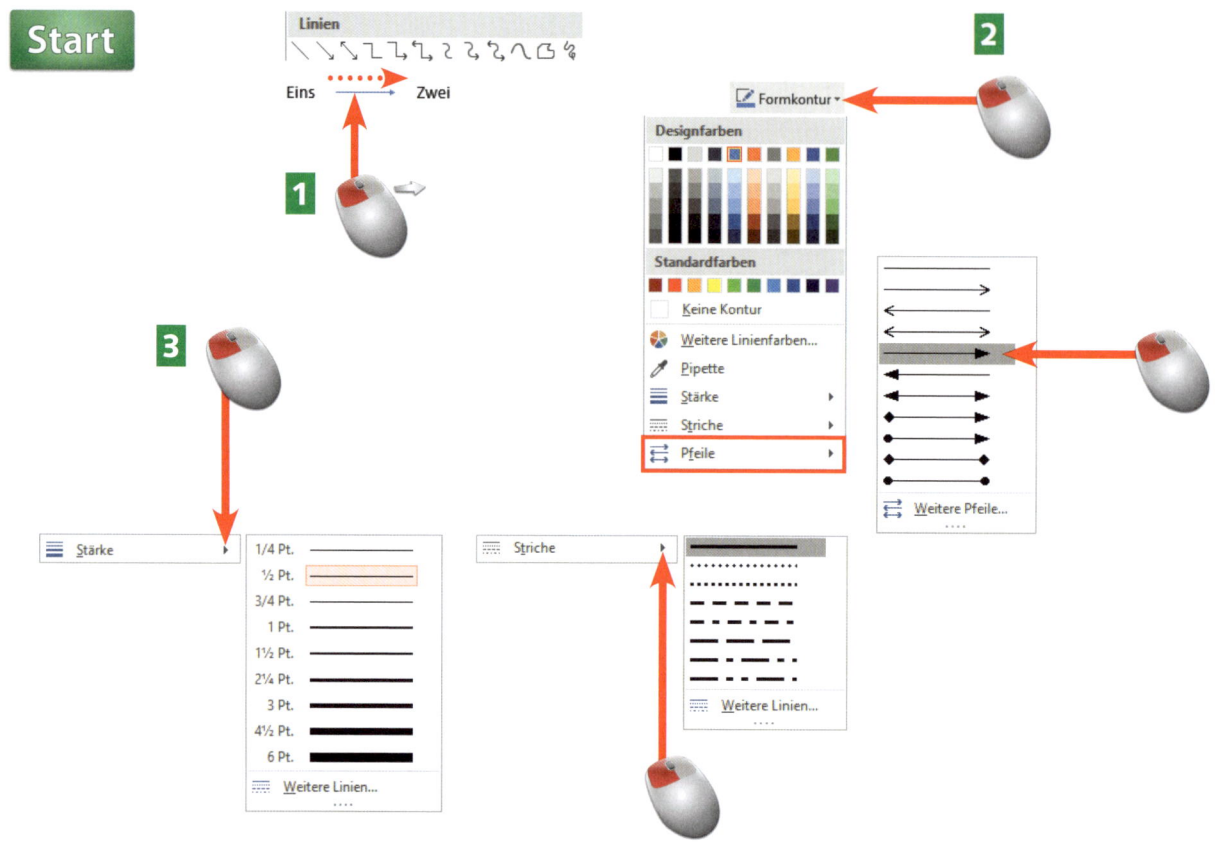

1 Um einen frei schwebenden Pfeil zu erstellen, klicken Sie zuerst die gewünschte Variante in der Formenliste an und zeichnen anschließend mit gedrückter linker Maustaste den Pfeil auf die Folie.

2 Um einen Pfeil in eine Linie zu verwandeln, klicken Sie ihn an, wählen *Formkontur/ Pfeile* und klicken auf die gewünschte Variante.

3 Hier passen Sie Linienstärke und Linienart (Striche) an.

Je nach Bedarf erstellen Sie frei schwebende oder an Objekten fest verankerte Pfeile oder Linien. Alle Pfeil- bzw. Linienvarianten lassen sich mit wenigen Klicks formatieren oder auch nachträglich in eine beliebige andere Variante umwandeln.

WISSEN

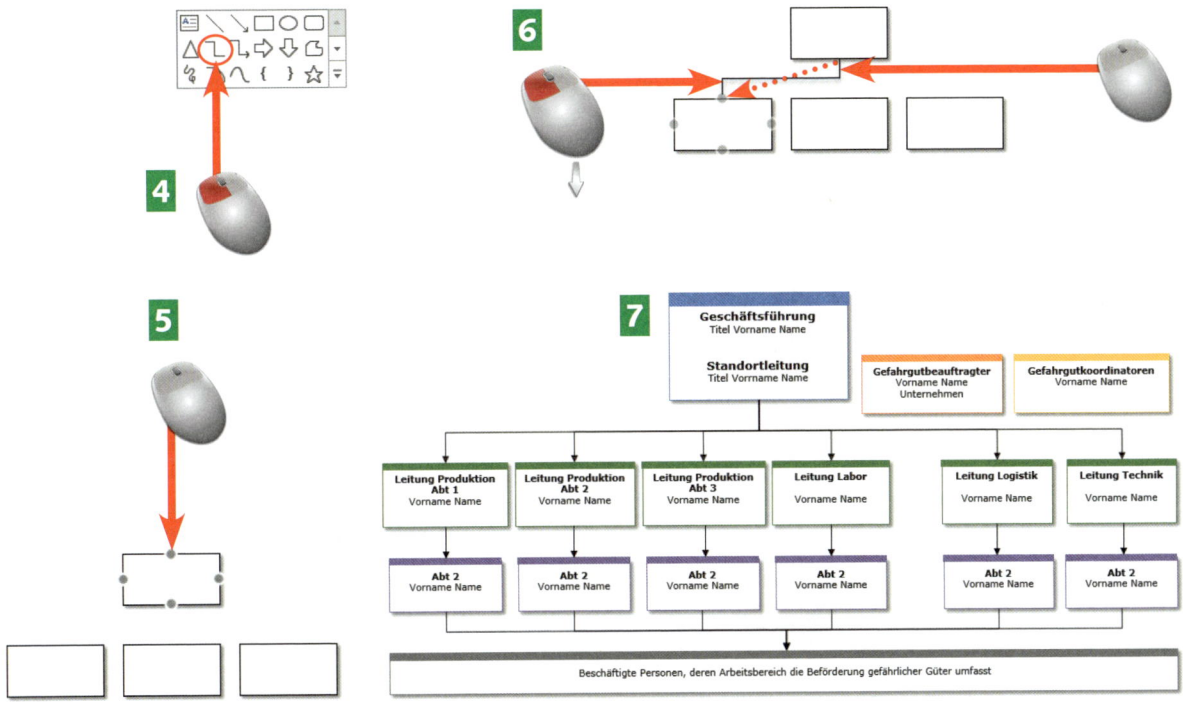

4 Um eine am Objekt verankerte Verbindungslinie zu erstellen, wählen Sie zuerst die gewünschte Linie. Für dieses Beispiel verwende ich einen »gewinkelten Verbinder«.

5 Zeigen Sie auf das Objekt, an dem die Linie beginnen soll (Start-Objekt). Es erscheinen die Ankerpunkte.

6 Zeigen Sie mit der Maus auf den Ankerpunkt, an dem die Linie beginnen soll (Start-Ankerpunkt), und ziehen Sie die Linie (bzw. Pfeil) auf den gewünschten Ankerpunkt des Zielobjektes.

7 Mithilfe von Rechtecken und Verbindungslinien lassen sich passable Organisationsdiagramme zeichnen.

Ende

TIPP

Um exakte horizontale oder vertikale Linien aufs digitale Papier zu malen, drücken Sie beim Zeichnen der Linie die ⇧-Taste.

TIPP

Um mehrere Linien in einem einzigen Arbeitsgang zu erstellen, klicken Sie die gewünschte Variante in der Formenliste mit der rechten Maustaste an und wählen im Kontextmenü *Zeichenmodus sperren*. Dann zeichnen Sie der Reihe nach die Linien oder Pfeile. Zum »Entsperren« drücken Sie Esc.

TIPP

Sobald der Beginn oder das Ende einer Linie in die Nähe eines Ankerpunktes gerät, klinkt sich die Linie ungefragt dort ein. Um das zu verhindern, drücken Sie beim Zeichnen der Linie die Taste Alt und deaktivieren damit vorübergehend die magnetische Anziehungskraft der Ankerpunkte.

Start

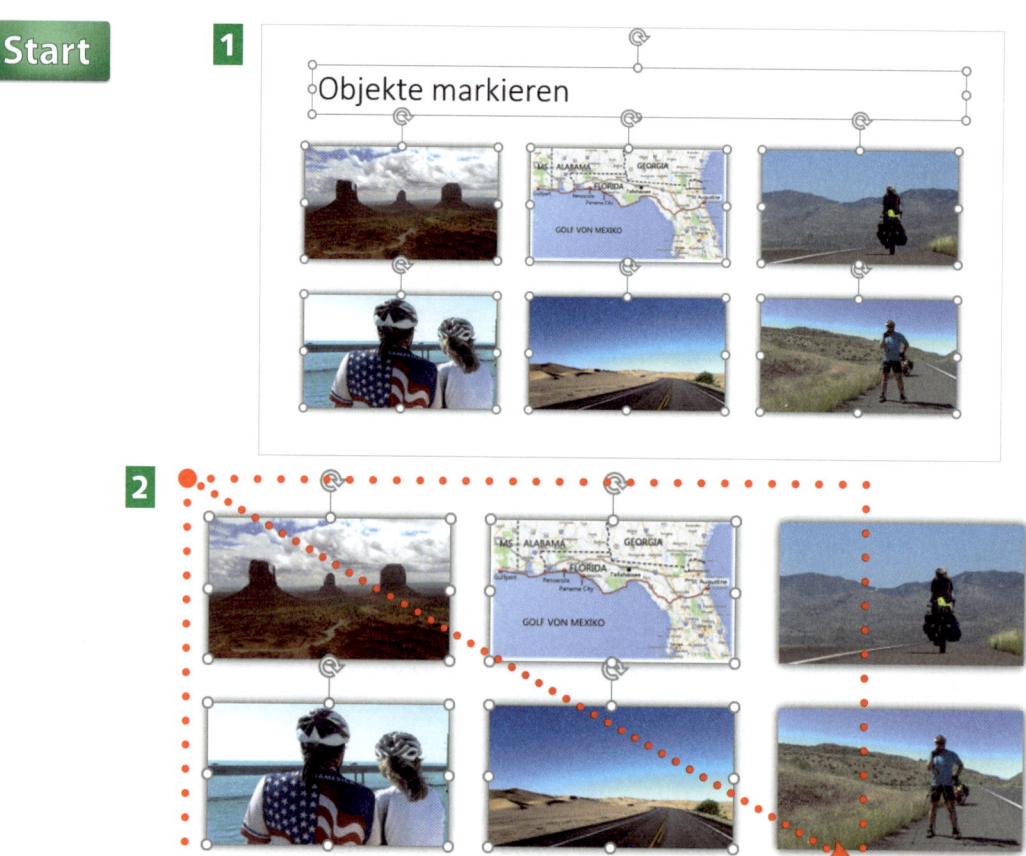

1 Um alle Objekte auf einer Folie zu markieren, drücken Sie ⌈Strg⌉+⌈A⌉.

2 Um eine Gruppe von Objekten zu markieren, ziehen Sie mit der Maus einen Rahmen um die gewünschten Objekte. Sobald Sie die Maustaste loslassen, markiert PowerPoint alle Objekte, die vollständig von diesem Rahmen umschlossen sind. Objekte, von denen auch nur das kleinste Fitzelchen über den Rahmen hinausragt, werden nicht markiert.

Das mehr als 200 Jahre alte Motto des tapferen Schneiderleins »sieben auf einen Streich« lege ich Ihnen auch für die Arbeit mit PowerPoint dringend ans Herz. Sie sparen Zeit, Energie und Nerven, wenn Sie mit einer einzigen Aktion eine Vielzahl von Objekten positionieren, skalieren oder formatieren. Die Voraussetzung für dieses Energiesparprogramm ist das korrekte Markieren der zu bearbeitenden Objekte.

WISSEN

3 Um verstreut positionierte Objekte zu markieren, klicken Sie diese der Reihe nach mit gedrückter Taste ⇧ an.

4 Statt gedrückter ⇧-Taste könnten Sie auch mit der Taste Strg mehrere Objekte der Reihe nach durch Anklicken markieren. Aber Vorsicht! Wenn Sie beim Klicken nur minimal verrutschen, interpretiert PowerPoint den unsauberen Klick als »Ziehen« und kopiert das Objekt statt es zu markieren. Mit der ⇧-Taste gehen Sie auf Nummer sicher.

Ende

TIPP

In der Praxis werden Sie nur selten alle Objekte einer Folie markieren wollen, weil dazu auch der Folientitel gehört. Alle Objekte außer dem Titel dagegen kommt häufig vor. Markieren Sie in diesem Fall mit Strg+A zunächst alle Objekte und klicken Sie anschließend dasjenige bzw. diejenigen mit gedrückter Bild↓-Taste an, das bzw. die Sie wieder »ent-markieren« möchten.

TIPP

Die Taste ⇆ markiert Objekte in ihrer »Geburtsreihenfolge«. Auch unsichtbare und verdeckte Objekte. Das zuerst auf dieser Folie erstellte Objekt wird als Erstes markiert, das zuletzt erstellt Objekt zum Schluss. Danach beginnt PowerPoint wieder von vorne. Mit ⇧+⇆ legen Sie den Rückwärtsgang ein und PowerPoint markiert in umgekehrter Reihenfolge vom jüngsten bis zum ältesten Objekt.

Grafiken

4

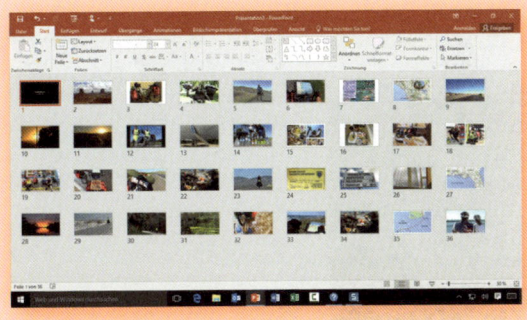

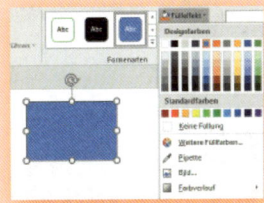

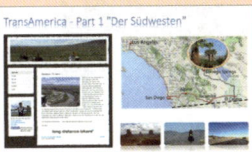

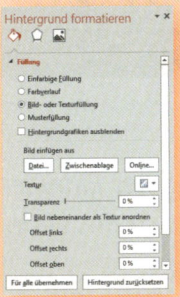

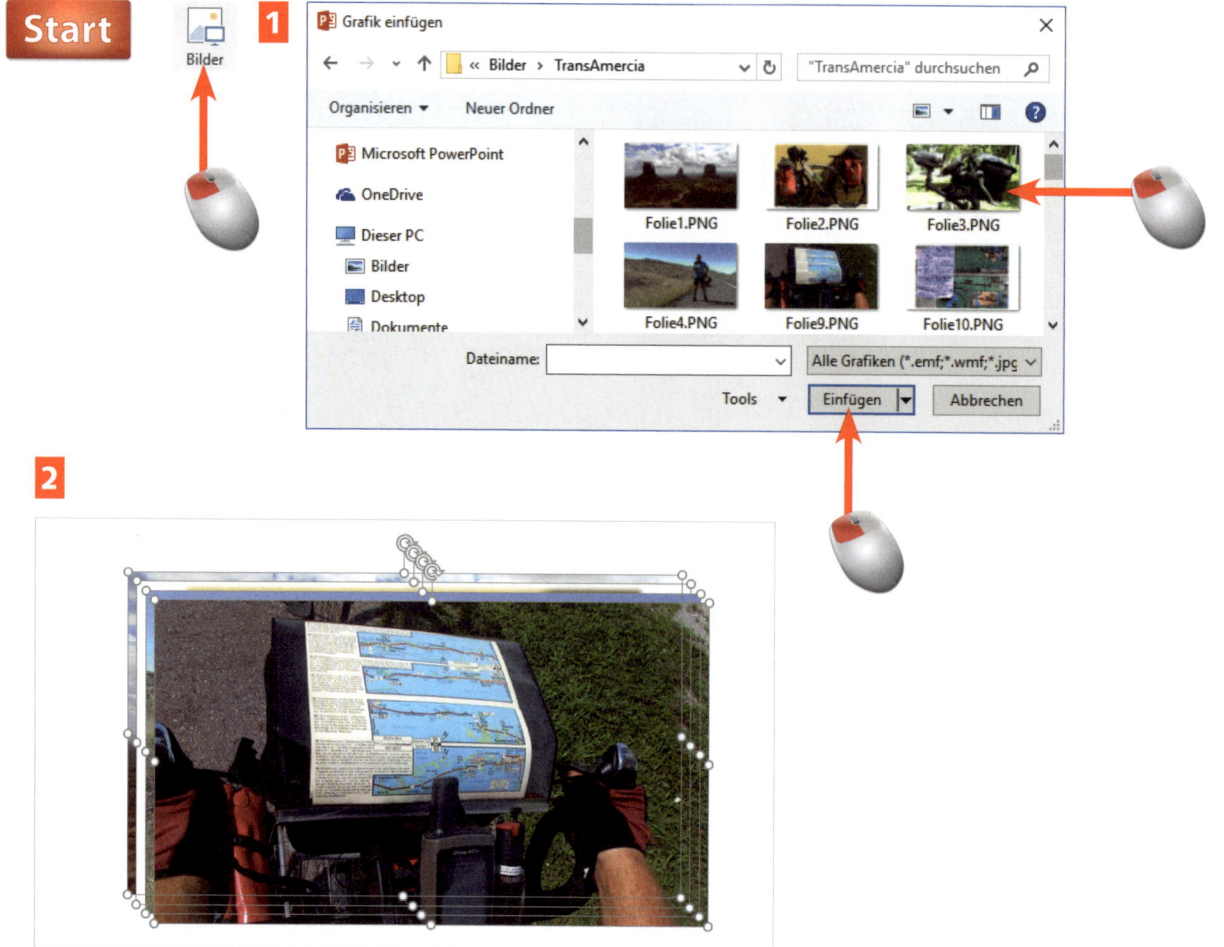

1 Klicken Sie im Register *Einfügen* auf *Bilder*, suchen und klicken Sie die gewünschten Bilder der Reihe nach mit gedrückter ⟨Strg⟩-Taste an und klicken Sie abschließend auf *Einfügen*.

2 Die Bilder erscheinen als Bilderstapel in der Folienmitte.

In Kapitel 1 »Schnelleinstieg« haben Sie gelernt, wie Sie ein einzelnes Bild in eine Folie mit Platzhalter einfügen. Hier erfahren Sie, wie Sie mehrere Bilder in eine Folie einfügen und worauf Sie dabei achten sollten.

WISSEN

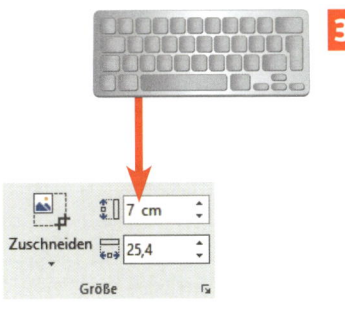

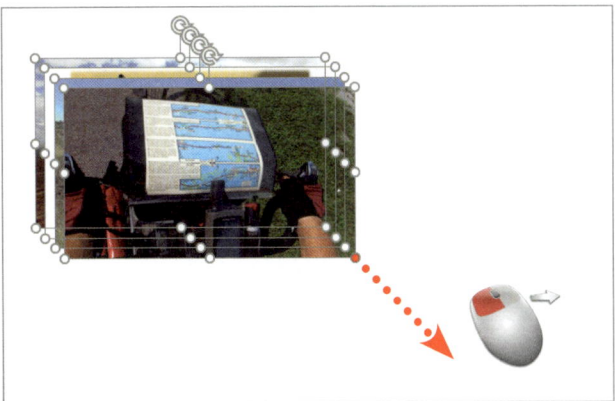

3 Skalieren Sie die Bilder auf die gewünschte Größe. Sollen alle Bilder dieselbe Größe haben, dürfen Sie wählen: Entweder ziehen Sie an einem der Eck-Skalierpunkte mit der Maus oder Sie nutzen die Tastatur und legen die Höhe oder Breite über das Dialogfeld *Größe* im Register *Format* der *Bildtools* fest. Tippen Sie entweder die Höhe oder die Breite ein und drücken Sie [↵]. PowerPoint skaliert den zweiten Wert automatisch.

4 Abschließend positionieren Sie die Bilder auf der Folie.

Ende

Fügen Sie das Symbol *Bilder* am besten jetzt gleich der Symbolleiste für den Schnellzugriff hinzu: Klicken Sie dazu das Symbol mit der rechten Maustaste an und wählen Sie *Zu Symbolleiste für den Schnellzugriff hinzufügen*.

Drag-and-drop bezeichnet das Ziehen von markiertem Text oder Objekten mit gedrückter linker Maustaste.

Alternativ zum hier beschriebenen Weg können Sie Bilder auch per Drag-and-drop aus dem Windows-Explorer auf die Folie ziehen.

TIPP   **FACHWORT**   **HINWEIS**

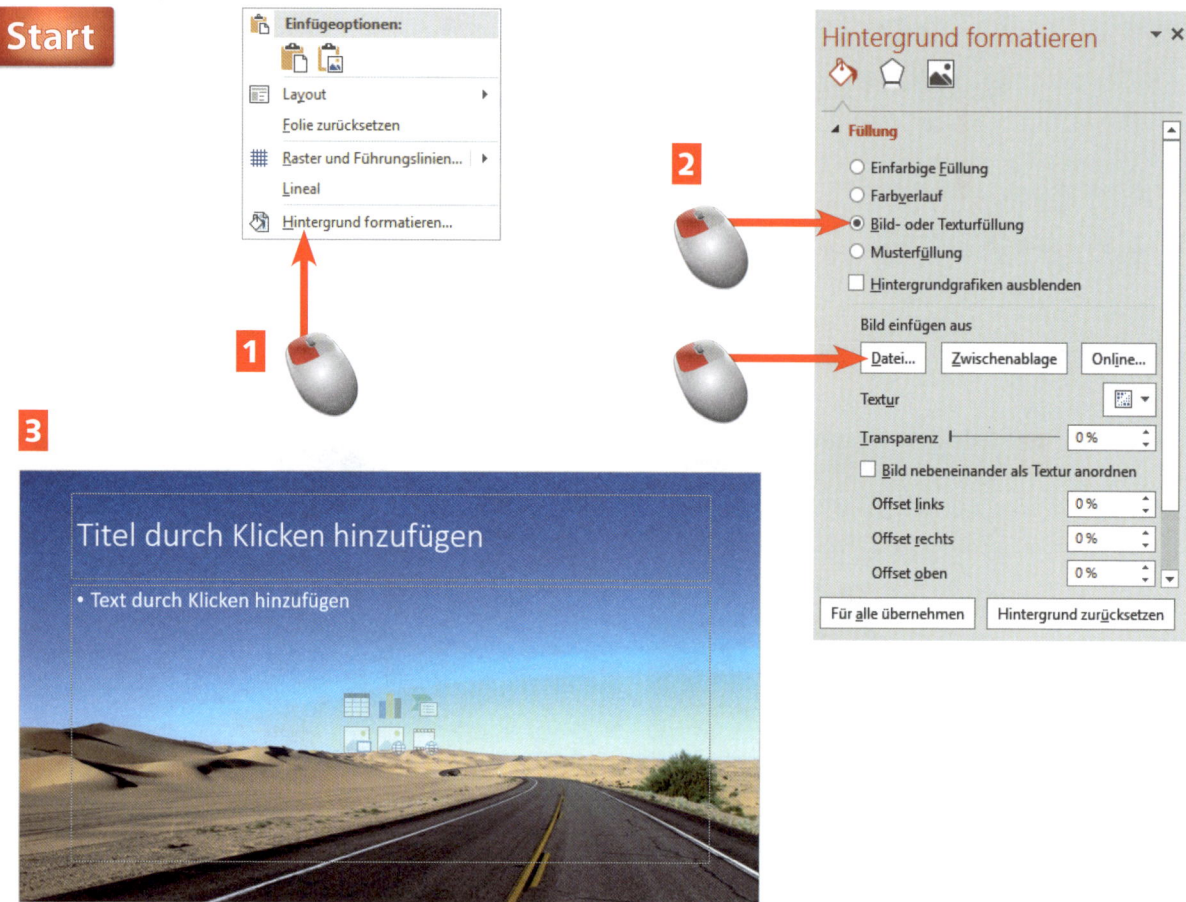

1 Klicken Sie mit der rechten Maustaste links oder rechts neben die Folie und wählen Sie *Hintergrund formatieren*, um den gleichnamigen Aufgabenbereich zu öffnen.

2 Wählen Sie im Aufgabenbereich *Hintergrund formatieren* die Option *Bild- oder Texturfüllung* und klicken Sie unter *Bild einfügen aus* auf *Datei...*

3 Suchen und doppelklicken Sie das gewünschte Bild.

PowerPoint kann neben Farben und Farbverläufen auch Bilder als Folienhintergrund verwenden. Das Praktische daran: Das Bild ist »hinter Glas« – die Text- und Objektplatzhalter stehen wie gewohnt zur Verfügung, und man kann das Bild während der Arbeit an Folienobjekten nicht versehentlich verschieben.

WISSEN

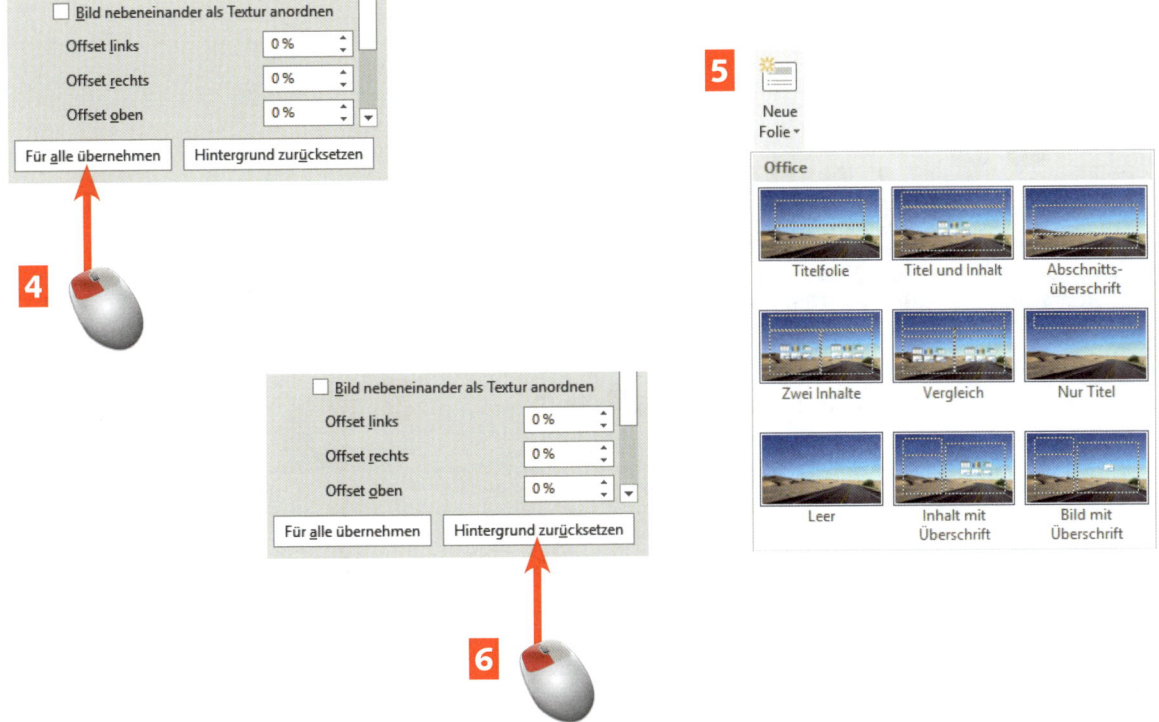

4 Per Voreinstellung übernimmt PowerPoint das Hintergrundbild nur für die aktuelle Folie. Wenn Sie das Bild als Hintergrund für alle Folien übernehmen möchten, klicken Sie im Aufgabenbereich *Hintergrund formatieren* auf *Für alle übernehmen*.

5 PowerPoint aktualisiert die Vorschau der Folienlayouts.

6 Um ein Hintergrundbild zu entfernen, klicken Sie mit der rechten Maustaste links oder rechts neben die Folie, wählen *Hintergrund formatieren* und klicken im gleichnamigen Aufgabenbereich auf *Hintergrund zurücksetzen*.

Ende

Falls Ihnen die Farben des Hintergrundbildes zu kräftig sind, ziehen Sie im Aufgabenbereich *Hintergrund formatieren* den Schieberegler *Transparenz* so weit nach rechts, bis Sie mit dem Ergebnis zufrieden sind.

Stimmt das Bildformat (z. B. 4:3) nicht mit dem Folienformat (z. B. 16:9) überein, skaliert PowerPoint proportional so weit, bis der Folienhintergrund vollständig vom Bild ausgefüllt ist. Über den Folienrand hinausragende Bildteile werden abgeschnitten.

TIPP

HINWEIS

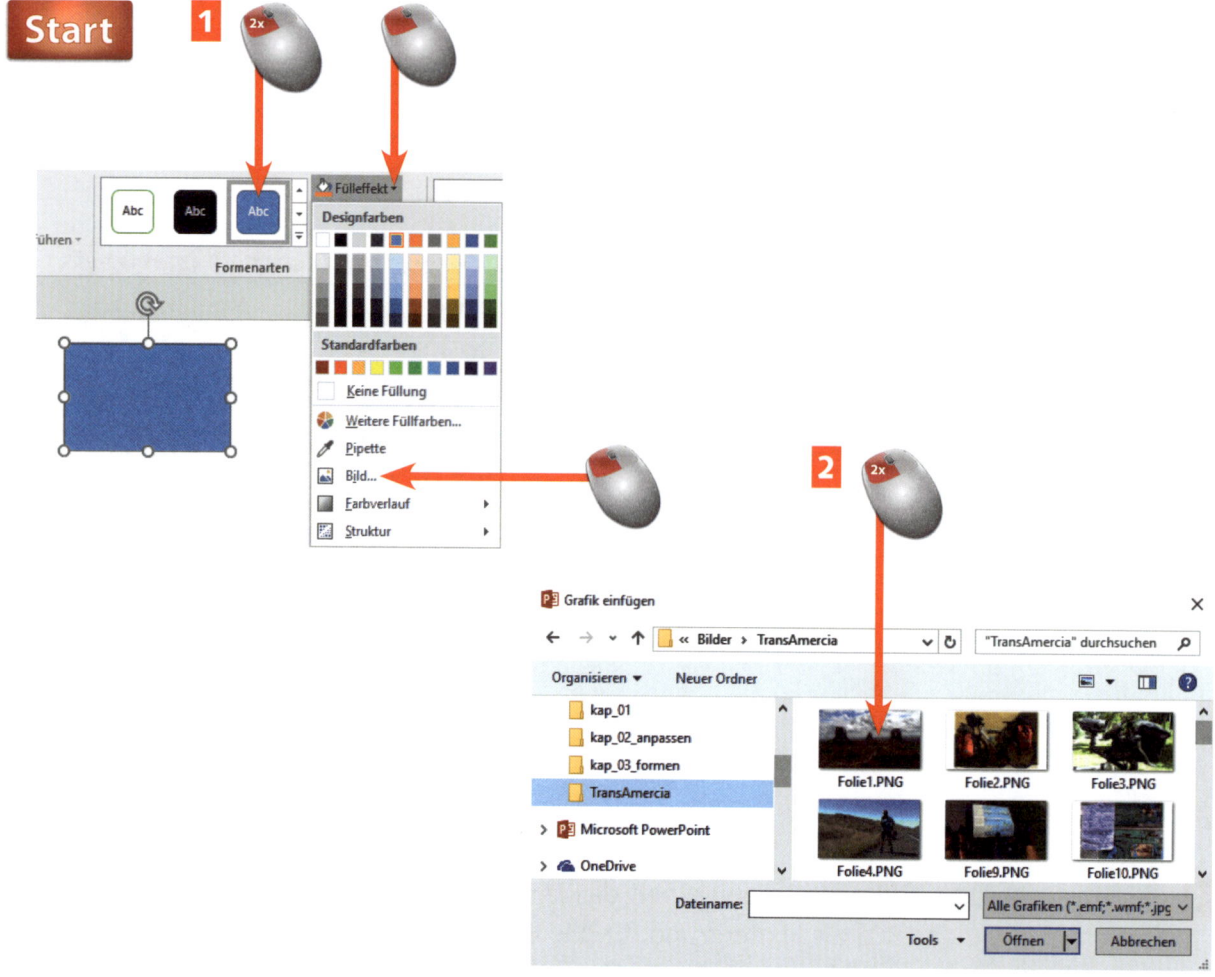

1 Doppelklicken Sie die Form, um das Register *Format* der Zeichentools einzublenden, wählen Sie *Fülleffekt* und klicken Sie in der Auswahlliste *Fülleffekt* auf *Bild*.

2 Suchen und doppelklicken Sie das gewünschte Bild.

Analog zum Folienhintergrund können Sie auch Formen mit Bildern statt mit Farbe füllen. Bei bildreichen Folien ist das eine zeitsparende Alternative zum aufwendigen Einfügen und Anpassen einzelner Grafiken.

WISSEN

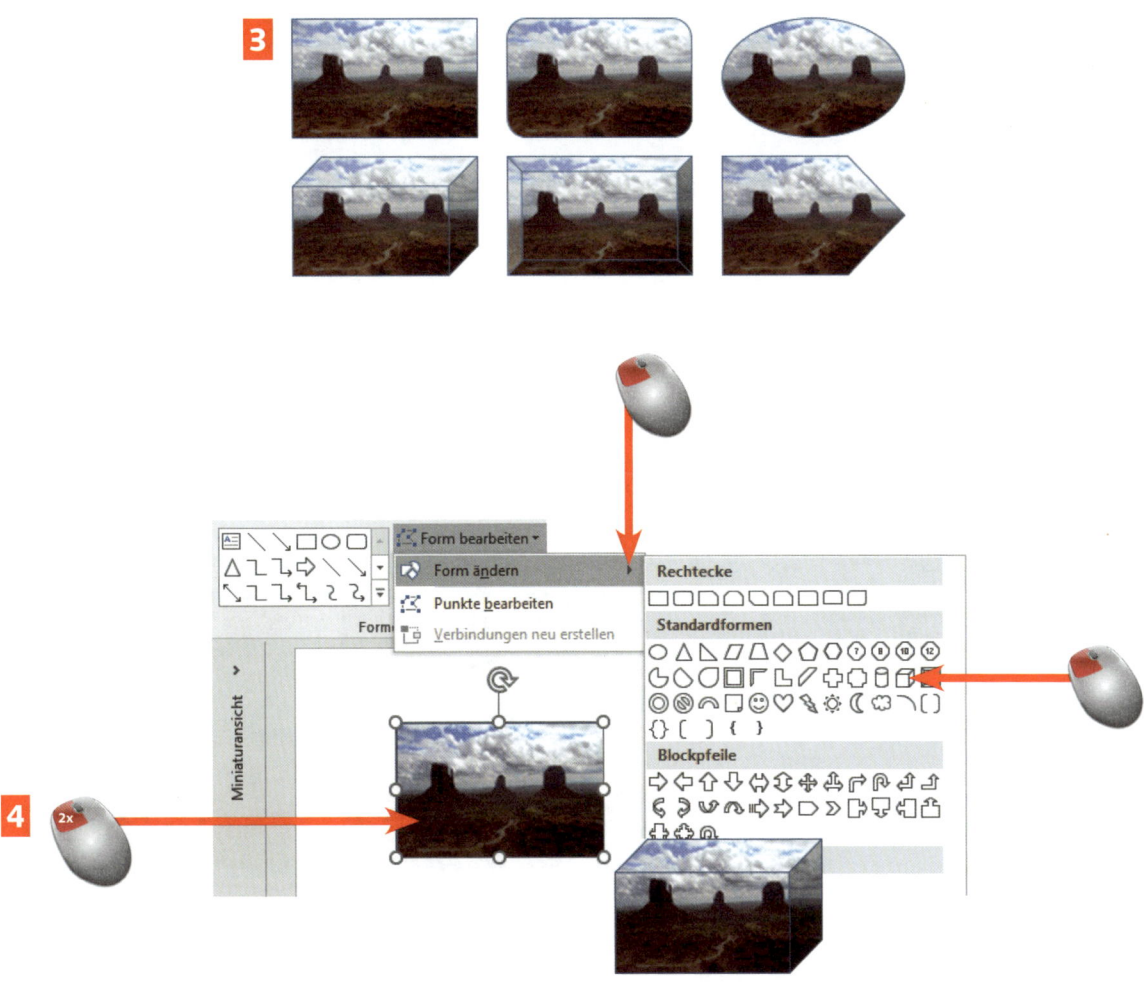

3 Bildern ist es egal, in welche Formen Sie sie einfügen.

4 Um nachträglich die Bildform zu ändern, doppelklicken Sie auf die Form, um das Register *Format* der Zeichentools einzublenden, wählen *Form bearbeiten/Form ändern* und klicken auf die gewünschte Form.

Ende

Achtung! Eine Form bleibt eine Form, auch wenn sie mit einem Bild gefüllt ist. Nach einem Doppelklick auf die Form erscheinen deshalb auch nicht die Bildtools, sondern die Zeichentools. Und selbst wenn Sie die Bildtools einblenden, sind die meisten Werkzeuge deaktiviert.

Achtung! Bilder passen sich dem Seitenverhältnis der Form an. Wenn Sie z. B. ein Hochformatbild in eine Querformatform füllen, wird das Bild gedehnt. Achten Sie also auf ein möglichst gleiches Seitenverhältnis von Form und Bild.

Fügen Sie das Symbol *Form bearbeiten* am besten jetzt gleich in die Schnellzugriffs- leiste ein: Klicken Sie dazu das Symbol mit der rechten Maustaste an und wählen Sie *Zu Symbolleiste für den Schnellzugriff hinzufügen*.

HINWEIS   **HINWEIS**   **TIPP**

Start

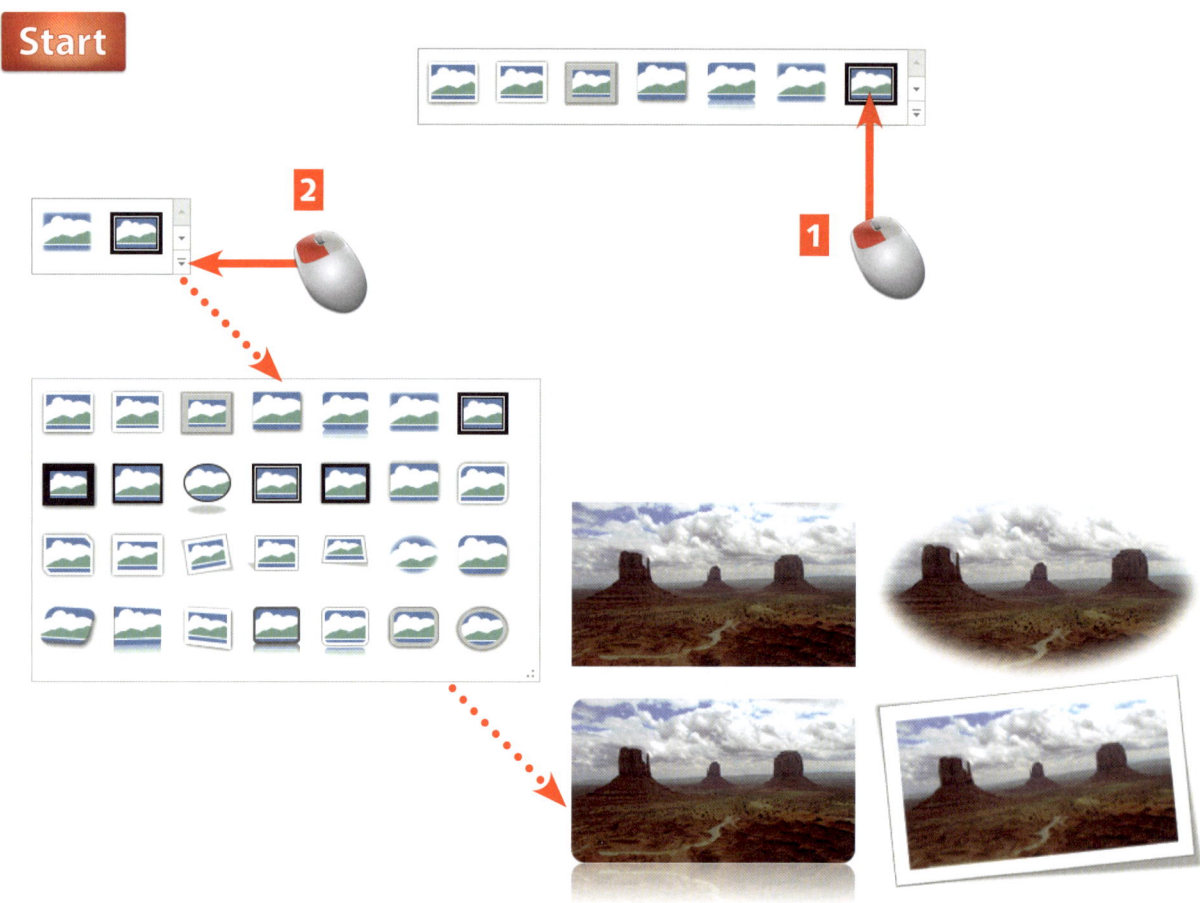

1 Markieren Sie das zu formatierende Bild bzw. die zu formatierenden Bilder. Die Bildformatvorlagen stecken im Register *Format* der Bildtools. Für eine Vorschau zeigen Sie auf eine Vorlage, zum Zuweisen klicken Sie darauf.

2 Um die Liste aller Bildformatvorlagen zu öffnen, klicken Sie auf das Symbol *Weitere*.

Mithilfe von Bildformatvorlagen polieren Sie Grafiken im Handumdrehen auf Hochglanz. PowerPoint enthält eine Vielzahl solcher Vorlagen, die Sie einem bzw. mehreren markierten Bildern mit einem einzigen Klick zuweisen.

WISSEN

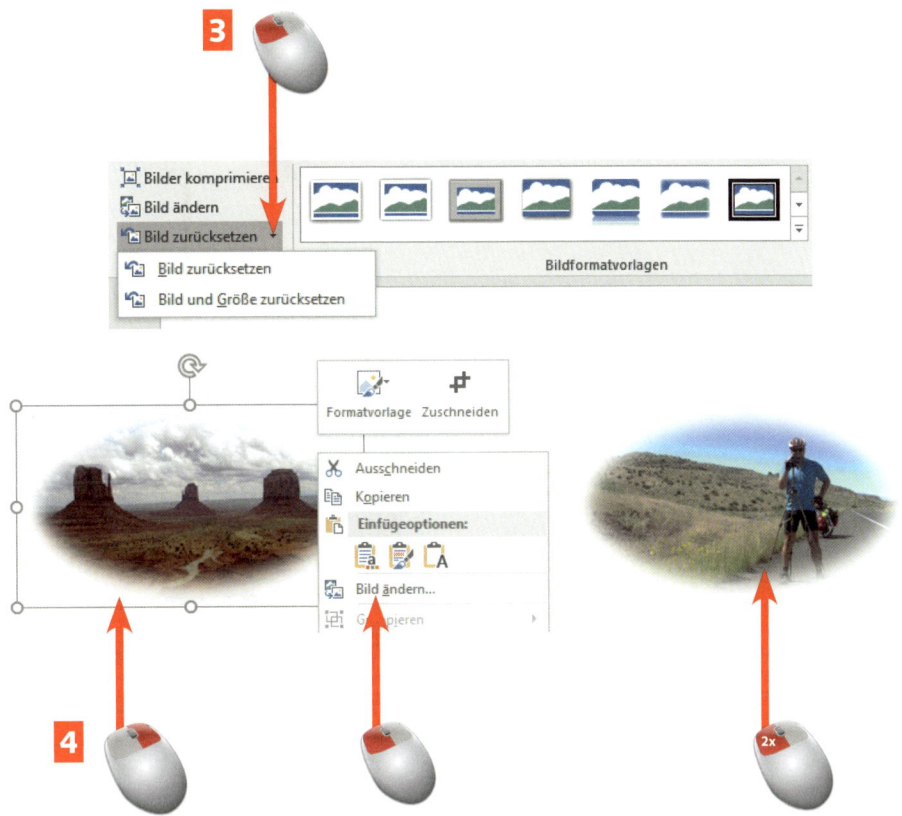

3 Zum Entfernen einer zugewiesenen Bildformatvorlage klicken Sie zuerst auf das Bild und dann im Register *Format* der Bildtools auf den kleinen Pfeil rechts von *Bild zurücksetzen*. Je nachdem, ob Sie nur die Formatvorlage entfernen oder zusätzlich noch das Bild auf Originalgröße setzen möchten, wählen Sie abschließend den passenden Befehl.

4 Wenn Sie ein bis ins letzte Detail formatiertes Bild gegen ein anderes Bild mit denselben Formatierungen austauschen möchten, klicken Sie das Bild mit der rechten Maustaste an, wählen *Bild ändern*, suchen das gewünschte Bild und doppelklicken darauf.

Ende

TIPP

Falls Sie auf die optischen Effekte der Bildformatvorlagen noch eins draufsetzen möchten, werfen Sie einen Blick in die Auswahlliste *Bildeffekte*, die Sie im Register *Format* der Bildtools finden.

TIPP

Falls Sie gern verschiedene Bilder der Reihe nach mit denselben Formatierungen testen, fügen Sie am besten jetzt gleich das Symbol *Bild ändern* aus dem Register *Format* der Bildtools per Rechtsklick der *Symbolleiste für den Schnellzugriff* hinzu.

HINWEIS

Bildformatvorlagen lassen sich problemlos mit zusätzlichen Anpassungen ergänzen, zum Beispiel durch die Änderung von Helligkeit, Kontrast oder Farbe. Näheres dazu erfahren Sie auf den folgenden Seiten.

Start

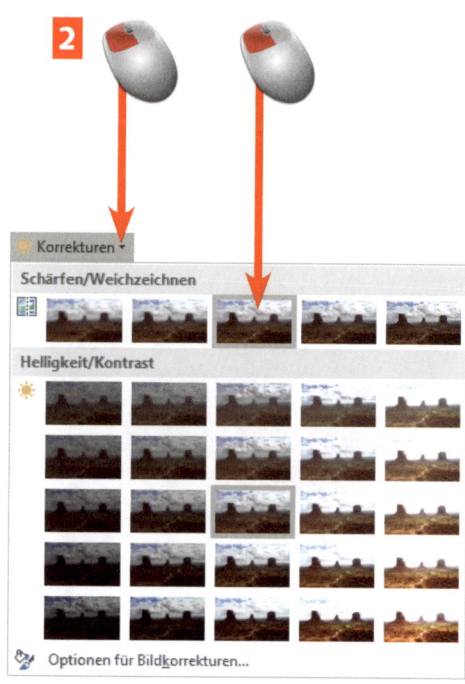

1 Markieren Sie das Bild bzw. die Bilder und wählen Sie im Register *Format* der Bildtools das gewünschte Werkzeug.

2 Zum Anpassen von Bildschärfe, Helligkeit und Kontrast klicken Sie auf *Korrekturen*. Für eine Vorschau zeigen Sie auf eine Variante, zum Zuweisen klicken Sie sie an.

PowerPoint ist kein Bildbearbeitungsprogramm, hat aber eine Reihe von Bildbearbeitungswerkzeugen an Bord. Eine Auswahl dieser Werkzeuge lernen Sie im Folgenden näher kennen.

WISSEN

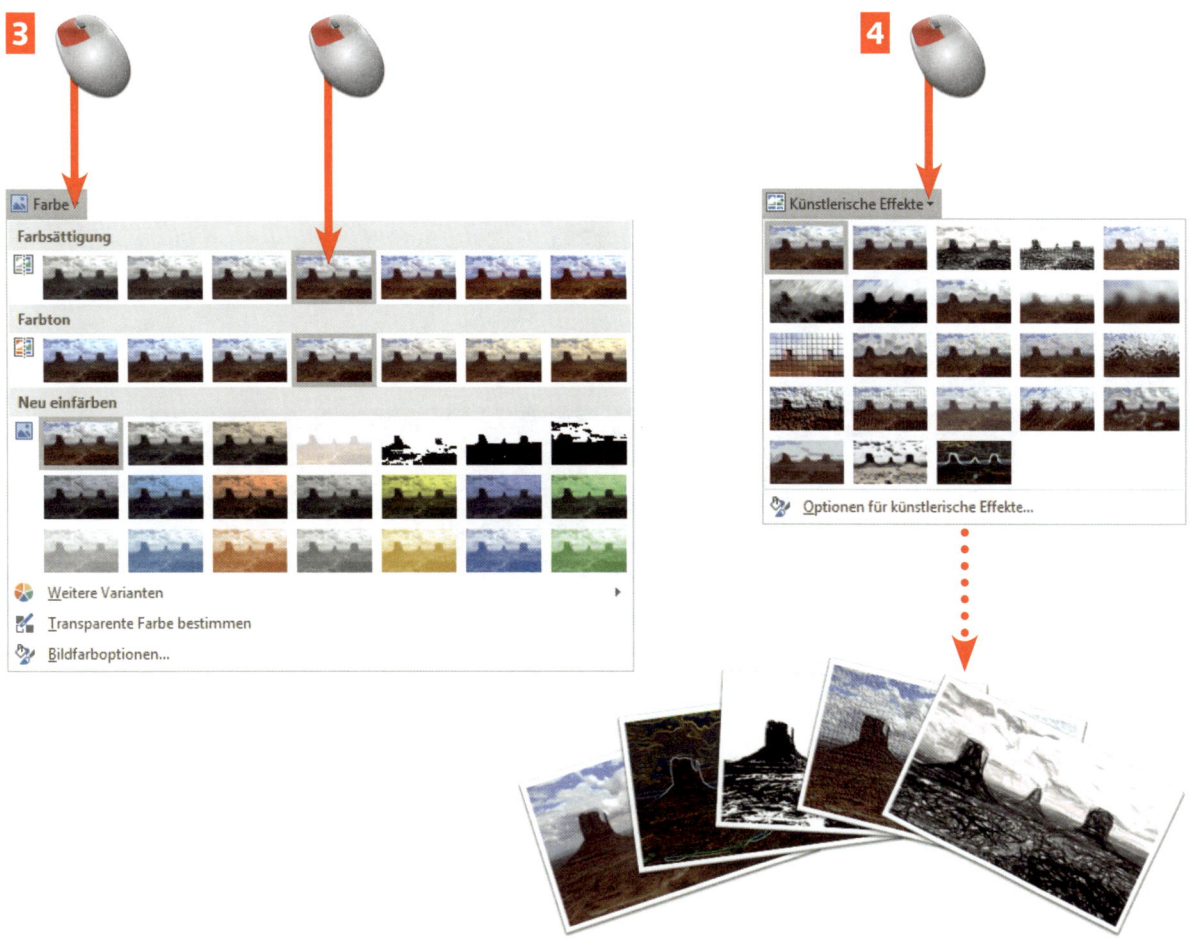

3 Zum Anpassen von Farbsättigung, Farbton bzw. der Färbung eines Bildes wählen Sie *Farbe*. Auch hier zeigen Sie für eine Vorschau auf eine Variante, zum Zuweisen klicken Sie sie an.

4 Mithilfe der Funktion *Künstlerische Effekte* verfremden Sie ein Bild.

Ende

Zum Skalieren eines Bildes klicken Sie es an und ziehen mit gedrückter linker Maustaste einen der Eck-Skalierpunkte in die gewünschte Richtung. Wenn Sie dabei die Strg-Taste gedrückt halten, wird das Bild vom Mittelpunkt aus skaliert.

Mit den Werkzeugen *Ebene nach vorne/In den Vordergrund* sowie *Ebene nach hinten/In den Hintergrund* passen Sie die Position eines Bildes in einem Stapel sich überlagernder Bilder an. Beide Werkzeuge finden Sie im Register *Format* der Bildtools. Fügen Sie diese Werkzeuge am besten jetzt gleich per Rechtsklick der Symbolleiste für den Schnellzugriff hinzu.

Um die Anpassungen wieder zu entfernen und das Bild in seinen Originalzustand zu versetzen, klicken Sie auf das Bild und wählen im Register *Format* der Bildtools *Bild zurücksetzen*.

TIPP   **TIPP**   **TIPP**

Start

1 Das Freistellungswerkzeug finden Sie links außen im Register *Format* der Bildtools.

2 Nach dem Klick auf das Freistellungswerkzeug versucht PowerPoint zu erraten, welchen Bereich Sie isolieren möchten. Dieser Bereich behält seine Originalfarben, die zu entfernenden Bereiche erscheinen violett.

3 Mithilfe der Skalierpunkte ziehen Sie langsam und behutsam einen immer enger werdenden Rahmen um den freizustellenden Bildbereich.

Mithilfe des Freistellungswerkzeugs blenden Sie unerwünschte Bildbereiche aus, oder – aus der anderen Richtung betrachtet – isolieren den gewünschten Bildbereich. Auf diese Weise eliminieren Sie Ablenkendes oder Unwesentliches bzw. können passable Fotomontagen erzeugen.

WISSEN

4 Für das Feintuning stehen Ihnen die Werkzeuge *Zu behaltende Bereiche markieren* bzw. *Zu entfernende Bereiche markieren* zur Verfügung. Mit ihrer Hilfe können Sie PowerPoint dort auf die Sprünge helfen, wo der Automatismus erwünschte Bereiche partout eliminieren bzw. unerwünschte Bereiche unbedingt behalten möchte.

5 Sobald Sie mit dem Ergebnis zufrieden sind, klicken Sie neben das Bild und der freigestellte Bildbereich bleibt übrig.

6 Freigestellte Bildbereiche eignen sich vorzüglich für einfache Fotomontagen.

Ende

Die Funktion *Freistellen* steht nicht für Vektorgrafikdateien wie Scalable Vector Graphics (SVG), Adobe Illustrator (AI), Windows Metafile Format (WMF) und Vector Drawing File (DRW) zur Verfügung.

Trotz Freistellung behält das Bild seine Originalgröße und Sie sollten es zuschneiden. Näheres zum Zuschneide-Werkzeug erfahren Sie auf den folgenden Seiten.

HINWEIS   **HINWEIS**

Start

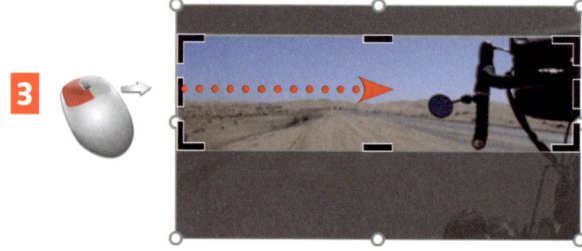

1 Wie alle Werkzeuge zur Bildbearbeitung finden Sie auch das Zuschneidewerkzeug nach dem Anklicken des zu bearbeitenden Bildes im Register *Format* der Bildtools.

2 Nach dem Klick auf *Zuschneiden* erscheinen die Zuschneidemarken an den Rändern und Ecken des Bildes.

3 Ziehen Sie mit gedrückter linker Maustaste die Zuschneidemarken nach innen.

Ähnlich wie beim Freistellen von Bildbereichen entfernt auch das Zuschneidewerkzeug unerwünschte Bildbereiche. Eine hilfreiche Sache, wenn Sie nur einen bestimmten Ausschnitt eines Fotos brauchen oder von einem eingefügten Bildschirmfoto (Screenshot) nur einen bestimmten Teil benötigen.

WISSEN

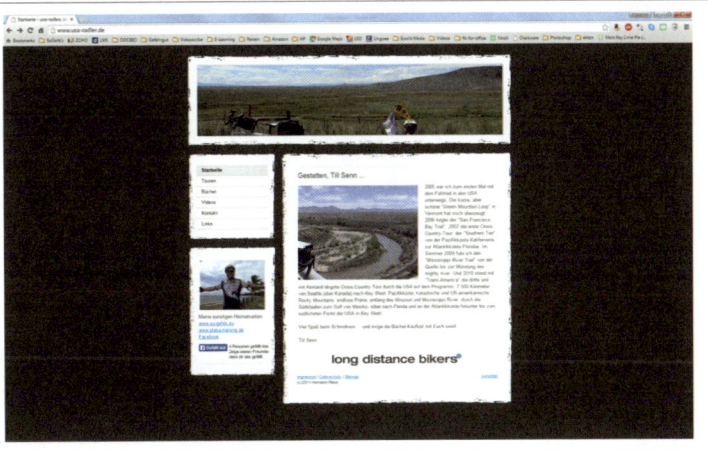

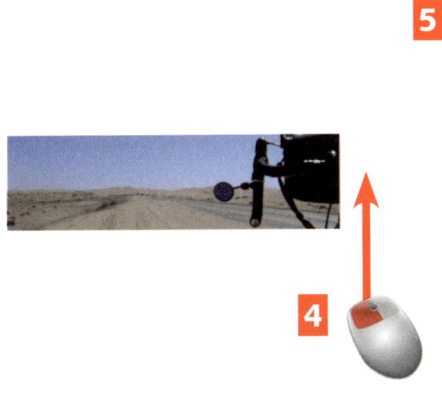

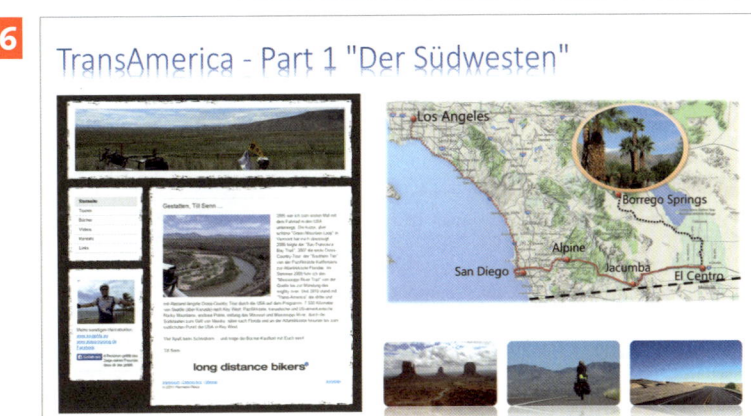

4 Klicken Sie abschließend neben das Bild.

5 Hier das Beispiel eines Bildschirmfotos (Screenshot) einer Internetseite. Mit der Taste `Druck` fotografieren Sie den kompletten Bildschirminhalt in die Zwischenablage, mit `Strg`+`V` fügen Sie den Screenshot in die Folie ein.

6 Mithilfe des Zuschneidewerkzeugs verkleinern Sie das Bild auf den gewünschten Ausschnitt, positionieren es und stellen die Folie fertig.

Ende

Um beide Seiten eines Bildes gleichzeitig zuzuschneiden, drücken Sie die `Strg`-Taste und ziehen einen der mittleren Zuschneidepunkte nach innen.

Um alle vier Seiten gleichzeitig zuzuschneiden, drücken Sie die `Strg`-Taste und ziehen einen der Eck-Zuschneidepunkte nach innen.

Falls Sie häufiger mit Screenshots zu tun haben und auf der Suche nach einem guten Programm sind, empfehle ich Ihnen aus langjähriger Erfahrung *Snagit* des Softwareherstellers TechSmith. Für einfachere Aufgaben reicht auch dessen kleiner und kostenloser Bruder *Jing*.

TIPP   **TIPP**   **HINWEIS**

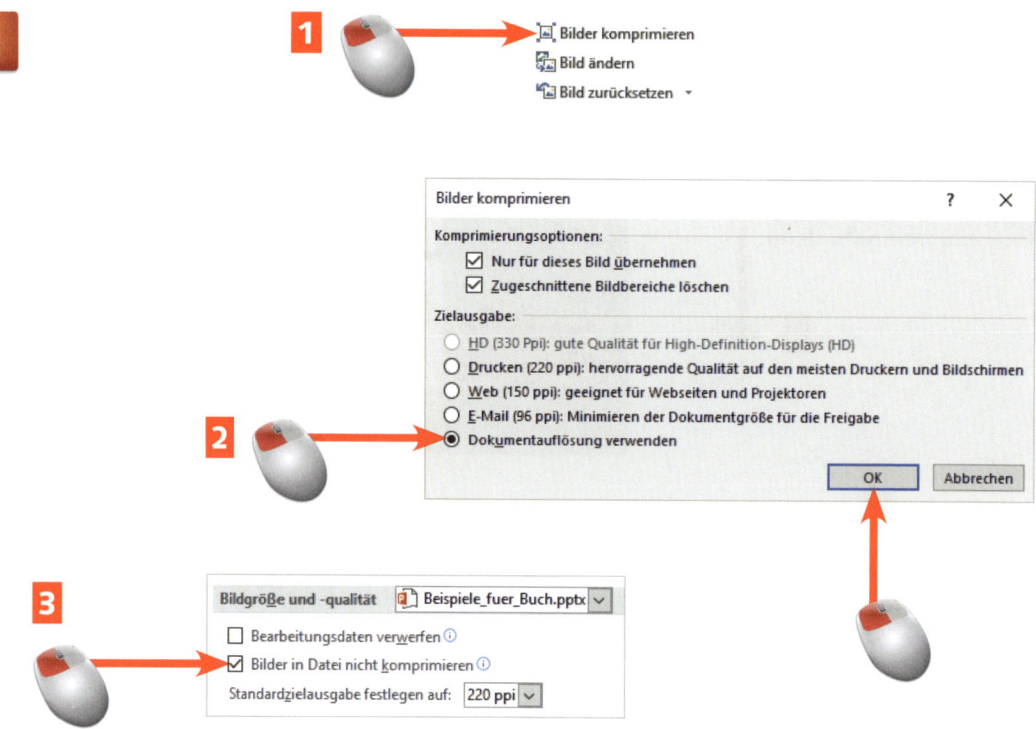

1 Klicken Sie zuerst auf das Bild und anschließend im Register *Format* der Bildtools auf *Bilder komprimieren*.

2 Der untere Teil *Zielausgabe* des Dialogfensters *Bilder komprimieren* zeigt Ihnen, welche Auflösung dem markierten Bild zugewiesen ist. Wählen Sie die gewünschte Auflösung und klicken Sie auf *OK*.

3 In Ausnahmefällen kann es erforderlich sein, die automatische Komprimierung abzu-schalten, etwa weil Sie hochauflösende Bilder ohne Qualitätsverlust einfügen möchten. Setzen Sie in diesem Fall **vor** dem Einfügen der Bilder über *Datei/Optionen/Erweitert* das Häkchen vor *Bilder in Datei nicht komprimieren*.

Bilder sind Dickmacher und lassen die Dateigröße Ihrer Präsentationen drastisch anwachsen. PowerPoint unterwirft Präsentationen jedoch per Voreinstellung einer Zwangsdiät und komprimiert Bilder beim Einfügen automatisch auf den Standardwert 220 ppi.

WISSEN

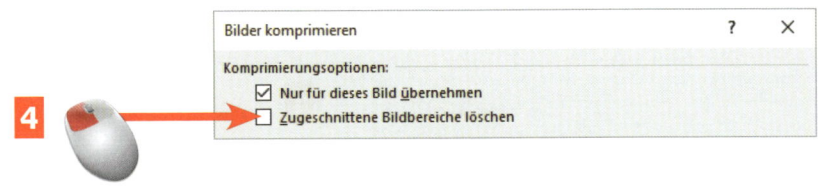

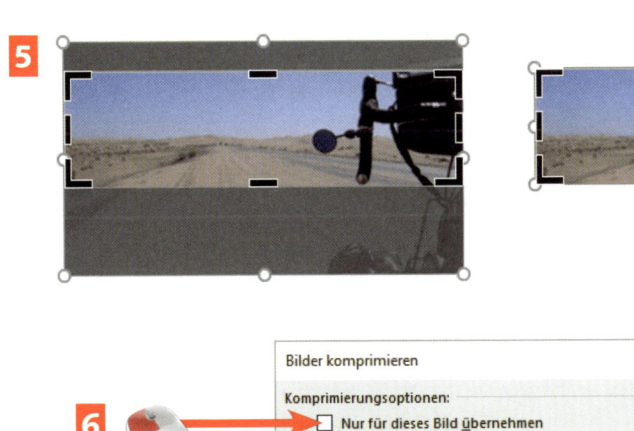

4 Um das Löschen zugeschnittener Bildbereiche beim Komprimieren zu verhindern, entfernen Sie das entsprechende Häkchen.

5 Das linke Bild zeigt das Bild vor dem Löschen zugeschnittener Bildbereiche. Sichtbar ist zwar nur ein Teil, aber PowerPoint speichert nach wie vor alles. Das rechte Bild zeigt dasselbe Bild nach dem Löschen zugeschnittener Bildbereiche.

6 Wenn Sie die Bildkomprimierung nicht nur für das markierte, sondern für alle Bilder der aktuellen Präsentation vornehmen möchten, entfernen Sie das Häkchen vor *Nur für dieses Bild übernehmen*.

Ende

ppi bedeutet **p**ixel **p**er **i**nch, auf Deutsch »Bildpunkte pro Zoll (2,54 cm)«. Je höher die Pixeldichte, desto schärfer ist das Bild. Allerdings nimmt mit der Anzahl der Pixel auch die Dateigröße zu.

Dokumentauflösung verwenden bedeutet, dass Power-Point die in *Datei/Optionen/ Erweitert* eingestellte Auflösung verwendet, im Normalfall also 220 ppi.

Mit dem Standardwert 220 ppi liegen Sie im Normalfall goldrichtig. Das Komprimieren von Bildern wird vor allem dann interessant, wenn eine Präsentation viele zugeschnittene Bilder enthält.

FACHWORT   **HINWEIS**   **HINWEIS**

Start

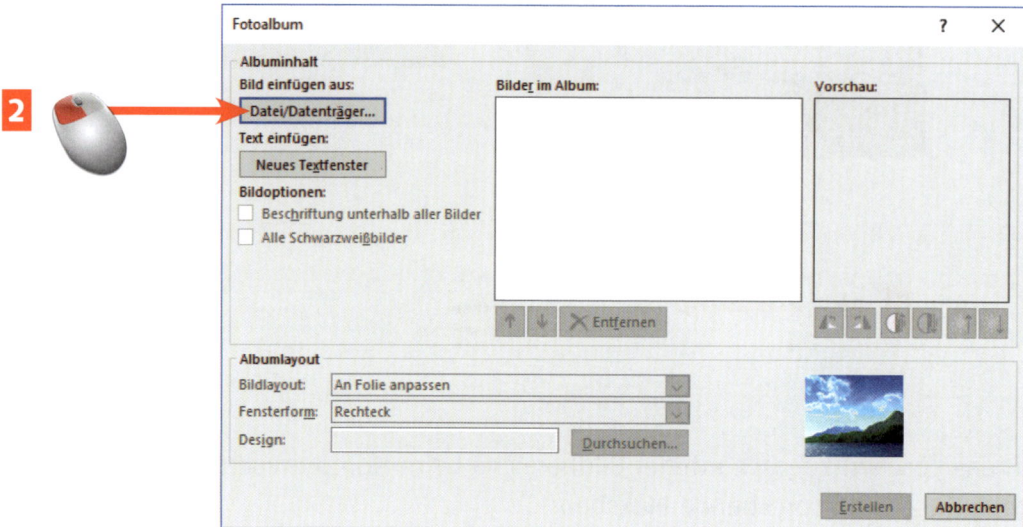

1 Klicken Sie im Register *Einfügen* auf *Fotoalbum*.

2 Klicken Sie im Dialogfenster *Fotoalbum* auf *Datei/Datenträger*.

Wenn Bilder die Hauptrolle in einer Präsentation spielen, bietet sich die Funktion *Fotoalbum* an, die Ihnen das lästige manuelle Einfügen, Skalieren und Positionieren von Bildern abnimmt. Ich nutze diese Funktion zum Beispiel für den Entwurf meiner Reisevorträge.

WISSEN

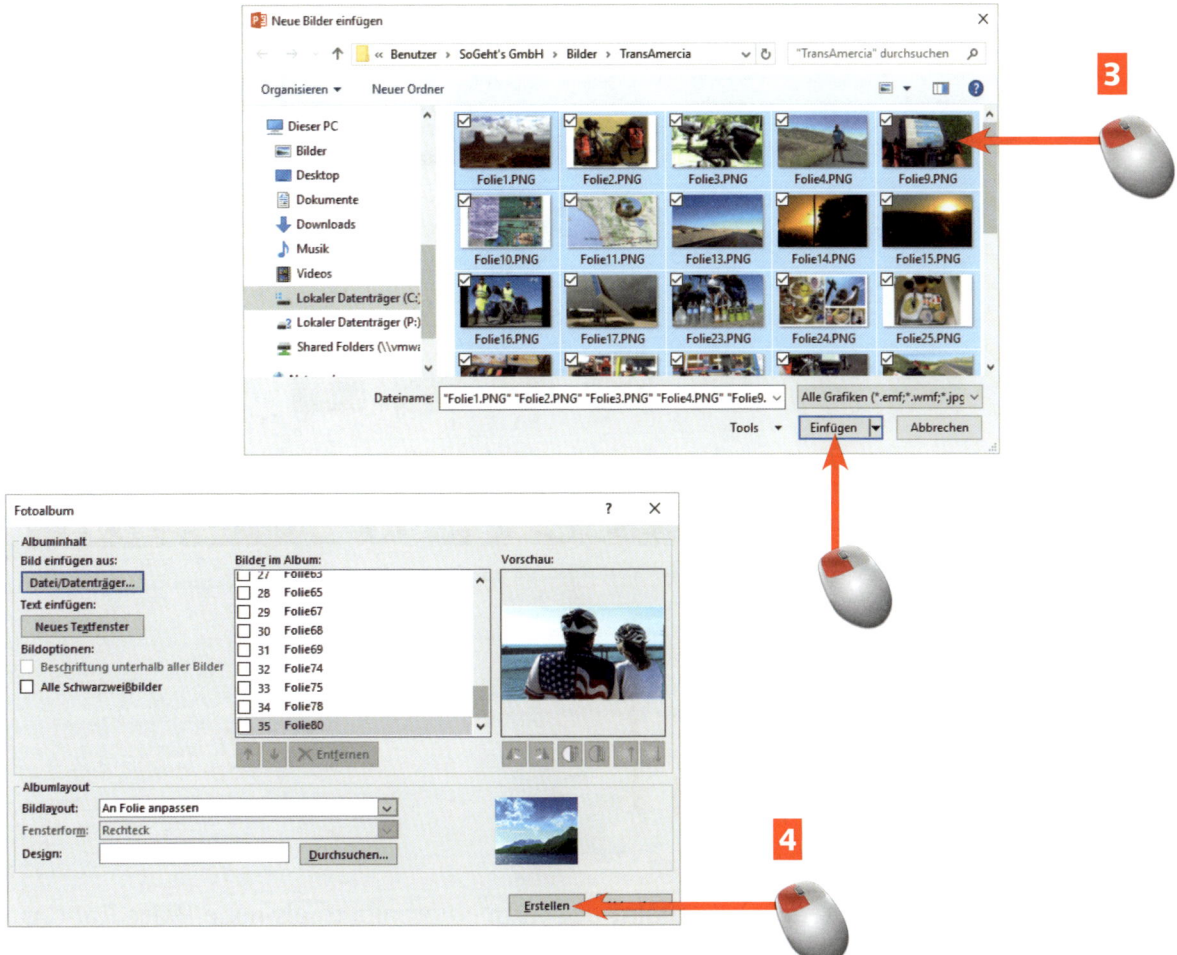

3 Öffnen Sie den Zielordner, markieren Sie die gewünschten Bilder und klicken Sie auf *Einfügen*.

4 Wählen Sie im – nun mit Vorschaubildern gefüllten – Dialogfenster *Fotoalbum* die Schaltfläche *Erstellen*.

Die Funktion *Fotoalbum* fügt die Bilder zwar automatisch in die Folien ein und positioniert sie automatisch, aber Sie können nachträglich jedes Bild nach Belieben skalieren, positionieren, bearbeiten oder auch das Folienlayout ändern.

Das Dialogfenster *Fotoalbum* bietet zwar auch Werkzeuge zur Bildbearbeitung an, aber ich rate Ihnen dazu, die Bearbeitung anschließend in PowerPoint mit den Bildbearbeitungswerkzeugen vorzunehmen.

Falls Sie ausschließlich Schwarz-Weiß-Bilder für die Folien wünschen, setzen Sie im Dialogfenster *Fotoalbum* das Häkchen vor *Alle Schwarzweißbilder*.

HINWEIS   **HINWEIS**   **TIPP**

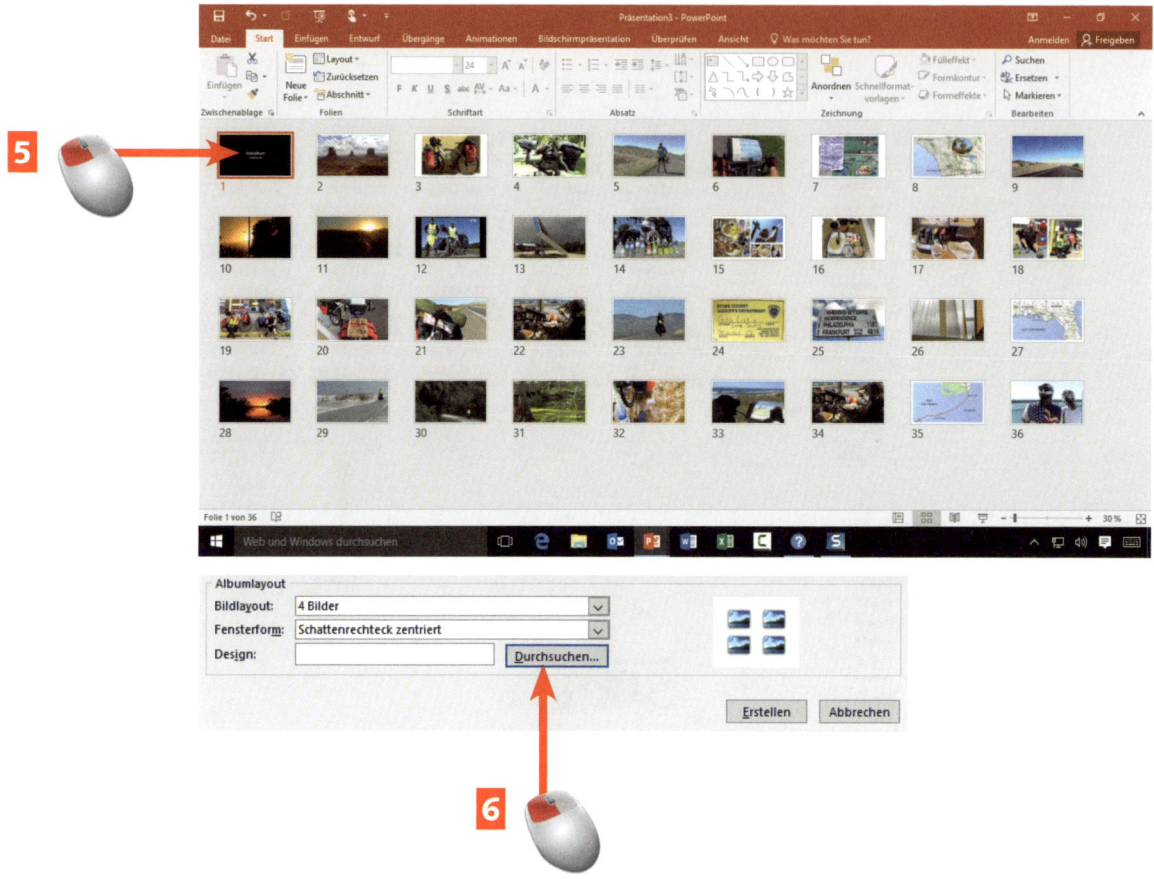

5 In wenigen Sekunden erzeugt PowerPoint das fertige Fotoalbum als neue Präsentations-datei, das Sie am besten erst einmal »aus der Vogelperspektive« in der Ansicht *Folien-sortierung* ansehen sollten. Hier können Sie auch gleich die Reihenfolge der Folien anpassen und unerwünschte Folien löschen.

6 Sobald Sie im Dialogfenster *Fotoalbum* ein anderes als das voreingestellte Albumlayout *An Folie anpassen* wählen, dürfen Sie sich anschließend auch ein anderes Bildlayout und eine andere *Fensterform* aussuchen.

Per Voreinstellung erzeugt PowerPoint eine neue leere Präsentation und fügt dort die Bilder ein. Falls Sie ein Fotoalbum auf Basis eines Designs erstellen möchten, wählen Sie das gewünschte Design im Dialogfenster *Fotoalbum/Albumformat* aus.

WISSEN

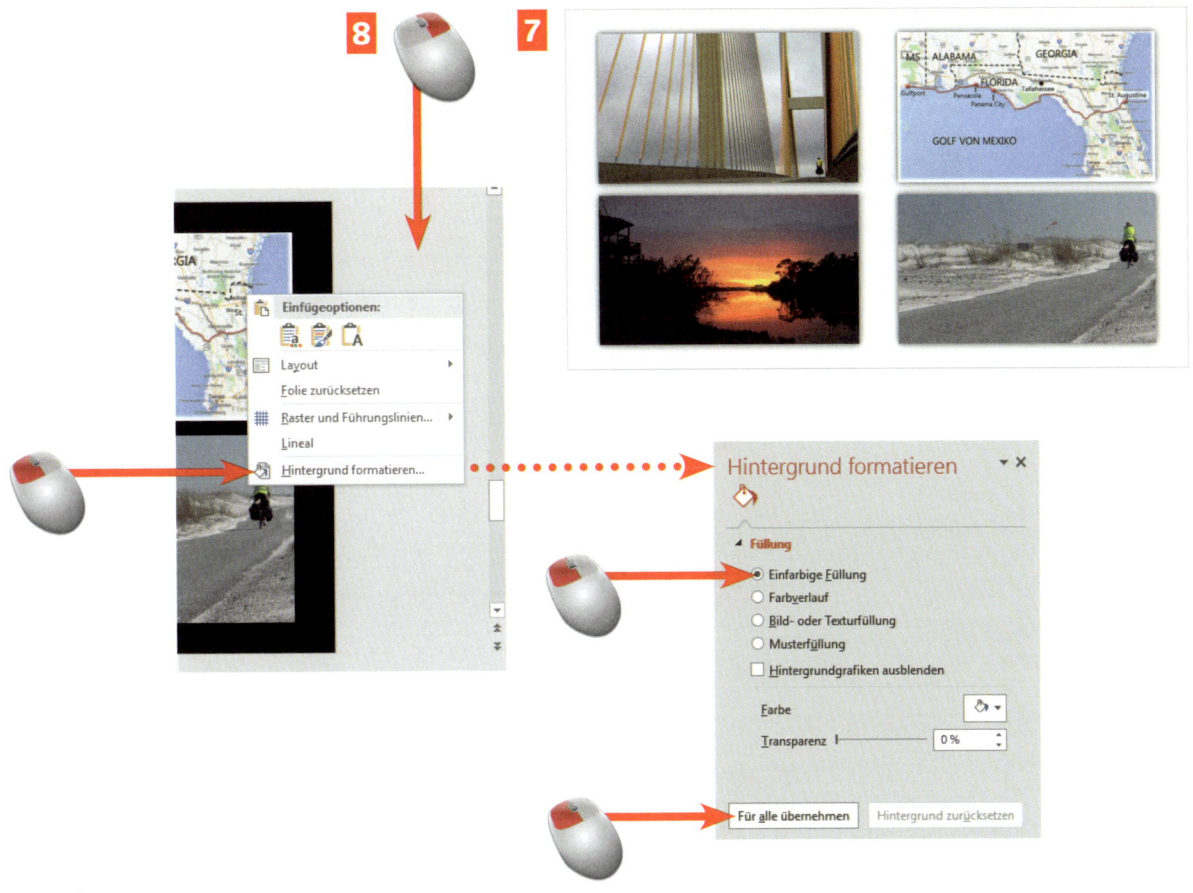

7 Nach dem Klick auf *Erstellen* ordnet PowerPoint die Bilder wie gewünscht an und weist die entsprechenden Fensterformen zu.

8 PowerPoint erzeugt per Voreinstellung einen schwarzen Hintergrund für alle Folien eines neuen Fotoalbums. Um das zu ändern, klicken Sie mit der rechten Maustaste neben die Folie und wählen *Hintergrund formatieren*. Im Aufgabenbereich *Hintergrund formatieren* legen Sie die gewünschte Farbe fest und klicken abschließend auf *Für alle übernehmen*.

Ende

Start

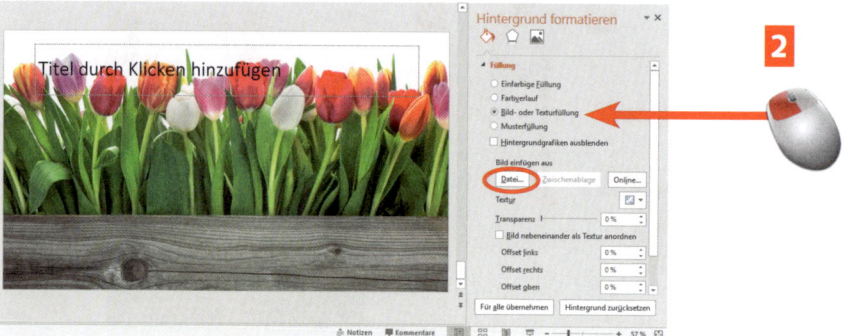

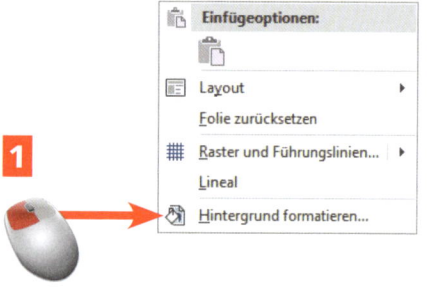

1 Zunächst fügen Sie das Bild als Folienhintergrund ein. Klicken Sie dazu mit der rechten Maustaste neben die Folie und wählen Sie *Hintergrund formatieren*.

2 Klicken Sie im Aufgabenbereich *Hintergrund formatieren* auf *Bild- oder Texturfüllung/ Bild einfügen aus/Datei*. Suchen Sie das gewünschte Bild und doppelklicken Sie darauf, und PowerPoint fügt es als Folienhintergrund ein.

3 Fügen Sie nun über das Register *Einfügen/Bild* dasselbe Bild in die Folie ein, skalieren und positionieren Sie es gegebenenfalls so, dass es exakt über der Hintergrundgrafik liegt, und färben Sie es über den Befehl *Farbe* im Register *Format* der Bildtools in abgedimmten Graustufen.

Auf einem Schiff erblickt der Reisende mithilfe eines Bullauges die Unterwasserwelt, in PowerPoint den Folienhintergrund. Der »Bullaugen-Effekt« fokussiert einen kleinen Ausschnitt eines Bildes, wobei die übrigen Bildbereiche zwar noch sichtbar sind, aber deutlich »abgedimmt« werden.

WISSEN

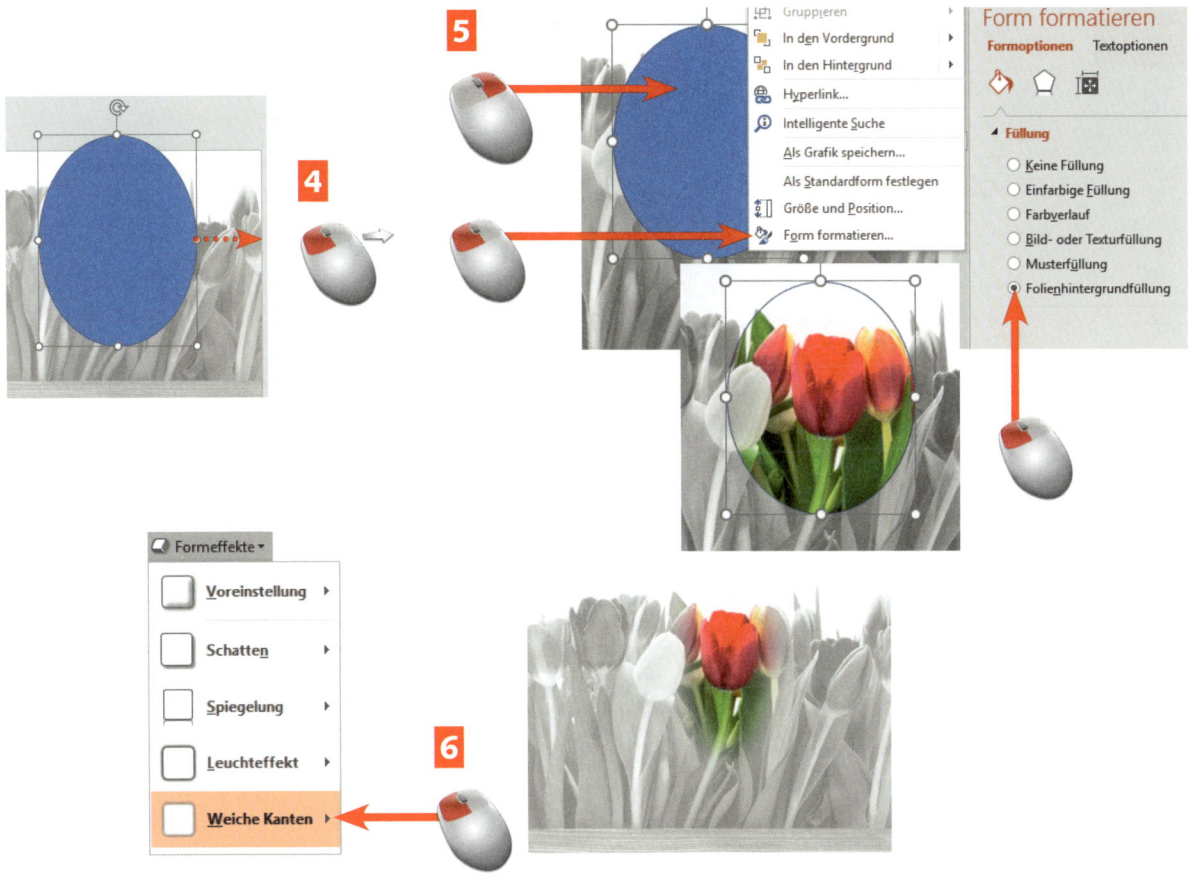

4 Erstellen Sie ein Oval und positionieren Sie es an der gewünschten Stelle.

5 Klicken Sie das Oval mit der rechten Maustaste an, wählen Sie im Kontextmenü *Form formatieren* und klicken Sie im Aufgabenbereich *Form formatieren* auf *Folienhintergrundfüllung*. Nun gucken Sie mithilfe des Bullauges *Oval* durch das Graustufenbild hindurch auf den farbigen Folienhintergrund.

6 Als i-Tüpfelchen formatieren Sie das Oval mit dem Formeffekt *Weiche Kanten*. **Ende**

Um den farbigen Bereich anzupassen, vergrößern, verkleinern oder verschieben Sie die Form. Weil sie immer den jeweiligen Folienhintergrund zeigt, »wandert« die Farbe mit dem Objekt mit.

Falls Sie mehrere Bullaugen auf einer Folie benötigen kopieren Sie das erste fertiggestellte Bullauge in der gewünschten Anzahl.

Versuchen Sie es einmal mit Daumenkino. Duplizieren Sie dazu die Bullaugen-Folie, indem Sie links im Navigationsbereich die Miniatur-Folie anklicken und dann mehrmals die Tastenkombination Strg+D drücken und so eine Reihe von Duplikaten dieser Folie erzeugen. Positionieren Sie auf jeder Folie das Bullauge an einer anderen Stelle und klicken Sie sich abschließend im Präsentationsmodus durch die Bullaugen-Folien.

TIPP **TIPP** **HINWEIS**

Start

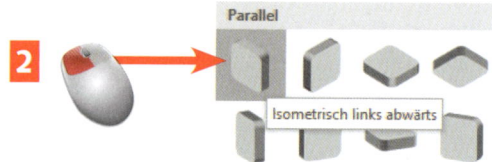

1 Erstellen Sie ein Quadrat mit 6 cm Kantenlänge.

2 Klicken Sie im Register *Start* auf *Formeffekte/3D-Drehung* und weisen Sie dem Quadrat den Effekt *Isometrisch links abwärts* aus der Gruppe *Parallel* zu.

Zutaten: ein Quadrat, drei Bilder und ein Oval. Mittels 3D-Effekt verwandeln Sie das Quadrat in einen Würfel. Dann schneiden Sie die Bilder passend zu, versehen sie mit den entsprechenden 3D-Drehungen und kleben sie schließlich auf die Flächen des Würfels. Zum Abschluss malen Sie noch einen Schatten unter den Bilderwürfel, der dann zu schweben scheint.

WISSEN

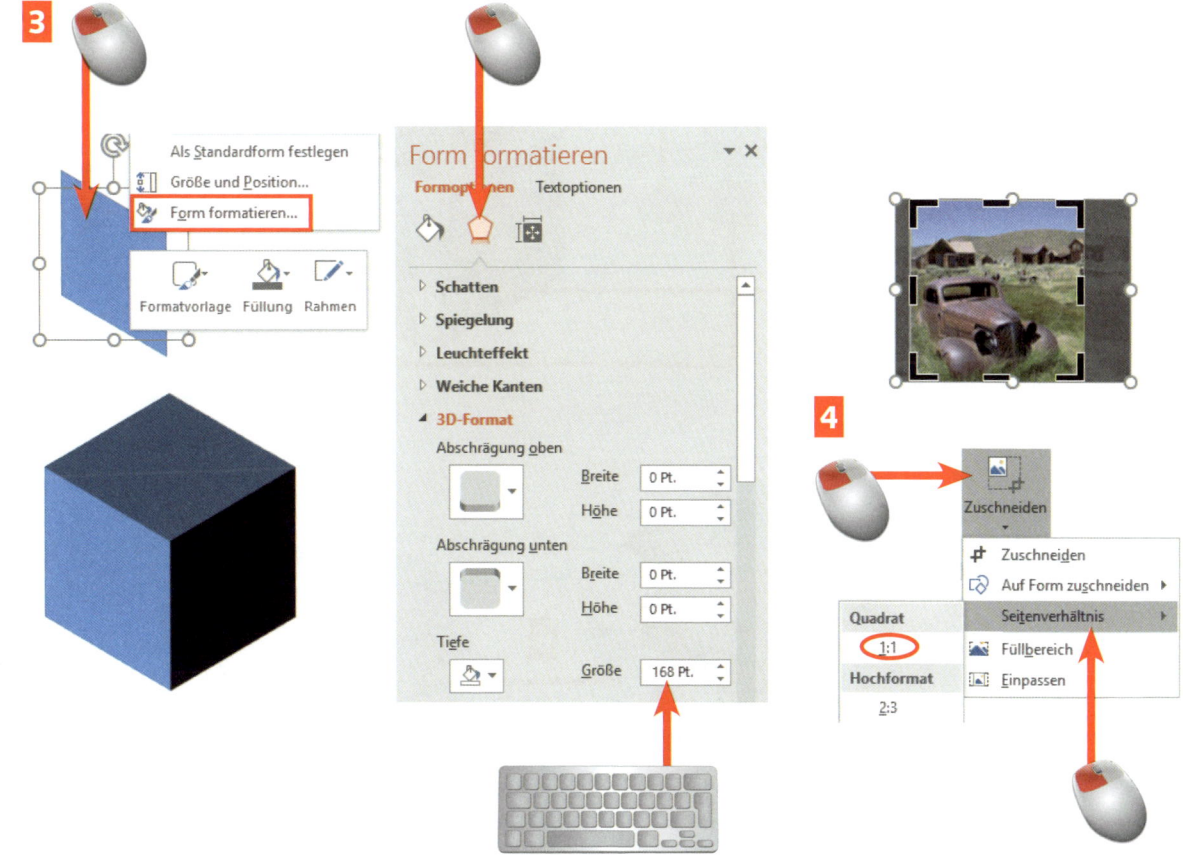

3 Um das gedrehte Quadrat in einen Würfel zu verwandeln, klicken Sie es mit der rechten Maustaste an, wählen im Kontextmenü *Form formatieren* und weisen dem Objekt im Aufgabenbereich *Form formatieren/Effekte* eine *Tiefe* von *168 Pt.* zu.

4 Fügen Sie die drei gewünschten Bilder ein und skalieren Sie diese auf eine Höhe von 6 cm. Dann klicken Sie im Register *Format* der Bildtools auf *Zuschneiden/Seitenverhältnis/1:1* und wählen den gewünschten Bildausschnitt.

Falls Sie die gewünschten Bilder bereits als Quadrat vorliegen haben, müssen Sie diese nur noch passend skalieren und sparen das Zuschneiden.

TIPP

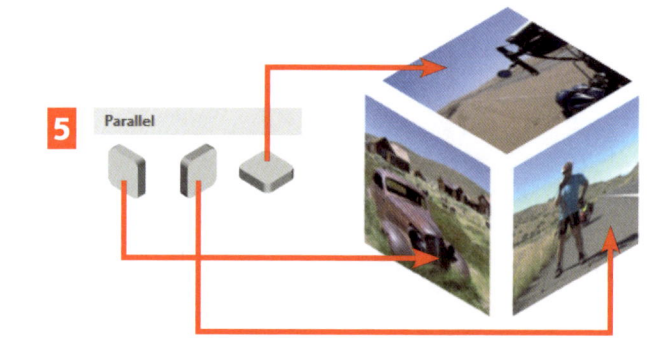

5 Weisen Sie den Bildern über *Start/Formeffekte/3D-Drehung* aus der Gruppe *Parallel* die passenden Varianten zu.

6 Positionieren Sie die Bilder exakt auf den entsprechenden Flächen des Würfels.

Für das Quadrat von 6 cm Kantenlänge hatte ich eine 3D-Tiefe von 168 Pt. genannt. Wenn Sie sich notieren, dass 1 cm 28 Pt. entspricht, können Sie in Zukunft für jede gewünschte Kantenlänge die passende 3D-Tiefe ermitteln.

WISSEN

7 Erstellen Sie ein dunkelgraues Oval mit 3 cm Höhe und 13 cm Breite, klicken Sie im Register *Start* auf *Formeffekte/Weiche Kanten* und wählen Sie die Variante *25 Punkt*. Abschließend positionieren Sie das zum Schatten gewordene Oval unter dem Würfel.

Ende

Selbstverständlich können Sie einen Bilderwürfel auch animieren und beispielsweise die Bilder der Reihe nach erscheinen lassen.

HINWEIS

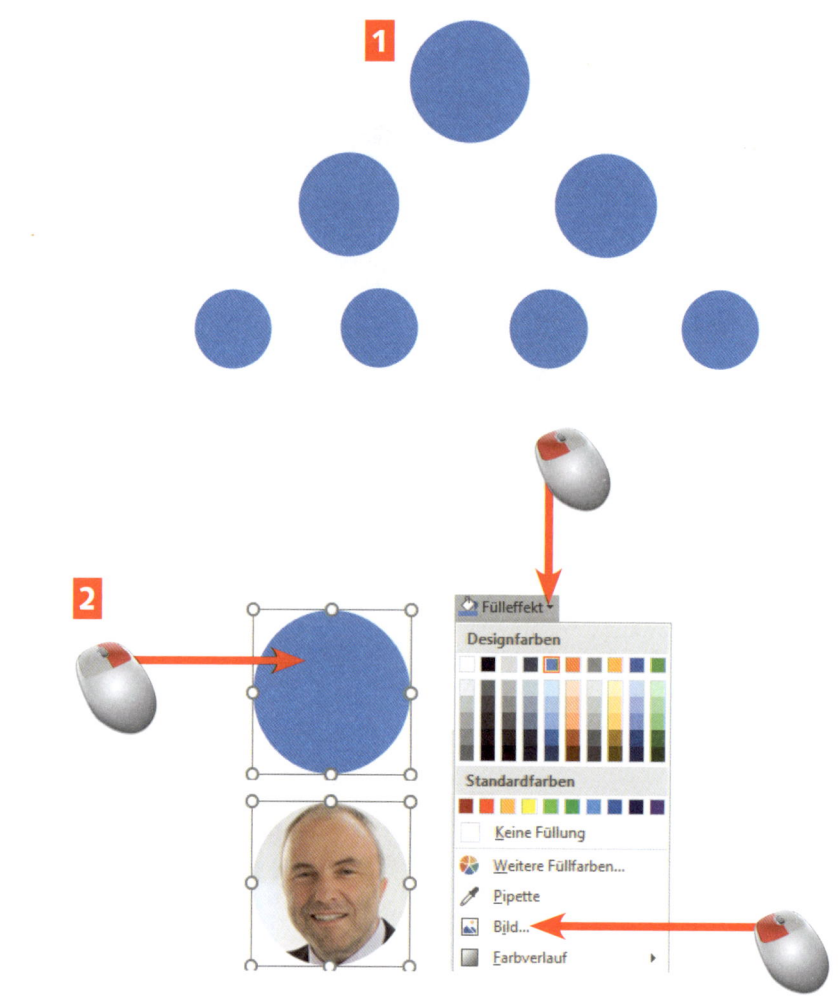

1 Erstellen, skalieren und positionieren Sie die Kreise.

2 Ersetzen Sie die Füllfarbe wie in diesem Kapitel gezeigt durch die Bilder des Teams.

Zutaten: mit Bildern gefüllte Kreise, Linien und Textfelder. Im ersten Schritt erstellen Sie das Organigramm in seiner Rohform. Dann füllen Sie die Kreise mit Bildern und formatieren sie nach Belieben. Danach erzeugen Sie die Linien und zum Schluss die Textfelder.

WISSEN

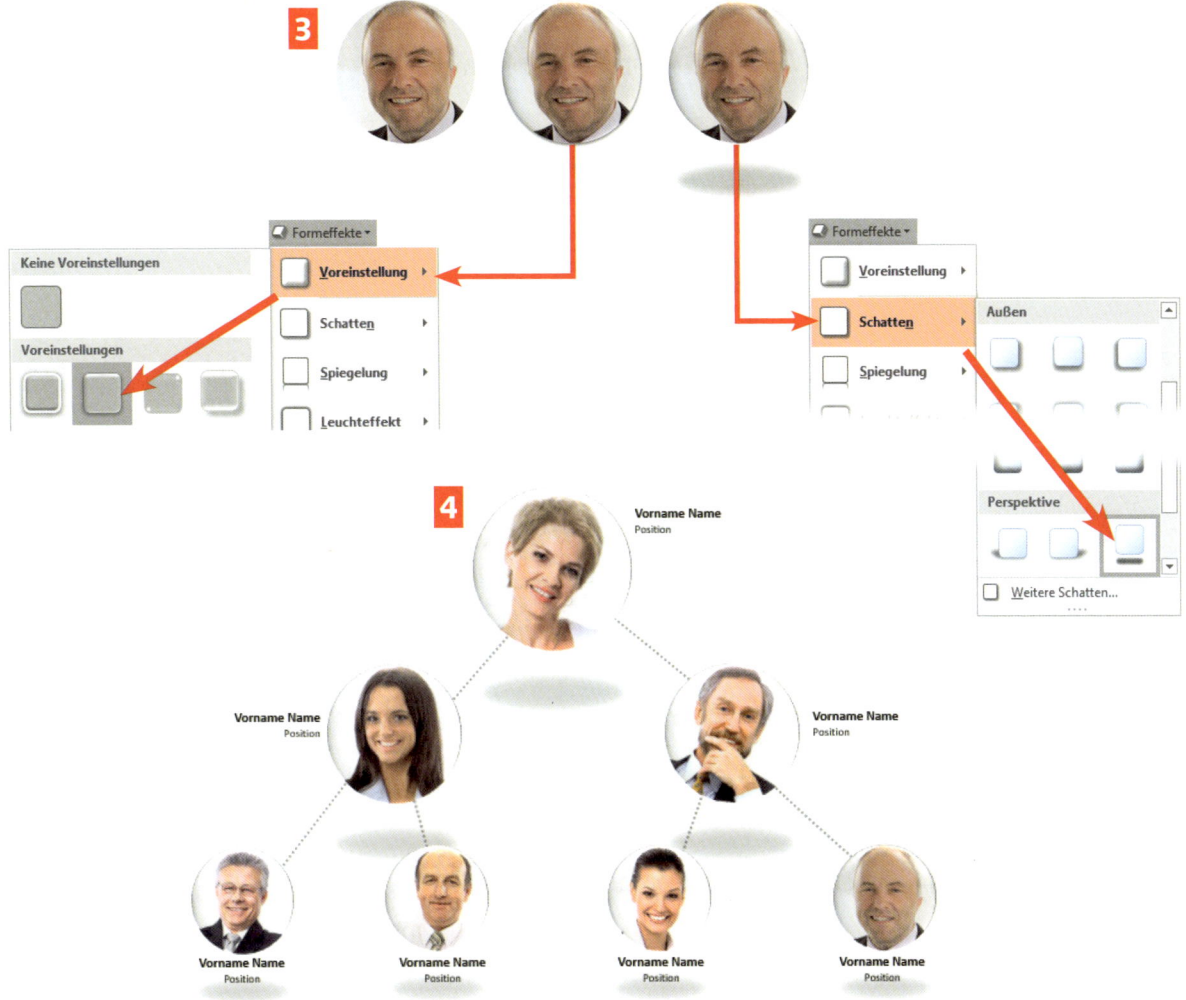

3 Weisen Sie den Objekten die gewünschten Formate zu.

4 Zum Abschluss erstellen und formatieren Sie Linien und Textfelder – und fertig ist das Team-Organigramm.

Ende

Um einen Kreis zu erzeugen, drücken Sie die Strg-Taste und zeichnen ein Oval.

Weil sich die Linien ungefragt an Ankerpunkten der Kreise festklammern möchten, drücken Sie beim Zeichnen der Linien die Taste Alt, um diesen eingebauten Magnetismus vorübergehend außer Kraft zu setzen.

Aus Sicht von PowerPoint ist ein Kreis ein Quadrat (mit abgerundeten Ecken). Wenn die Gesichtszüge Ihres Teams nicht entgleisen sollen, benötigen Sie also Porträtfotos im Format 1:1.

TIPP **TIPP** **HINWEIS**

Start

Das ist der Folientitel

Lorem ipsum dolor sit amet, consectetuer adipiscing elit. Maecenas porttitor congue massa. Fusce posuere, magna sed pulvinar ultricies, purus lectus malesuada libero, sit amet commodo magna eros quis urna.

1

Das ist der Folientitel

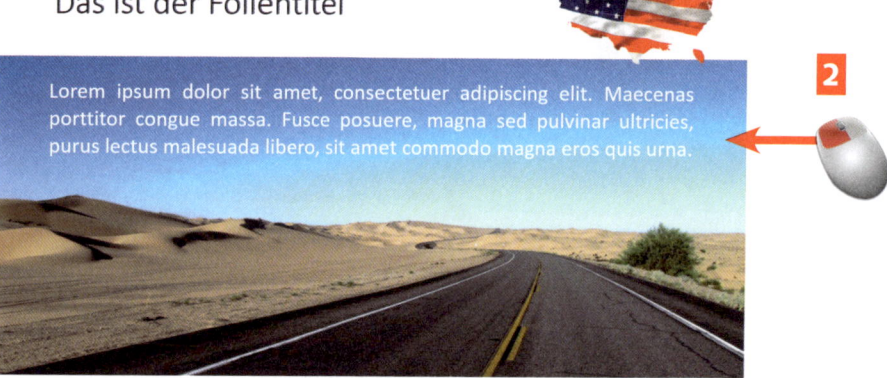

Lorem ipsum dolor sit amet, consectetuer adipiscing elit. Maecenas porttitor congue massa. Fusce posuere, magna sed pulvinar ultricies, purus lectus malesuada libero, sit amet commodo magna eros quis urna.

2

1 Das Bild ist nicht ganz auf die halbe Folienhöhe zugeschnitten. Darüber befinden sich ein Textfeld sowie ein nach unten zeigendes und ins Bild ragendes weißes Dreieck.

2 Das Bild füllt jetzt bereits drei Viertel der Folie. Das Textfeld liegt auf dem Bild, wobei die Textfarbe so gewählt ist, dass sie sich vom einfarbigen Hintergrund deutlich abhebt.

Zum Abschluss des großen Kapitels »Grafiken« noch drei weitere Beispiele zum Mitmachen. Gemäß der Maxime »So viel Bild wie möglich, so wenig Text wie nötig« bekommt dasselbe Bild bei gleichbleibender Textmenge von Folie zu Folie mehr Raum.

WISSEN

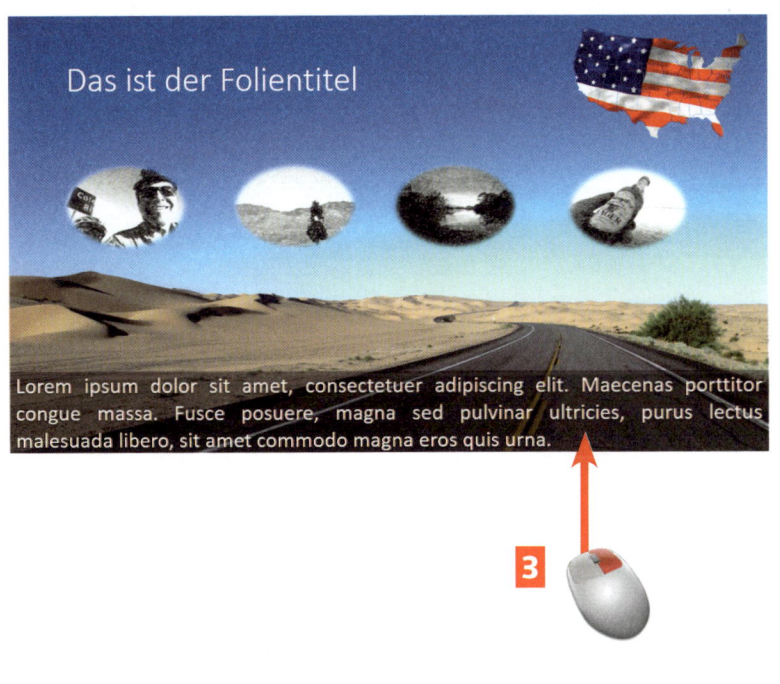

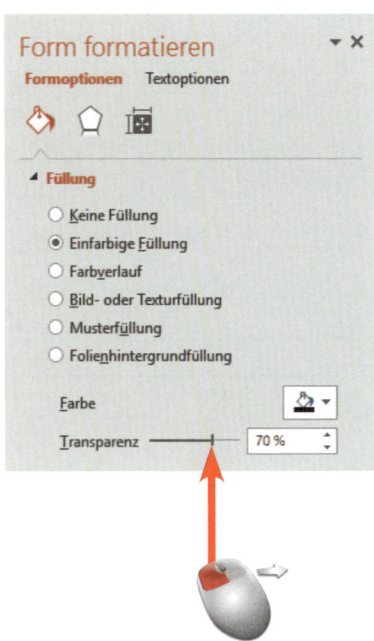

3 Nun ist das Bild auf Foliengröße skaliert. Damit der Text auf dem ungleichmäßigen Hintergrund dennoch lesbar ist, dabei aber das gesamte Bild sichtbar bleibt, formatieren Sie das Textfeld zunächst schwarz. Per Rechtsklick und *Form formatieren* weisen Sie ihm anschließend eine Transparenz von 70 % zu.

Ende

Machen Sie sich keine Gedanken, wenn vergrößerte Bilder über den Folienrand hinausragen. Was nicht auf die Folie passt, schneidet PowerPoint im Druck und für die Bildschirmpräsentation automatisch ab.

Für Versuche mit Text-objekten empfehle ich Blindtext. Um den hier gezeigten pseudo-lateini-schen Text zu erzeugen, tippen Sie *=lorem()* ein und drücken ⏎.

Blindtext bezeichnet Ersatztext, den man für Veröffentlichungen aller Art verwendet, solange der eigentliche Text noch nicht vorliegt. Der Zweck von Blindtext besteht darin, Layout und Lesbarkeit zu testen. Im Internet gibt es eigene Generatoren für Blindtext, z. B. auf *www.blindtextgenerator.de*.

TIPP **TIPP** **FACHWORT**

Tabellen

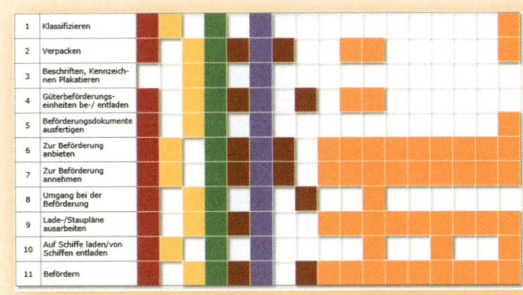

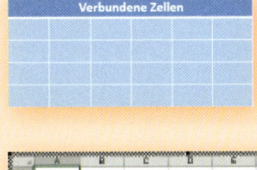

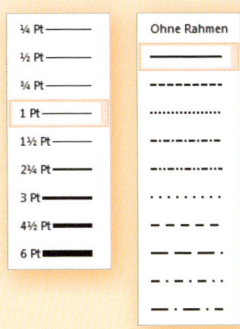

Start

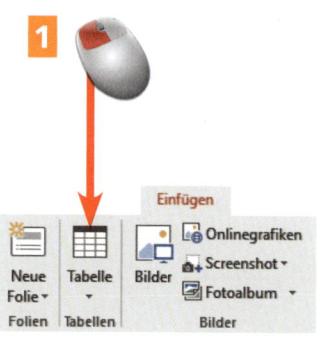

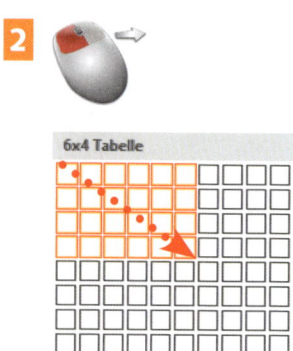

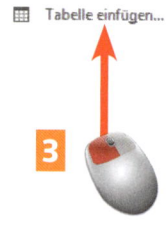

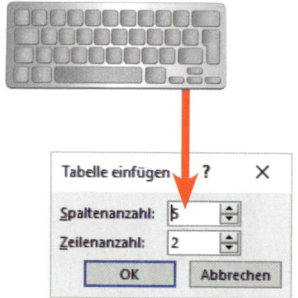

1 Den Auftakt für alle folgenden Varianten bildet jeweils das Symbol *Tabelle hinzufügen* im Register *Einfügen*.

2 In der ersten Variante ziehen Sie die Maus über die Kästchen und bestimmen auf diese Weise die Anzahl an Spalten und Zeilen der Tabelle. Die maximale Tabellengröße (für diese Variante) ergibt sich aus der Anzahl der Kästchen: 10 Spalten und 8 Zeilen. Die in dieser Abbildung markierten Kästchen erzeugen eine Tabelle mit 6 Spalten und 4 Zeilen.

3 Der Befehl *Tabelle einfügen* öffnet jenes Dialogfenster, das Sie bereits im Schnellüberblick kennengelernt haben.

Im Schnellüberblick haben Sie gelernt, wie Sie eine Tabelle mithilfe des Objektplatzhalters erstellen. Jetzt lernen Sie die übrigen Möglichkeiten kennen.

WISSEN

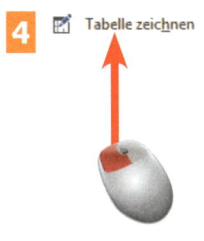

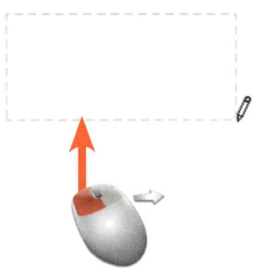

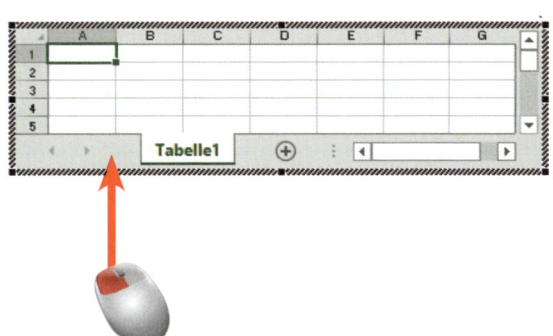

4 PowerPoint bietet Ihnen zwar auch die Möglichkeit, eine Tabelle auf das digitale Papier zu malen, aber ich rate Ihnen von dieser Variante ab. Es sei denn, Sie möchten sich mal wieder so richtig ärgern.

5 Mit der Variante *Excel-Tabelle einfügen* erzeugen Sie ein Excel-Arbeitsblatt, das als OLE-Objekt in die Folie eingebettet wird.

6 Erfahrungsgemäß reichen die ersten beiden Varianten »Kästchen« und »Dialog-fenster« völlig aus. Das Zeichnen und die Excel-Tabelle zählen zu den Ausnahmen. **Ende**

OLE: Diese drei Buchstaben stehen für **O**bject **L**inking and **E**mbedding. Auf Deutsch: Objekt verknüpfen und einbetten. Beim Einbetten pflanzen Sie das Arbeits-blatt als isolierten Fremdkörper in die PowerPoint-Folie ein. Per Doppelklick öffnen Sie das Objekt (in Excel) und können es bearbeiten. Das eingebettete Arbeits-blatt reist als blinder Passagier zusammen mit der Folie notfalls bis ans Ende der Welt.

OLE-Objekte ignorieren Änderungen am Design. Farben oder Schriftarten eingebetteter Objekte lassen sich nicht mit PowerPoint-Werkzeugen, sondern nur mit den Werkzeugen derjenigen Anwendung bearbeiten, aus der sie stammen. Im Fall eingebetteter Excel-Objekte also mit Excel.

FACHWORT   **HINWEIS**

Start

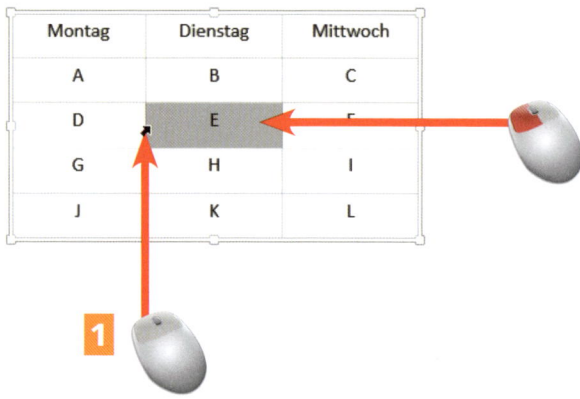

1 Um eine einzelne Zelle zu markieren, zeigen Sie mit der Maus unmittelbar rechts neben den linken Zellrand, bis ein kleiner schwarzer Pfeil erscheint. Dann klicken Sie.

2 Um eine Zeile zu markieren, zeigen Sie mit der Maus links neben die Zeile, bis ein kleiner schwarzer Pfeil erscheint. Dann klicken Sie.

Die alte Faustregel »erst markieren, dann formatieren« gilt auch für Tabellen. Auf diesen Seiten lernen Sie die wichtigsten Handgriffe rund ums Markieren kennen. Außerdem erfahren Sie Näheres zur Fusion und Zellteilung in Tabellen.

WISSEN

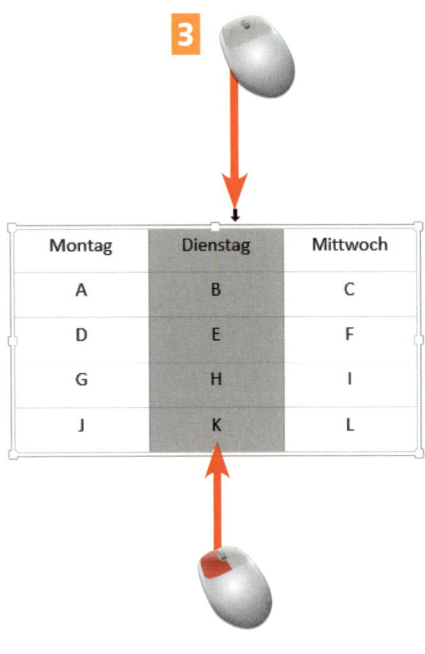

3 Um eine Spalte zu markieren, zeigen Sie mit der Maus über die Spalte, bis ein kleiner schwarzer Pfeil erscheint. Dann klicken Sie.

4 Um einen Zellbereich zu markieren, ziehen Sie mit gedrückter linker Maustaste von der ersten bis zur letzten zu markierenden Zelle.

Für einen Tab-Sprung innerhalb einer Zelle drücken Sie [Strg]+[⇆].
Um den Zellinhalt nach rechts bzw. links einzurücken, drücken Sie
[Alt]+[⇧]+[→] bzw. [Alt]+[⇧]+[←].

TIPP

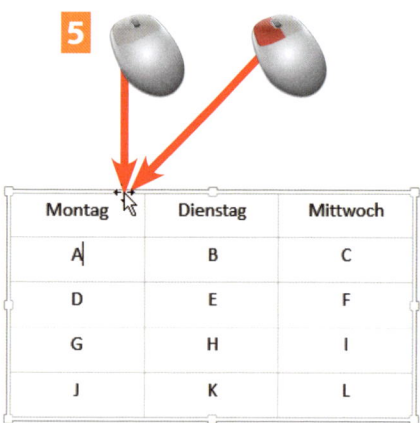

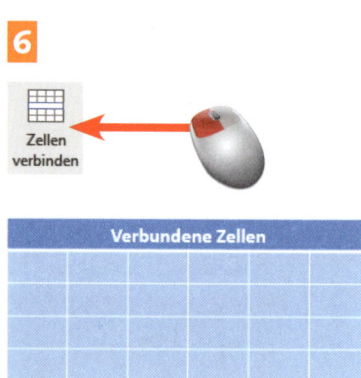

5 Um die komplette Tabelle zu markieren, ziehen Sie entweder mit gedrückter linker Maustaste von der ersten bis zur letzten Zelle der Tabelle, oder Sie zeigen auf eine beliebige Stelle des Tabellenrahmens, bis ein Doppelpfeil erscheint. Dann klicken Sie.

6 Um mehrere einzelne Zellen für eine Überschrift zu einer einzigen Zelle zu verbinden, markieren Sie die zu verbindenden Zellen und klicken dann im Register *Layout* der Tabellentools auf das Symbol *Zellen verbinden*.

Tabellenzeilen sind so »hoch« wie die jeweils voreingestellte Standard-schrift (18 pt bei der Standardvorlage). Das hat den Vorteil, dass nebeneinanderstehende Tabellen wie »aus einem Guss« wirken.

WISSEN

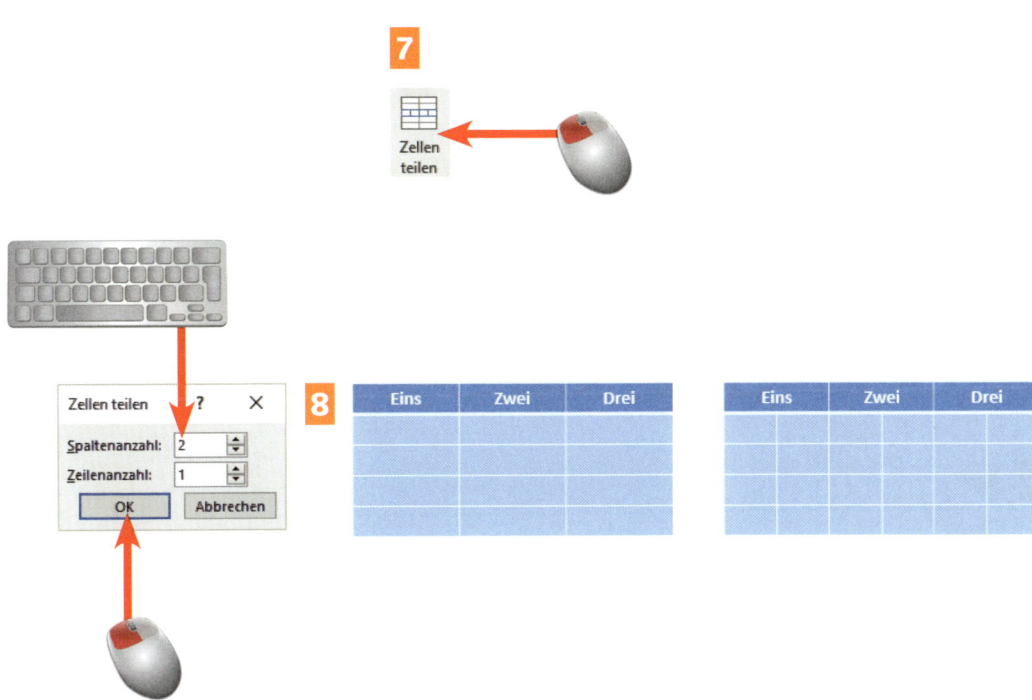

7 In diesem Beispiel sollen mit Ausnahme der ersten Zeile alle Zellen in je zwei Zellen unterteilt werden. Markieren Sie dazu alle Zellen, die Sie teilen möchten, und klicken Sie im Register *Layout* der Tabellentools auf *Zellen teilen*.

8 Tippen Sie den Wert *2* in das Feld *Spaltenanzahl* und klicken Sie auf *OK*.

Ende

Mit Strg+⬅ löschen Sie das Wort links, mit Strg+Entf das Wort rechts vom Cursor.

TIPP

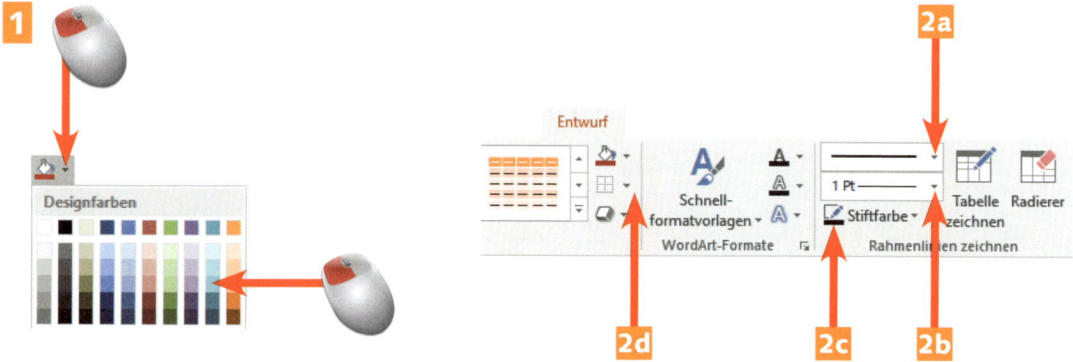

1 Um die Füllfarbe zu ändern, markieren Sie zuerst die zu formatierenden Zellen, Zeilen oder Spalten, klicken dann im Register *Entwurf* der Tabellentools auf den Farbeimer und wählen die gewünschte Farbe.

2 Auch bei den Rahmenlinien markieren Sie zunächst die zu formatierenden Zellen, Zeilen oder Spalten. Die Werkzeuge stecken ebenfalls im Register *Entwurf* der Tabellentools: Art (2a), Stärke (2b), Farbe (2c), Geltungsbereich (2d).

Im Schnellüberblick haben Sie die Tabellenformatvorlagen kennengelernt, mit deren Hilfe Sie Tabellen mit einem einzigen Mausklick komplett neu bzw. umformatieren. Für Sonderanfertigungen wie diese müssen Sie jedoch auf die bequemen Vorlagen verzichten und die Tabelle von Hand formatieren.

WISSEN

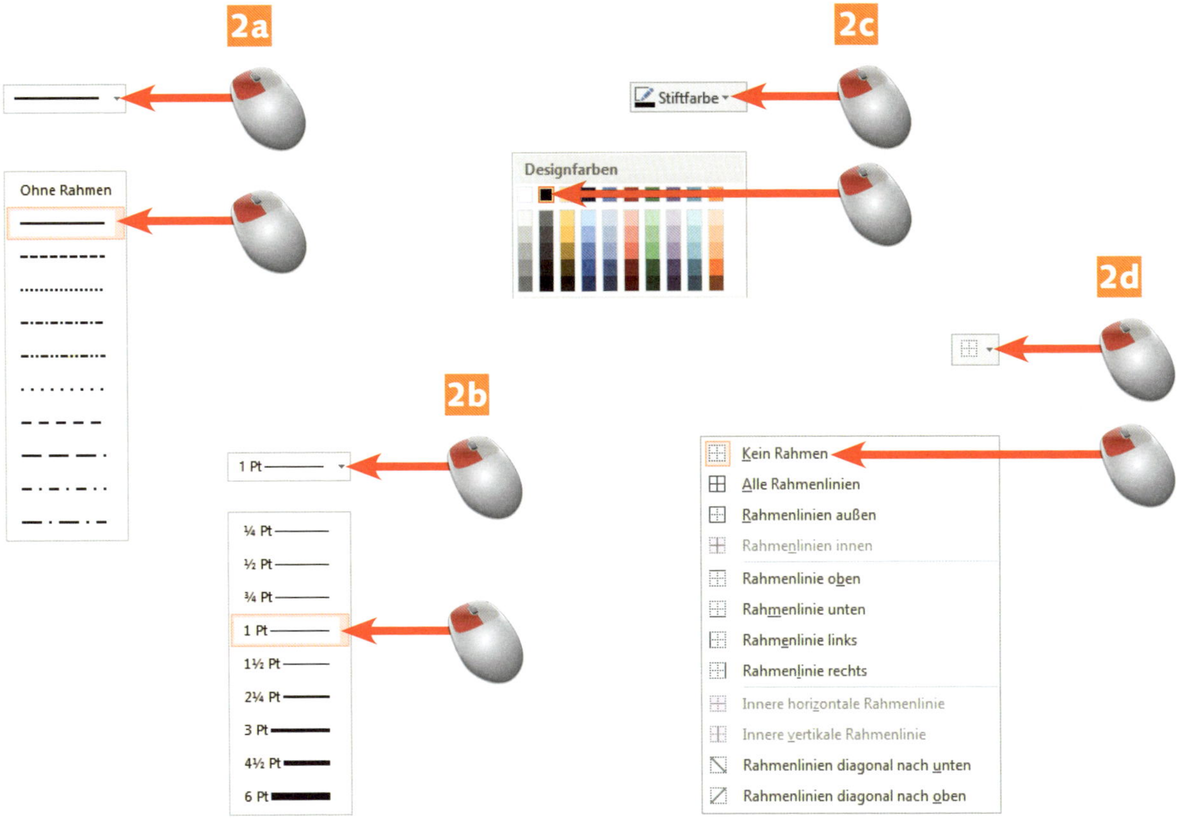

2a

2c

Stiftfarbe

Ohne Rahmen

Designfarben

2d

2b

1 Pt

¼ Pt
½ Pt
¾ Pt
1 Pt
1½ Pt
2¼ Pt
3 Pt
4½ Pt
6 Pt

Kein Rahmen
Alle Rahmenlinien
Rahmenlinien außen
Rahmenlinien innen
Rahmenlinie oben
Rahmenlinie unten
Rahmenlinie links
Rahmenlinie rechts
Innere horizontale Rahmenlinie
Innere vertikale Rahmenlinie
Rahmenlinien diagonal nach unten
Rahmenlinien diagonal nach oben

2a Beginnen Sie mit der Stiftart. Die Voreinstellung ist eine durchgezogene Linie, aber PowerPoint kann auch anders.

2b Als Nächstes wählen Sie die Stärke (Dicke) der Linie.

2c Danach wählen Sie die gewünschte Farbe.

2d Zum Abschluss legen Sie den Geltungsbereich fest: Welche Rahmenlinien soll die markierte Zelle bzw. der markierte Zellbereich erhalten?

Ende

Verwechseln Sie Rahmenlinien nicht mit Gitternetzlinien. Rahmenlinien werden gedruckt, Gitternetzlinien nicht. Per Voreinstellung sind Gitternetzlinien eingeschaltet. Überprüfen Sie im Zweifelsfall das Symbol *Gitternetzlinien anzeigen* im Register *Layout* der Tabellentools.

Gitternetzlinien anzeigen

Beim Formatieren von Rahmenlinien spielt die korrekte Reihenfolge eine wichtige Rolle. Wenn Sie sich an die hier gezeigte Reihenfolge halten, gehen Sie auf Nummer sicher.

TIPP

HINWEIS

Start

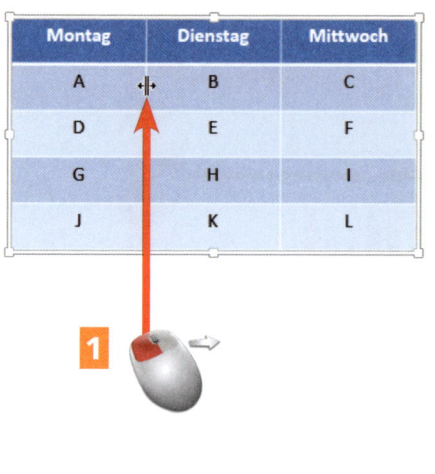

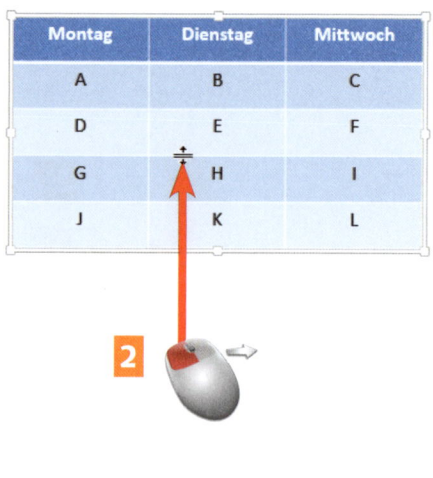

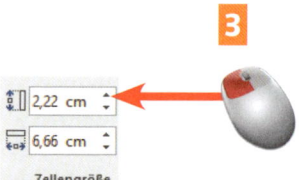

1 Zum Anpassen der Spaltenbreite zeigen Sie mit der Maus auf den rechten Spaltenrand einer beliebigen Zelle. Es erscheint ein Doppelpfeil. Jetzt ziehen Sie mit gedrückter linker Maustaste die Spalte auf die gewünschte Breite.

2 Zum Anpassen der Zeilenhöhe zeigen Sie auf den unteren Zeilenrand einer beliebigen Zelle und ziehen anschließend die Zeile auf die gewünschte Höhe.

3 Mit diesen Drehfeldern im Register *Layout* der Tabellentools können Sie sowohl die Spaltenbreite als auch die Zeilenhöhe millimetergenau festlegen. Klicken Sie dazu in eine beliebige Zelle der zu skalierenden Zeile oder Spalte und legen Sie den gewünschten Wert fest.

Beim Erstellen einer neuen Tabelle weist PowerPoint zunächst allen Spalten dieselbe Breite und allen Zeilen dieselbe Höhe zu. Auf diesen Seiten lernen Sie, wie Sie Spaltenbreite, Zeilenhöhe und Tabellengröße anpassen und worauf Sie dabei achten sollten. Außerdem erfahren Sie, wie Sie schnell und bequem Zeilen und Spalten einfügen bzw. löschen können.

WISSEN

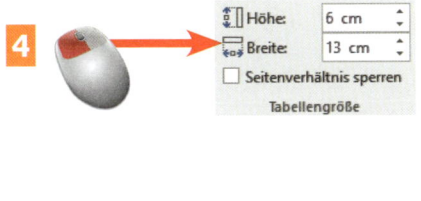

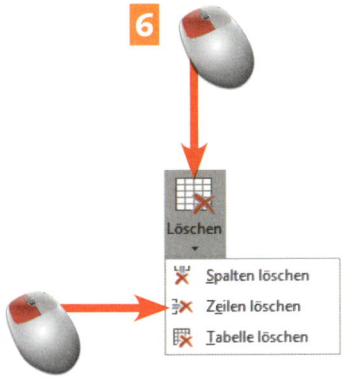

4 Mit diesen Drehfeldern im Register *Layout* der Tabellentools hobeln Sie die Tabelle als Ganzes auf das gewünschte Maß zurecht.

5 Zum Einfügen einer einzelnen Zeile oder Spalte klicken Sie in eine beliebige Zelle und wählen im Register *Layout* der Tabellentools den passenden Befehl.

6 Zum Löschen einer einzelnen Zeile oder Spalte klicken Sie in eine beliebige Zelle, dann im Register *Layout* der Tabellentools auf *Löschen* und wählen den passenden Befehl.

7 Um mehrere Zeilen oder Spalten zu löschen, markieren Sie zuerst die zu löschenden Zeilen oder Spalten und gehen anschließend vor wie beim Löschen einzelner Zeilen oder Spalten.

Ende

Vorsicht Stolperstein! Die Drehfelder für Zellengröße (Spaltenbreite/ Zeilenhöhe) und Tabellengröße sehen sich zum Verwechseln ähnlich, sind aber bei genauerem Hinsehen am Namen *Zellengröße* bzw. *Tabellengröße* eindeutig voneinander zu unterscheiden.

Vorsicht Falle! PowerPoint wird sich gelegentlich weigern, die Zeilenhöhe zu verringern. Das liegt daran, dass eine Zeile mindestens so »hoch« sein muss wie die aktuell eingestellte Schriftgröße. Erst wenn Sie für alle Zellen der betreffenden Zeile bzw. Zeilen die Schriftgröße reduzieren, können Sie auch die Zeilenhöhe verringern.

Um am Ende der Tabelle eine zusätzliche Zeile anzufügen, klicken Sie in die letzte Zelle und drücken die ⇆-Taste.

HINWEIS   **HINWEIS**   **TIPP**

Basiswissen Diagramme

6

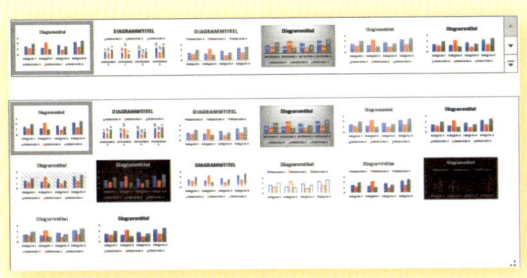

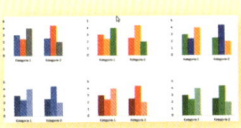

Start

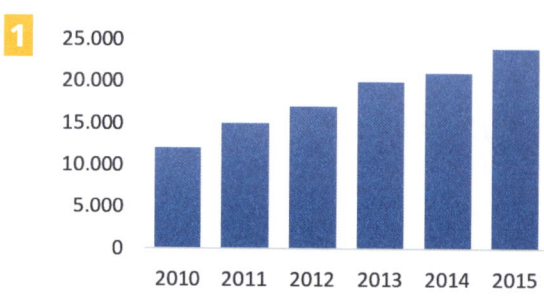

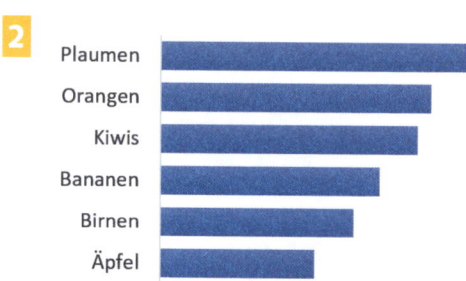

1 Ein Säulendiagramm veranschaulicht Veränderungen innerhalb eines **Zeitraums**, zum Beispiel die Umsatzentwicklung eines Unternehmens von 2010 bis 2015.

2 Ein Balkendiagramm veranschaulicht – analog zum Zielfoto eines 100-Meter-Laufes – die Rangfolge unterschiedlicher Werte zu einem bestimmten **Zeitpunkt**. Dabei gilt die Grundregel, dass die Länge der Balken von oben nach unten abnimmt. Beispiel: Rangfolge Produktverkäufe am 13. Oktober.

Ein Diagramm vergleicht Werte miteinander. Die am häufigsten verwendeten Diagrammtypen sind Säulen-, Balken-, Linien- und Kreisdiagramme. Das Visualisieren von Zahlen ist eine Wissenschaft für sich und es gibt jede Menge dicker Bücher, die sich diesem Thema ausgiebig widmen. Ich beschränke mich hier auf das Wesentliche.

WISSEN

3

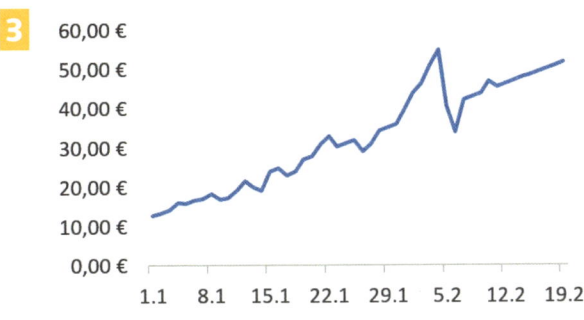

4

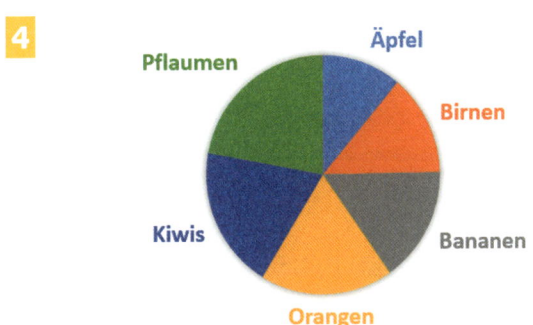

3 Ein Liniendiagramm veranschaulicht analog zum Säulendiagramm Veränderungen innerhalb eines **Zeitraums**. Im Unterschied zum Säulendiagramm eignet sich das Liniendiagramm auch für gewaltige Datenmengen. Es betont vor allem die Entwicklung (den Verlauf), während die einzelnen Werte eine untergeordnete Rolle spielen. Musterbeispiel ist die Entwicklung eines Aktienkurses.

4 Ein Kreisdiagramm veranschaulicht die prozentualen Anteile einzelner Werte am Ganzen (100 %), zum Beispiel die Anteile einzelner Produkte am Gesamtumsatz.

5 Um Anteile zu veranschaulichen, eignen sich neben dem Kreisdiagramm auch die Varianten »Gestapeltes Säulendiagramm« und »Gestapeltes Balkendiagramm«.

Ende

Weniger ist mehr! Ein Diagramm reduziert komplexe Daten auf das Wesentliche. Details wie Datentabellen, Quellenangaben und sonstige ergänzende Informationen gehören ins Handout, aber nicht auf die Folie. Geizen Sie bei Säulen-, Balken- und Kreisdiagrammen mit der Datenmenge, sonst sieht Ihr Publikum den Wald vor lauter Bäumen nicht mehr. Bei den Liniendiagrammen dagegen dürfen Sie großzügig sein.

Weniger ist mehr, wenn es um das Visualisieren von Zahlen geht. Die 3D-Diagrammvarianten sehen zwar peppig aus, sind aber weniger anschaulich als ihre schlichteren zweidimensionalen Kollegen.

HINWEIS   **HINWEIS**

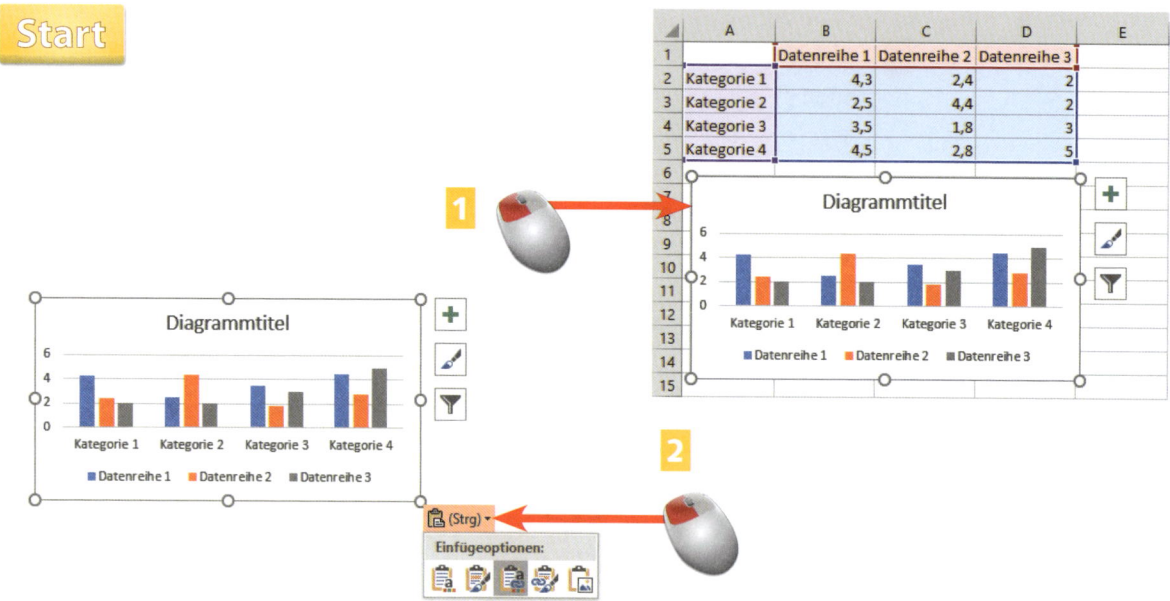

1 Klicken Sie auf den Rahmen des Diagramms, um es zu markieren, und kopieren Sie es in die Zwischenablage.

2 Fügen Sie das Diagramm ein und klicken Sie auf das unscheinbare Symbol *Strg* an der rechten unteren Ecke des Diagramms, um die *Einfügeoptionen* anzuzeigen.

3 Per Voreinstellung verwendet PowerPoint die Option *Zieldesign verwenden und Daten verknüpfen*. Falls Sie eine andere Einfügeoption wünschen, klicken Sie sie an.

4 *Zieldesign verwenden und Arbeitsmappe einbetten:* Das Diagramm übernimmt die »PowerPoint-Optik« und wird als Objekt in die Folie eingebettet (keine Aktualisierung in PowerPoint, wenn sich das Diagramm in Excel ändert).

5 *Ursprüngliche Formatierung beibehalten und Arbeitsmappe einbetten*: Das Diagramm behält die »Excel-Optik« und wird als Objekt in die Folie eingebettet (keine Aktualisierung in PowerPoint, wenn sich das Diagramm in Excel ändert).

Im Schnellüberblick haben Sie erfahren, wie Sie ein Diagramm in PowerPoint erstellen. Aber oft werden Diagramme nicht in PowerPoint, sondern in Excel erstellt und sollen anschließend in eine Power-Point-Folie eingefügt werden.

Drei Tastenkombinationen, die Sie unbedingt kennen sollten: (1) Strg+C: kopiert markierte Objekte in die Zwischenablage. (2) Strg+X: schneidet markierte Objekte aus und kopiert sie in die Zwischenablage. (3) Strg+V: fügt den Inhalt der Zwischenablage ein.

WISSEN **TIPP**

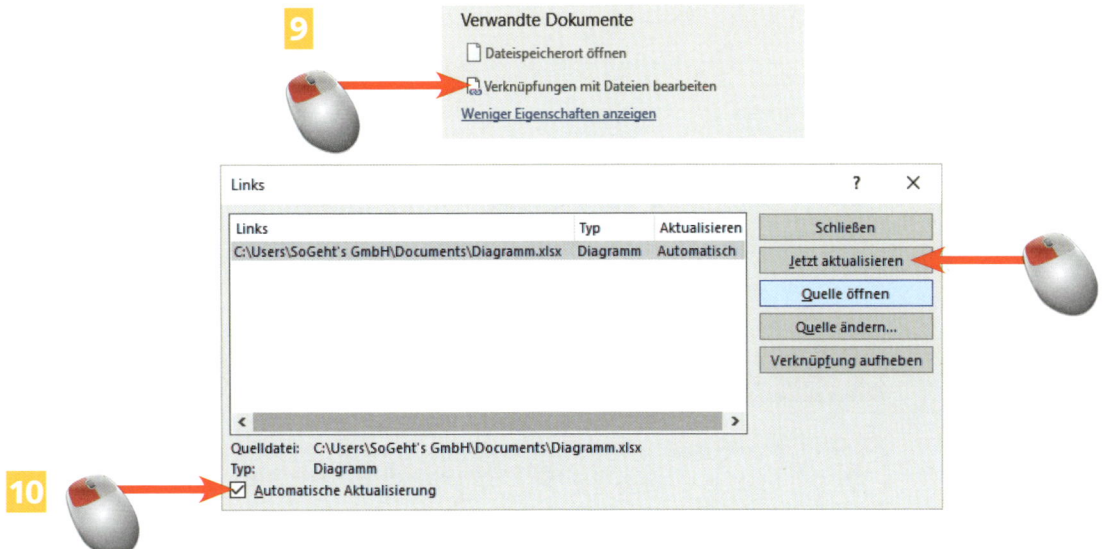

6 *Zieldesign verwenden und Daten verknüpfen*: Das Diagramm übernimmt die »PowerPoint-Optik« und wird als verknüpftes Objekt eingefügt (Aktualisierung in PowerPoint, sobald sich das Diagramm in Excel ändert).

7 *Ursprüngliche Formatierung beibehalten und Daten verknüpfen*: Das Diagramm behält die »Excel-Optik« und wird als verknüpftes Objekt eingefügt (Aktualisierung in PowerPoint, sobald sich das Diagramm in Excel ändert).

8 *Grafik*: Es wird ein Bild des Diagramms eingefügt. Eine spätere Bearbeitung des Diagramms ist nicht möglich.

9 Im Register *Datei/Informationen* verwaltet PowerPoint verknüpfte Dateien.

10 Klicken Sie auf *Verknüpfungen mit Dateien bearbeiten*, um das Dialogfenster *Links* zu öffnen. Wenn PowerPoint verknüpfte Dateien automatisch aktualisieren soll, setzen Sie das Häkchen vor *Automatische Aktualisierung*. Falls Sie lieber manuell aktualisieren möchten, klicken Sie zum gewünschten Zeitpunkt auf *Jetzt aktualisieren*. **Ende**

HINWEIS

Vorsicht Falle! Ändert sich der Dateiname oder Speicherort einer verknüpften Excel-Datei bzw. wird eine verknüpfte Datei gelöscht, ist diese aus Sicht von PowerPoint »unbekannt verzogen«. Es findet logischerweise keine Aktualisierung mehr statt. PowerPoint zeigt in diesem Fall den letzten bekannten Stand des Diagramms an und der Weg zur Bearbeitung der Daten ist verschlossen.

HINWEIS

Per Voreinstellung werden Diagramme als Verknüpfung eingefügt, was zur Folge hat, dass sich das PowerPoint-Diagramm automatisch anpasst, sobald sich das Excel-Diagramm ändert. Zu diesem Zweck speichert Power-Point die Dateinamen samt Speicherort aller verknüpften Dateien. Stellen Sie deshalb sicher, dass die Excel-Arbeitsmappe mit dem Diagramm gespeichert ist, bevor Sie das Diagramm nach PowerPoint kopieren.

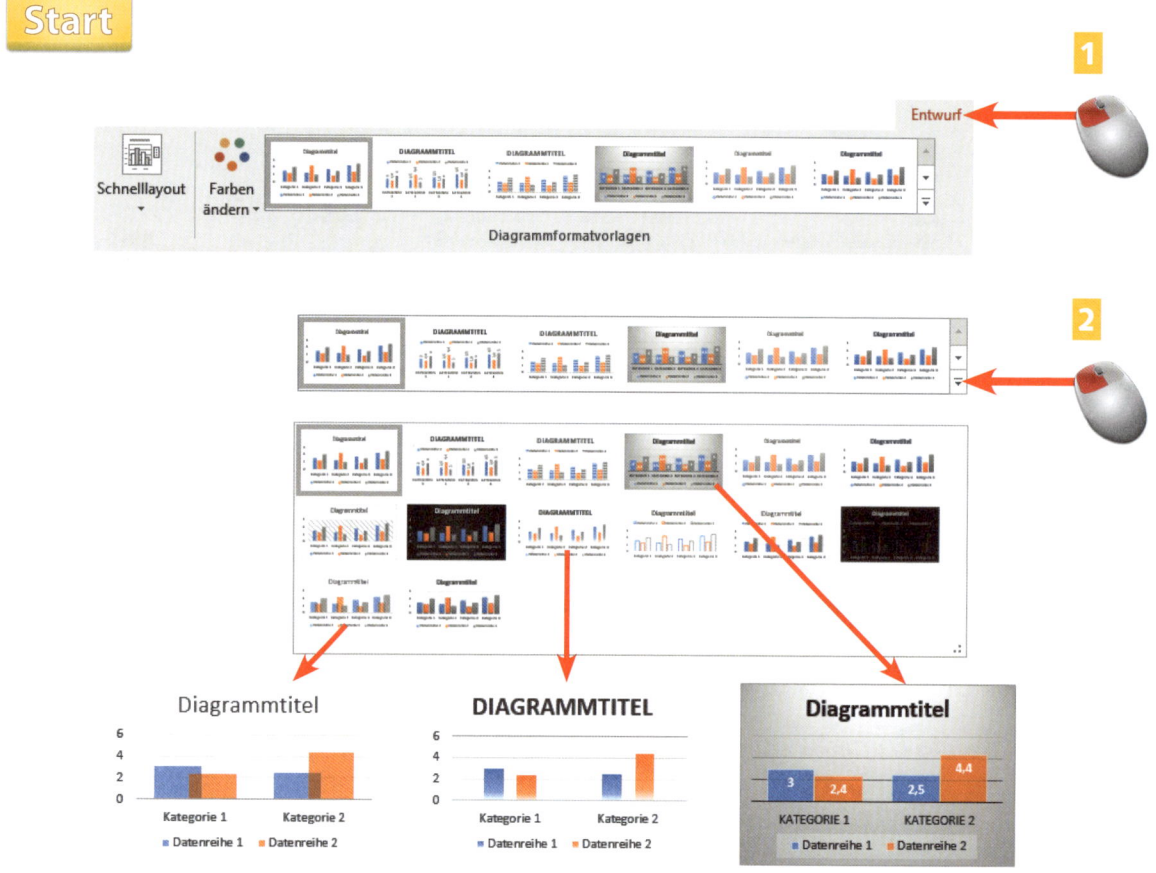

1 Alle drei Werkzeuge stecken im Register *Entwurf* der Diagrammtools.

2 **Diagrammformatvorlagen:** Für eine Vorschau **zeigen** Sie auf eine Variante, zum Zuweisen **klicken** Sie darauf.

Mithilfe von Diagrammformatvorlagen, Schnelllayouts und Farben formatieren Sie alle Elemente eines Diagramms mit einem einzigen Klick. Bevor Sie sich also auf den steinigen Weg des manuellen Formatierens machen, sollten Sie immer prüfen, ob Sie die Arbeit an eine Diagramm-formatvorlage oder ein Schnelllayout delegieren können.

WISSEN

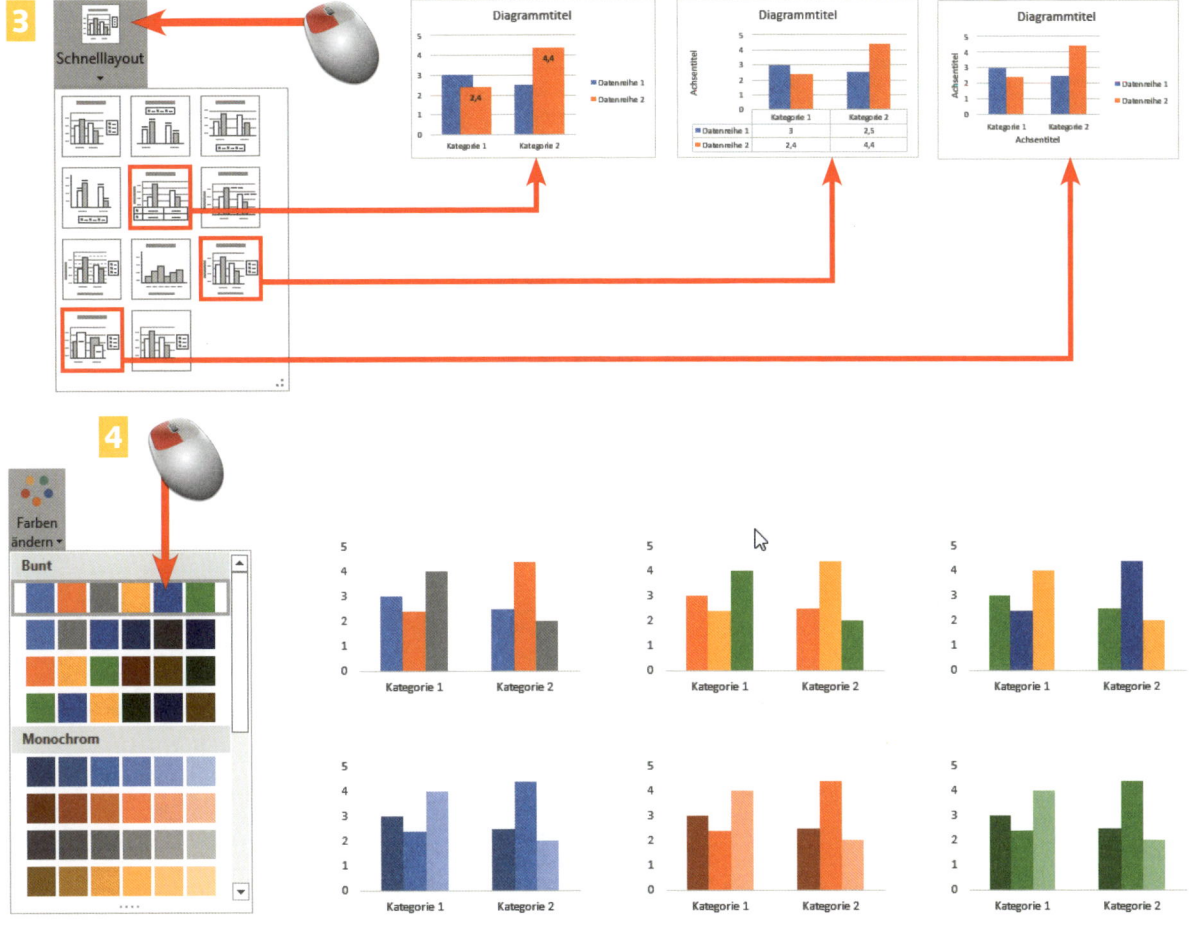

3 **Schnelllayouts:** Auch hier **zeigen** Sie für eine Vorschau auf eine Variante, zum Zuweisen **klicken** Sie darauf.

4 Bei den Farben dürfen Sie zwischen *Bunt* und *Monochrom* wählen. Wie schon bei den Diagrammformatvorlagen und den Schnelllayouts gilt: **Zeigen** für eine Vorschau, **Klicken** zum Zuweisen.

Ende

Wenn Sie Diagramm-formatvorlagen und Schnelllayouts kombinie-ren möchten, weisen Sie dem Diagramm zuerst die Formatvorlage und anschließend das Schnelllayout zu.

Wenn Sie mehrere gleichartige Diagramme mit unterschiedlichen Werten erstellen möchten, sparen Sie sich eine Menge Zeit, wenn Sie das erste Diagramm inhaltlich und optisch ausfeilen, dann in der benötigten Anzahl kopieren und in den Kopien nur noch die Daten anpassen.

Formatvorlagen und Schnelllayouts sind letztlich nur automatisch zugewie-sene Kombinationen unterschiedlicher Formatieroptionen, die Sie jederzeit von Hand weiter verfeinern können. Wie das geht, erfahren Sie auf den folgenden Seiten.

TIPP   **TIPP**   **HINWEIS**

Start

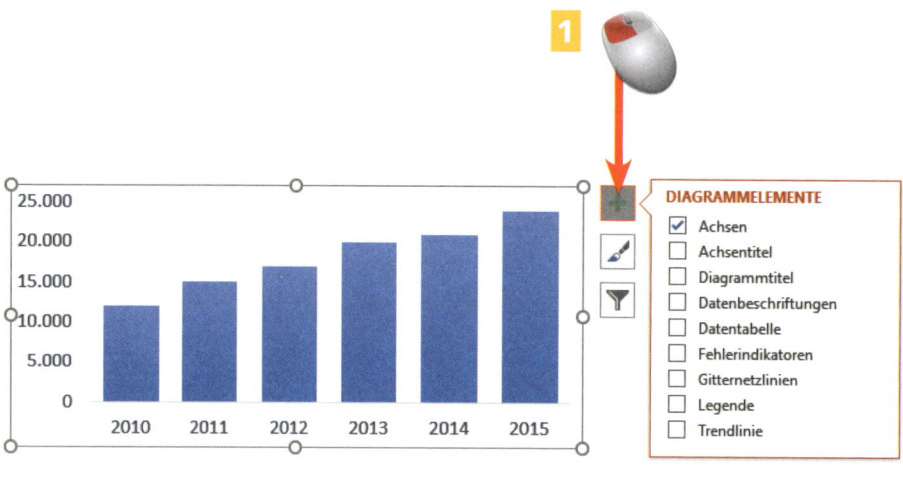

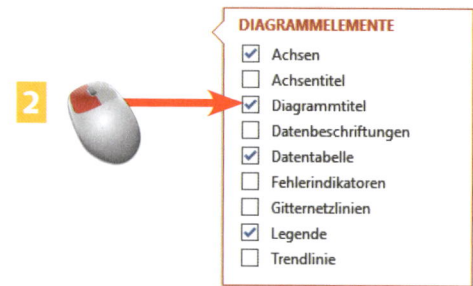

1 Der kürzeste Weg zu den Diagrammelementen führt über das Pluszeichen an der oberen rechten Ecke des Diagramms.

2 Durch Setzen bzw. Entfernen der Häkchen legen Sie fest, welche Diagrammelemente angezeigt bzw. ausgeblendet werden.

Man kann es nicht oft genug sagen: Weniger ist mehr! Per Voreinstellung stattet PowerPoint Diagramme großzügig mit Elementen aus, von denen meist nur ein kleiner Teil Informationscharakter hat und der Großteil als Schmuck dient. Lametta gehört an den Weihnachtsbaum, aber nicht ins Diagramm. Stellen Sie sich immer die Frage: »Was will ich mit diesem Diagrammelement sagen?« Wenn Ihnen keine gute Antwort darauf einfällt, blenden Sie es aus.

WISSEN

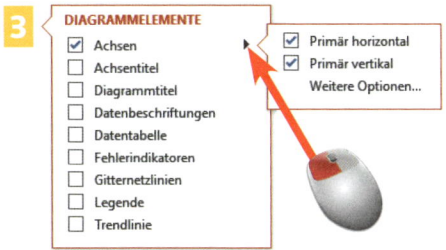

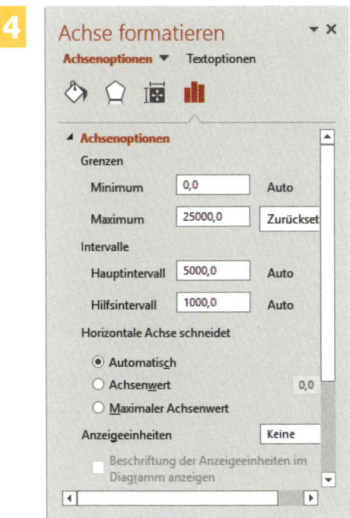
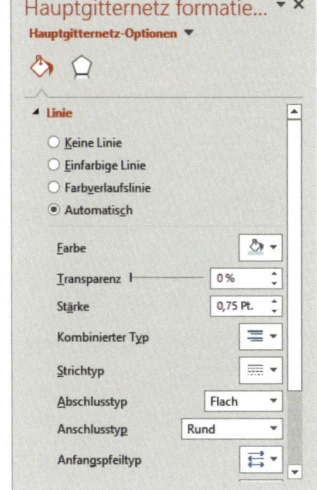
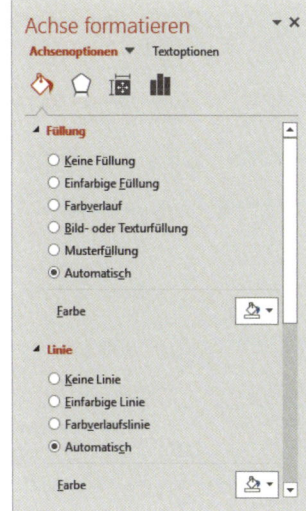

3 Sobald Sie mit der Maus auf eine Option zeigen, erscheint ein kleines, nach rechts zeigendes Dreieck. Nach einem Klick auf dieses Dreieck öffnet sich das nächste Fensterchen mit Auswahlmöglichkeiten zum betreffenden Diagrammelement.

4 Ein Klick auf *Weitere Optionen* blendet am rechten Fensterrand den jeweils zuständigen Aufgabenbereich ein, der alle Werkzeuge für das Feintuning enthält. Oben sehen Sie einige Beispiele.

Ende

TIPP

Ein alternativer Weg zu den Aufgabenbereichen führt über die rechte Maustaste. Klicken Sie das zu formatierende Diagrammelement, z. B. die Achse, Legende oder eine Säule, mit der rechten Maustaste an und wählen Sie anschließend im Kontextmenü ganz unten den Befehl *[Diagrammelement] formatieren*.

TIPP

Diagrammelemente hinzufügen können Sie auch über das Register *Entwurf* der Diagrammtools mit einem Klick auf das ganz links außen angebrachte Symbol *Diagrammelement hinzufügen*.

HINWEIS

Schalten Sie einen angezeigten Aufgabenbereich nicht mehr ab, wechselt der Inhalt des Bereichs je nach aktivem Diagrammelement automatisch. Praktisch für das Feintuning. Elemente anklicken, und schon erscheinen im Aufgabenbereich die passenden Werkzeuge.

SmartArt-Grafiken –
Schaubilder auf Knopfdruck

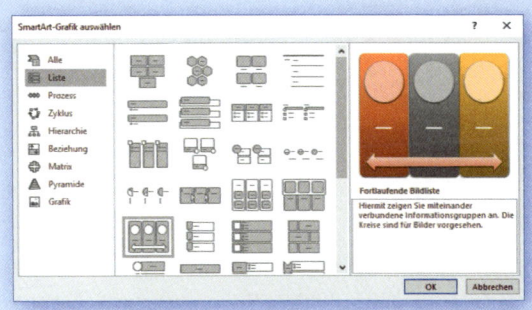

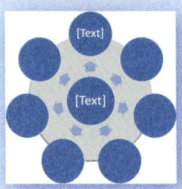

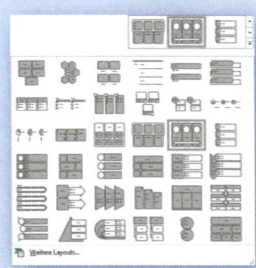

Start

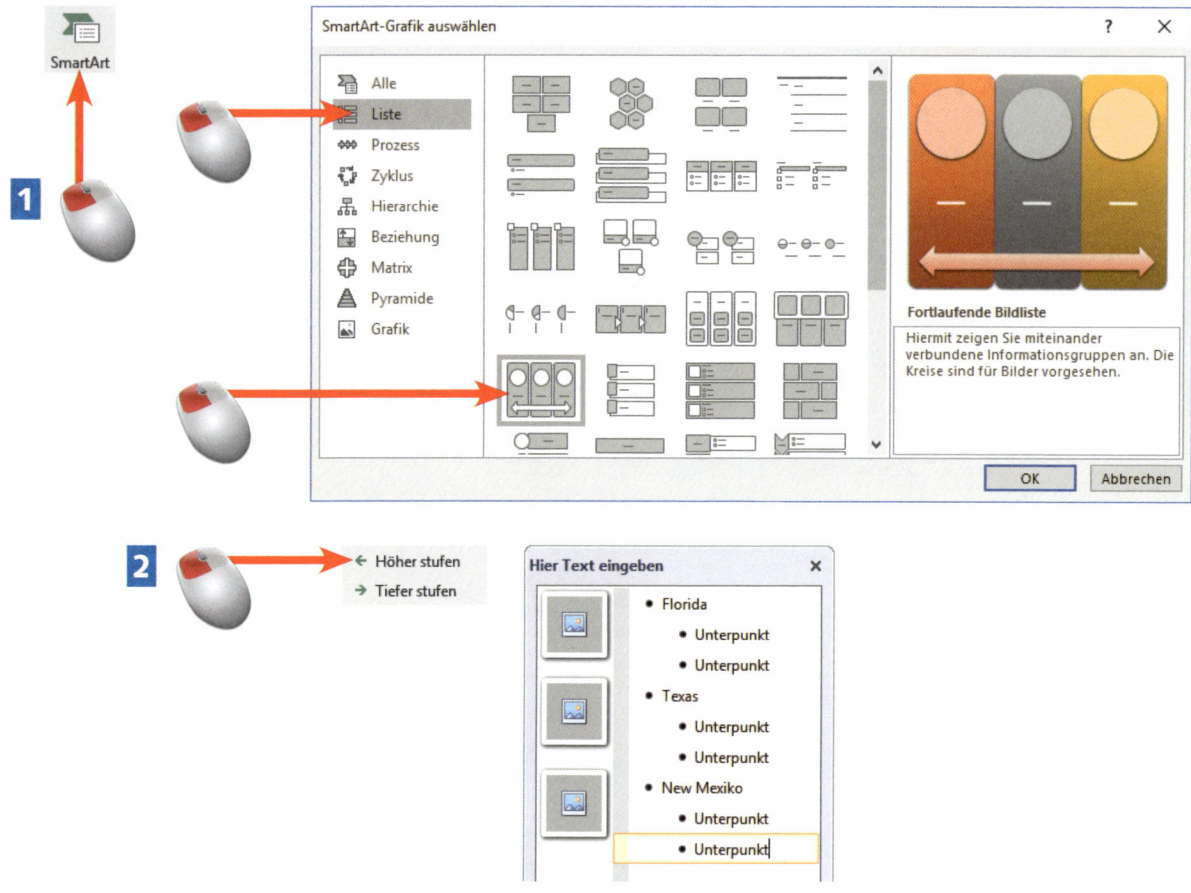

1 Falls Sie ein Layout ohne Platzhalter verwenden, klicken Sie im Register *Einfügen* auf *SmartArt*, wählen die passende Kategorie und doppelklicken die gewünschte Variante.

2 Erstellen Sie im *Textbereich* die gegliederte Liste. Für die Einzüge klicken Sie im Register *Entwurf* der SmartArt-Tools auf *Höher stufen* bzw. *Tiefer stufen*.

In Kapitel 1 »Schnelleinstieg« haben Sie gelernt, wie Sie eine einfache SmartArt-Grafik mithilfe eines Platzhalters erstellen. In diesem Kapitel vertiefen und erweitern Sie Ihr Wissen im Umgang mit PowerPoints hauseigenen Schaubildern.

WISSEN

3 Zum Einfügen von Bildern klicken Sie den entsprechenden Platzhalter an, suchen das gewünschte Bild und doppelklicken darauf.

4 Um eine andere Farbvariante für die SmartArt-Grafik zu wählen, klicken Sie im Register *Entwurf* der SmartArt-Tools auf *Farben ändern* und klicken die gewünschte Variante an.

Ende

TIPP

Alternativ zu den Symbolen können Sie Einzüge auch mithilfe der Tastatur steuern: ⇥ für *Tiefer stufen* und ⇧+⇥ für *Höher stufen*.

TIPP

Um SmartArt-Grafiken in frei bearbeitbare und animierbare PowerPoint-Formen zu konvertieren, wählen Sie im Register *Entwurf* der SmartArt-Tools *Konvertieren/In Formen konvertieren*.

HINWEIS

PowerPoint formatiert in SmartArt-Grafiken die Schriftgröße automatisch und einheitlich. Je mehr Text Sie eintippen, desto kleiner wird die Schrift in allen Elementen der SmartArt-Grafik.

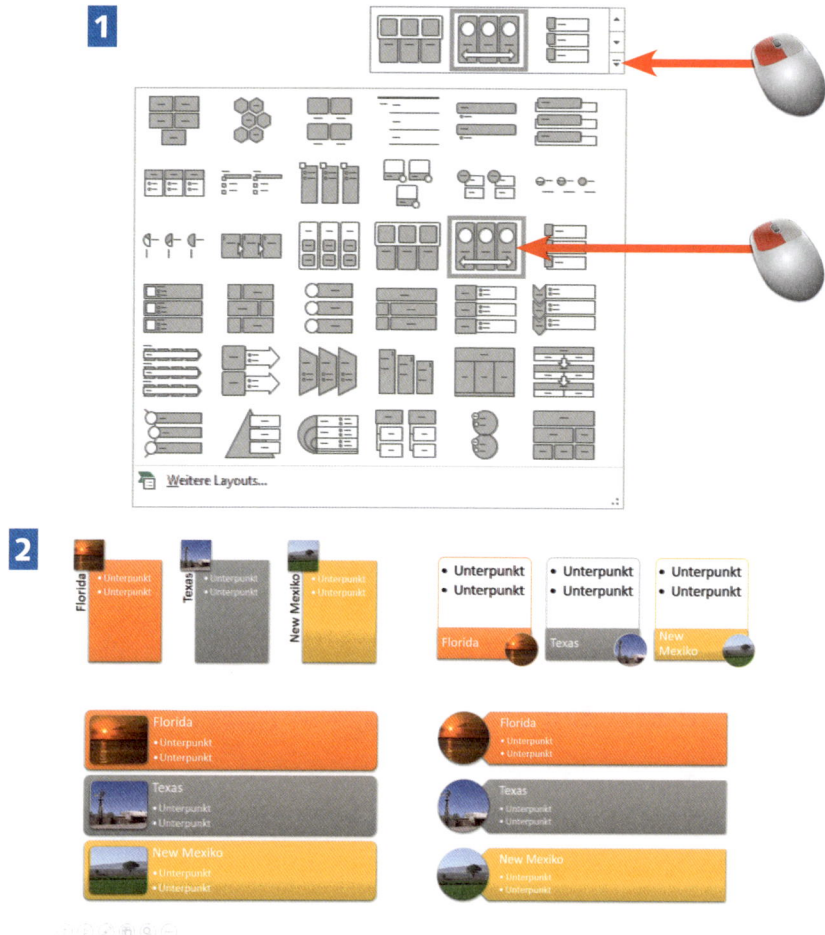

1 Zum Wechseln des Layouts klicken Sie in die SmartArt-Grafik und öffnen im Register *Entwurf* der SmartArt-Tools die Auswahlliste der Layouts. Für eine Vorschau zeigen Sie auf ein Layout, zum Zuweisen klicken Sie es an.

2 Beim Wechsel des Layouts versucht PowerPoint, Text, Objekte, Farben, Formatvorlagen, Effekte und Textformate beizubehalten.

Das Layout ist die Grundform der SmartArt-Grafik. Weil eine SmartArt-Grafik aber nichts anderes ist als die Visualisierung einer gegliederten Aufzählung, kann ein und derselbe Text verschiedene optische Ausprägungen haben.

WISSEN

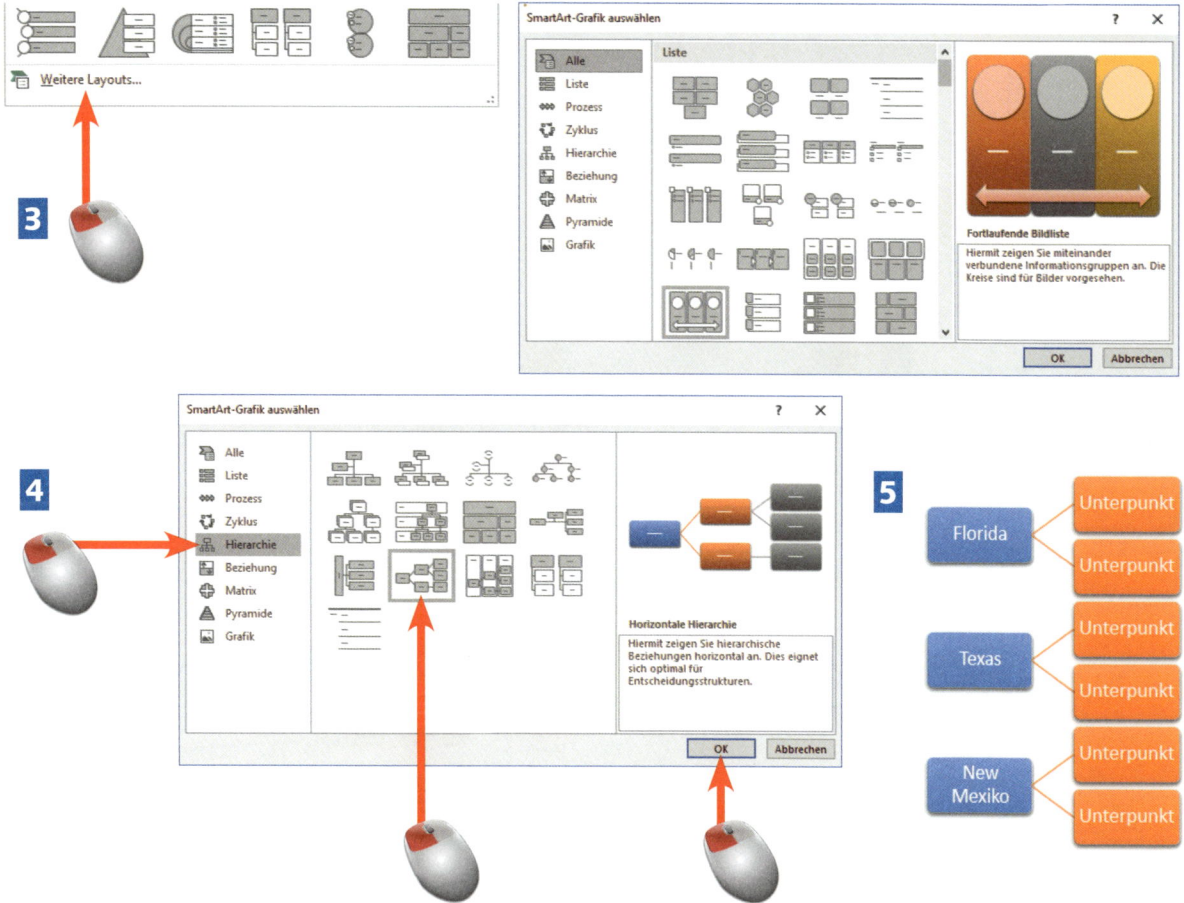

3 Ist das gewünschte Layout nicht in der Liste, klicken Sie ganz unten auf *Weitere Layouts*, um das Dialogfenster *SmartArt-Grafik auswählen* zu öffnen.

4 Wählen Sie die passende Kategorie, doppelklicken Sie auf das gewünschte Layout und bestätigen Sie mit der Schaltfläche *OK*.

5 PowerPoint hat das Layout gewechselt.

Ende

Denken Sie immer daran, dass Sie die SmartArt-Tools erst dann sehen, wenn die SmartArt-Grafik angeklickt ist.

Um zu vermeiden, dass Sie versehentlich nur einen Teil der SmartArt-Grafik anpassen, sollten Sie sich von vornherein angewöhnen, die Schaubilder durch einen Klick auf den Rahmen und nicht auf ein Element der Grafik zu markieren.

Manche Layouts schlucken nur eine begrenzte Anzahl an Text, weshalb Sie damit rechnen müssen, dass Sie nicht jedes Layout verlustfrei wechseln können.

TIPP   **TIPP**   **HINWEIS**

Start

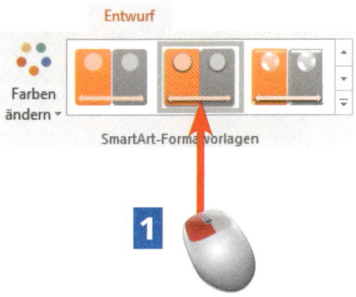

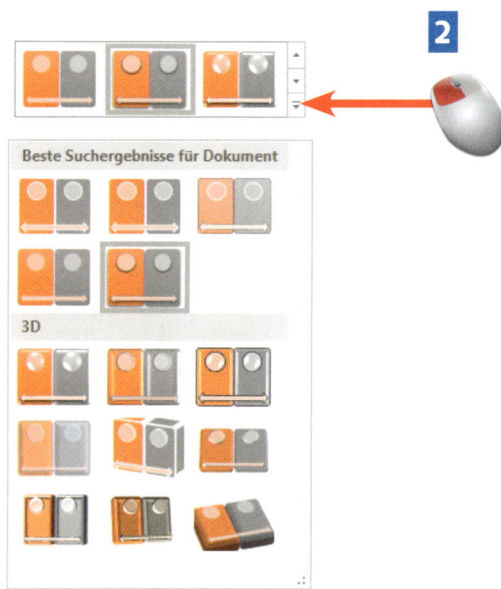

1 Nach einem Klick in die SmartArt-Grafik sehen Sie im Register *Entwurf* der SmartArt-Tools bereits eine kleine Auswahl an Formatvorlagen. Für eine Vorschau zeigen Sie auf eine Formatvorlage, zum Zuweisen klicken Sie sie an.

2 Nach dem Öffnen der Auswahlliste erscheinen alle verfügbaren Formatvorlagen.

SmartArt-Formatvorlagen umfassen Fülleffekte, Linienarten, Schatten, Farbverläufe und eine Auswahl an 3D-Perspektiven. Das Praktische daran: Ein einziger Klick weist der Grafik alle Formate zu.

WISSEN

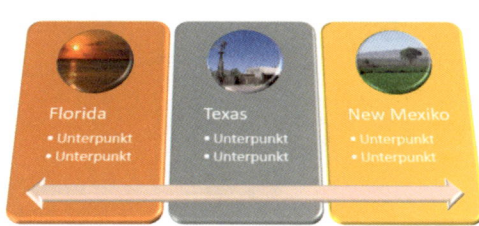

3 Oben sehen Sie einige Beispiele.

4 Falls Ihnen die optischen Finessen der Formatvorlagen noch nicht genügen, können Sie noch die *Formeffekte* im Register *Format* der SmartArt-Tools einsetzen.

Ende

SmartArt-Grafiken gibt es übrigens nicht nur in PowerPoint, sondern auch in anderen Office-Programmen wie z. B. Word und Excel. Wenn Sie SmartArt-Grafiken von PowerPoint nach Word kopieren, können Sie sie dort nahtlos mit denselben Werkzeugen weiterbearbeiten.

Achten Sie beim Kopieren von SmartArt-Grafiken darauf, dass Sie die komplette Grafik und nicht nur ein Element daraus kopieren. Der sicherste Weg ist ein Klick auf den Grafikrahmen, der das Objekt als Ganzes markiert. Dann kopieren Sie es.

HINWEIS

TIPP

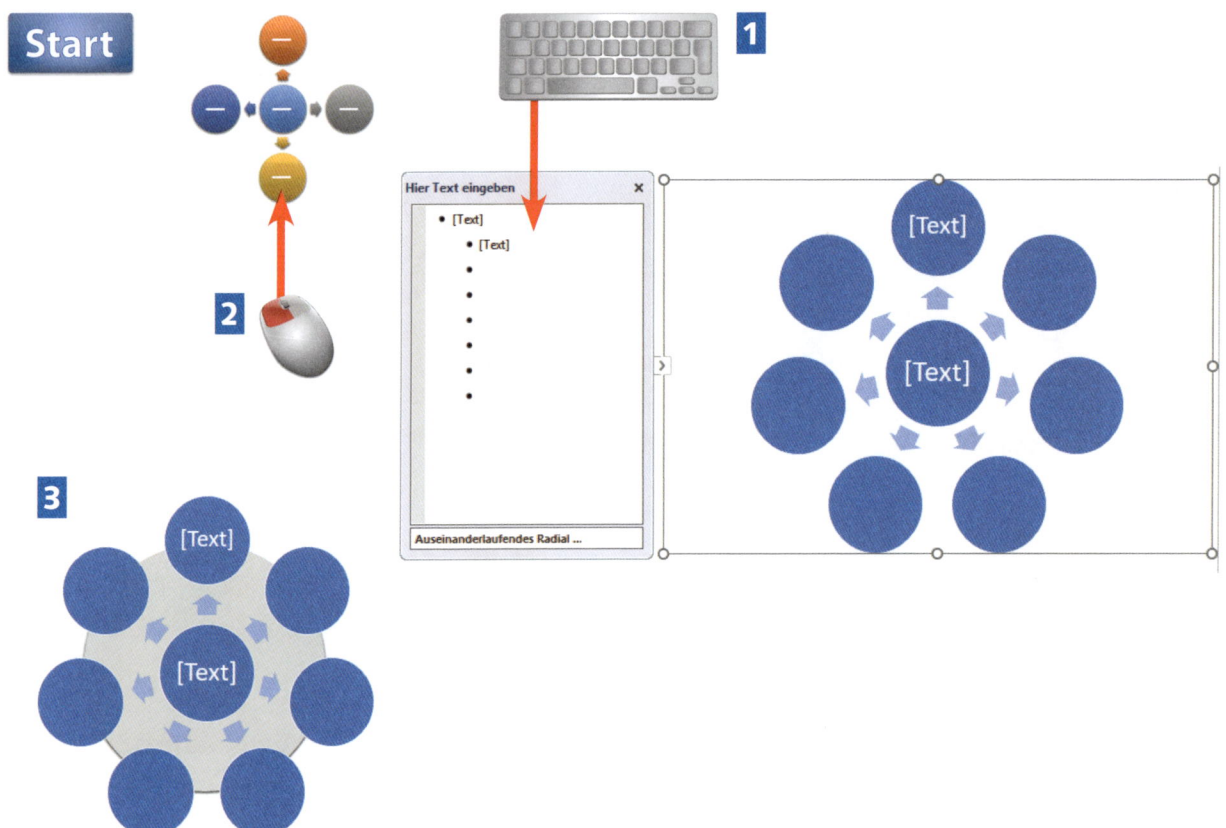

1 Erzeugen Sie im Textbereich der SmartArt-Grafik eine leere Gliederung. Was an automatisch vorgegebenen Platzhaltertexten übrig bleibt, wird nur in der Arbeitsansicht, nicht jedoch im Druck bzw. der Bildschirmpräsentation angezeigt.

2 Wählen Sie im Dialogfenster *SmartArt-Grafik einfügen* aus der Gruppe *Zyklus* die Variante *Auseinanderlaufendes Radial* und erzeugen Sie im Textfeld die Gliederung.

3 Erstellen Sie einen hellgrauen Kreis und positionieren Sie ihn hinter der Grafik (*Start/ Ebene nach hinten/Hintergrund*).

Manche SmartArt-Grafiken sind bereits mit Bildplatzhaltern ausgestattet. Um SmartArt-Grafiken ohne derartige Platzhalter dennoch mit Bildern befüllen zu können, greifen Sie auf den Trick zurück, den Sie in Kapitel 4 »Grafiken« kennengelernt und im Übungsbeispiel »Team-Organigramm« eingesetzt haben: Sie tauschen die Füllfarbe gegen ein Bild aus.

WISSEN

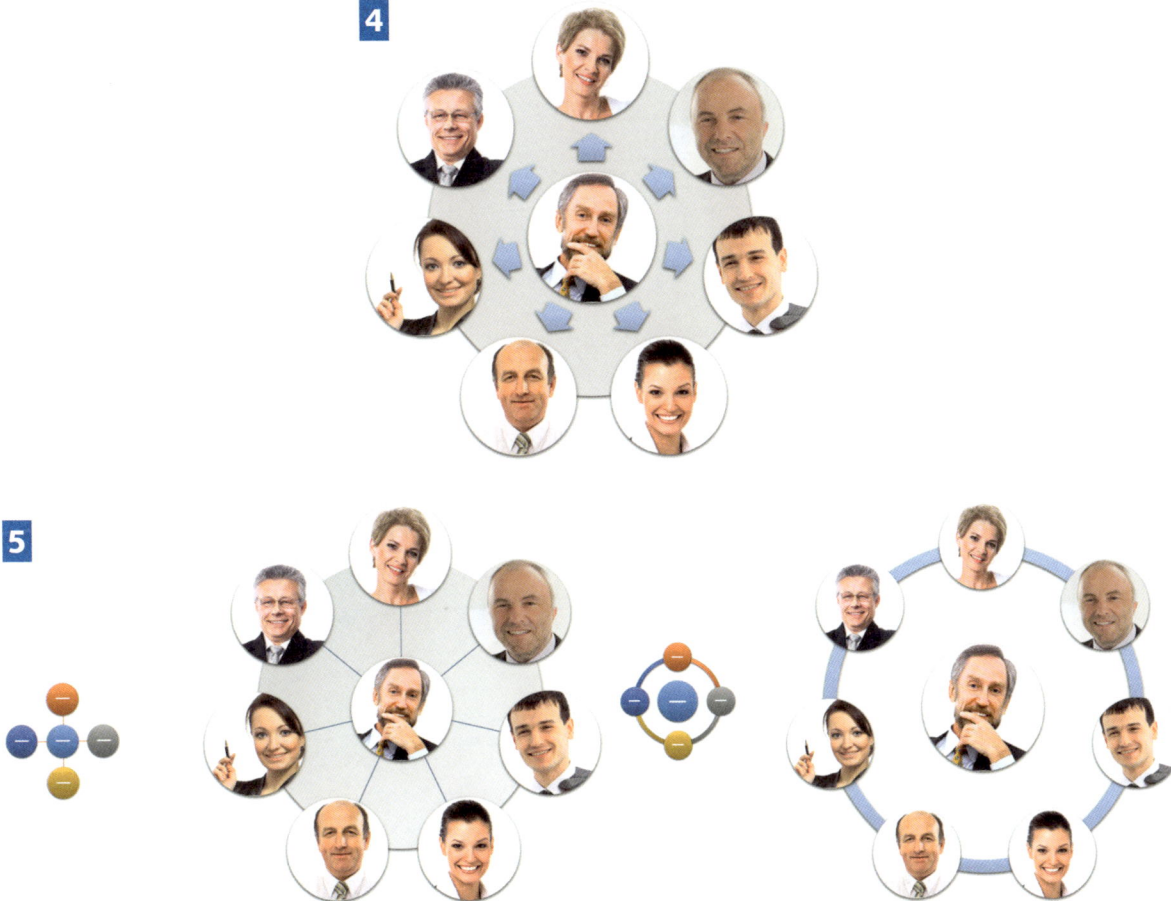

4 Ersetzen Sie die Füllfarbe der Kreise nach bewährter Methode durch die gewünschten Bilder und wählen Sie eine gewünschte SmartArt-Formatvorlage.

5 Denken Sie daran, dass Sie jederzeit das Layout einer SmartArt-Grafik wechseln können.

Ende

Fügen Sie am besten jetzt gleich die beiden Symbole *In den Vordergrund* sowie *In den Hintergrund* (Register *Start/Anordnen*) per Rechtsklick der Symbolleiste für den Schnellzugriff hinzu.

Im Hintergrund liegende Objekte wie der graue Kreis in diesem Beispiel sind Ihrem direkten Zugriff entzogen. Ein Klick markiert die darüberliegende SmartArt-Grafik. Hier hilft der Aufgabenbereich *Auswahlbereich* (Register *Start/Anordnen/Auswahlbereich*), der alle Objekte einer Folie auflistet. Ein Klick auf den Listeneintrag im Auswahlbereich markiert das entsprechende Objekt auf der Folie.

Aus Sicht von PowerPoint ist ein Kreis ein Quadrat mit abgerundeten Ecken. Wenn die Gesichtszüge Ihres Teams nicht entgleisen sollen, benötigen Sie die Bilder im Format 1:1.

TIPP   **TIPP**   **HINWEIS**

Animationseffekte

8

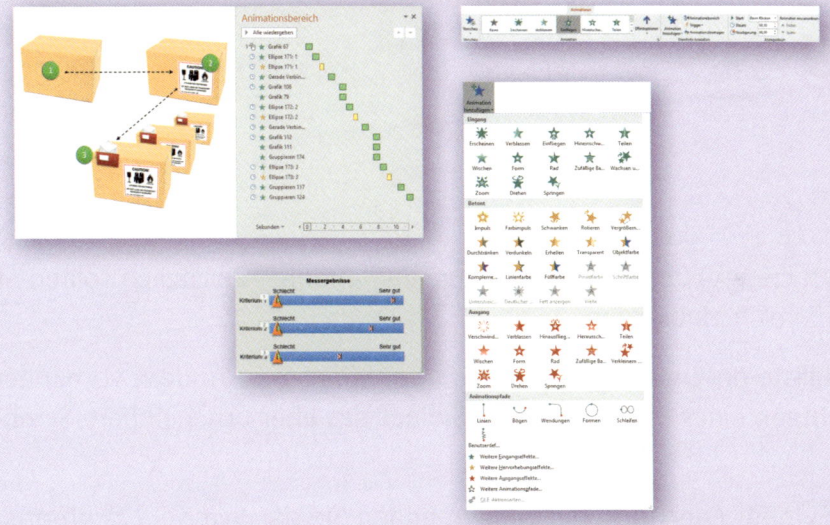

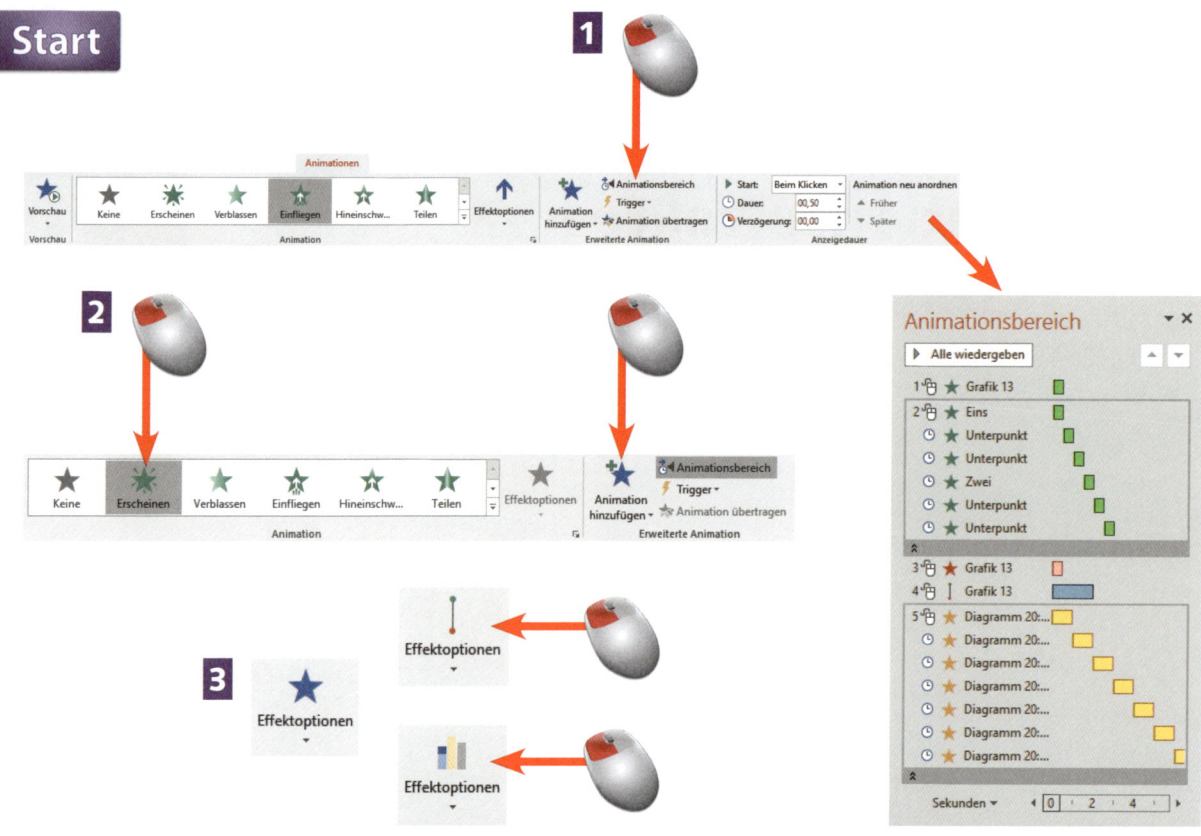

1 Ihr Hauptwerkzeugkasten ist das Register *Animationen*. Zusätzlich sollten Sie den *Animationsbereich* einblenden

2 Die Auswahlliste der Befehlsgruppe *Animation* dient zum **Ändern** vorhandener Effekte. Zum **Hinzufügen** eines Effektes klicken Sie auf das eher unscheinbare Symbol *Animation hinzufügen*.

3 Links vom Symbol *Animation hinzufügen* finden Sie das Symbol *Effektoptionen*, mit dessen Hilfe Sie zwischen verschiedenen Varianten eines Effektes wählen können.

Halten Sie sich beim Animieren an das Motto »so viel wie nötig, so wenig wie möglich«. Das sind PowerPoints Animationstypen:
1. Eingangseffekt: Ein Objekt erscheint.
2. Hervorhebungseffekt: Ein Objekt verändert sich.
3. Ausgangseffekt: Ein Objekt verschwindet.
4. Animationspfad: Ein Objekt bewegt sich.

WISSEN

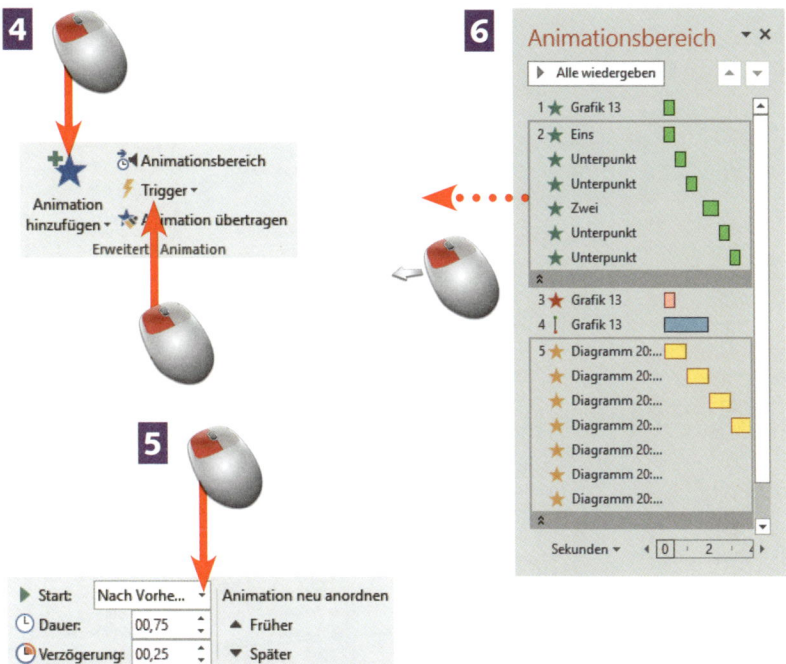

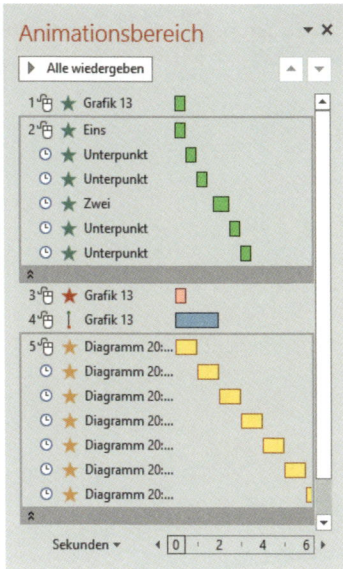

4 Ein *Trigger* ist ein Objekt, das durch Anklicken einen Animationseffekt startet, und mithilfe des Werkzeugs *Animation übertragen* kopieren Sie die vorhandenen Animationseffekte eines Objektes auf andere Objekte.

5 Ob ein Effekt manuell oder automatisch ausgelöst wird, wie lange er dauert und ob er sofort oder mit einer bestimmten Verzögerung ausgelöst wird, legen Sie in der Befehlsgruppe *Anzeigedauer* fest.

6 Per Voreinstellung ist der *Animationsbereich* etwas zu schmal und verschweigt deshalb auf der linken Seite die Informationen zur Startart. Verbreitern Sie ihn daher durch Ziehen des linken Randes mit gedrückter linker Maustaste am besten gleich um zwei bis drei Zentimeter.

Ende

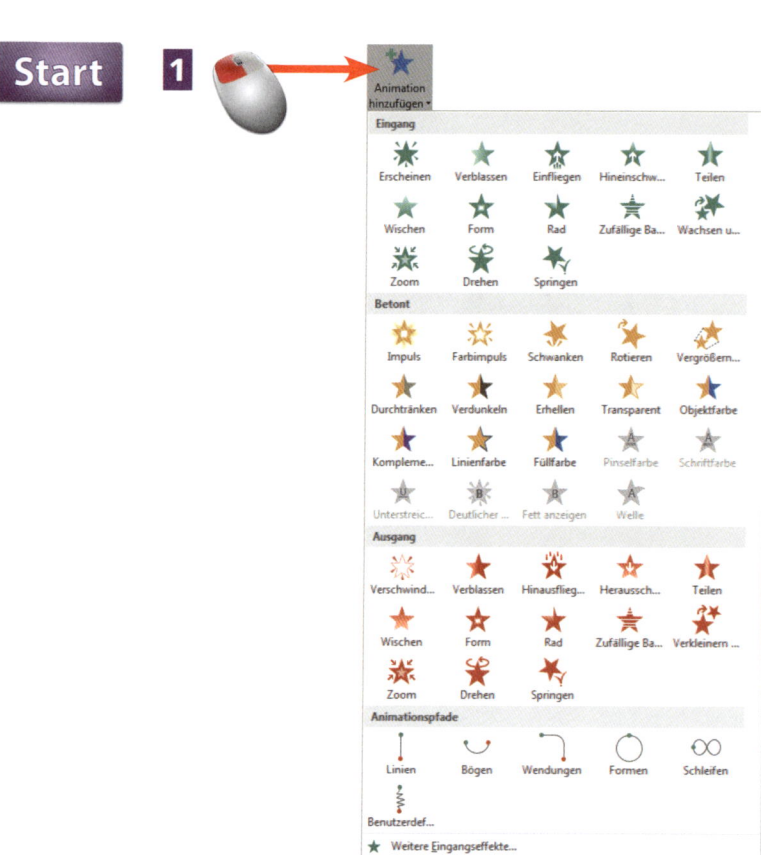

1 Klicken Sie das Objekt an, wählen Sie *Animation hinzufügen* und klicken Sie auf den gewünschten Animationseffekt.

2 Für eine größere Auswahl klicken Sie unten in der Liste auf *Weitere Eingangseffekte, Weitere Hervorhebungseffekte …*

Grundsätzlich ist das Prinzip »sieben auf einen Streich« (mehrere Objekte markieren und in einem Arbeitsgang bearbeiten) zwar richtig, aber Animationen sind die Ausnahme von dieser Regel. Weisen Sie den Objekten die Effekte besser einzeln und nacheinander zu. Auf diese Weise stellen Sie sicher, dass die Objekte in der gewünschten Reihenfolge animiert werden.

WISSEN

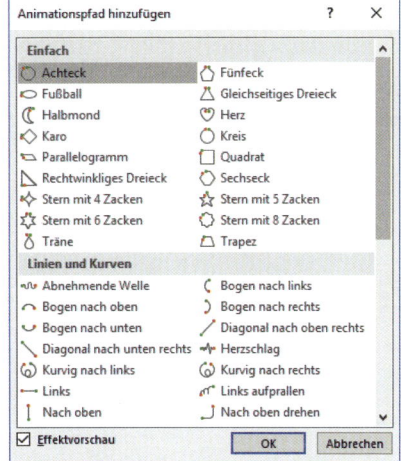

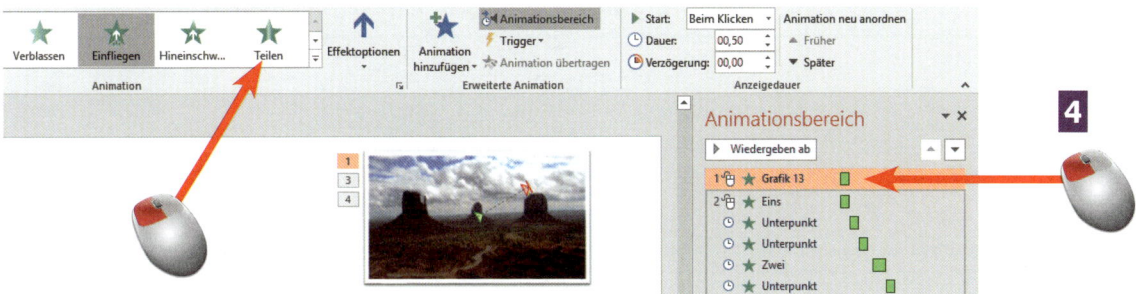

3 ... oder auf *Weitere Ausgangseffekte* oder *Weitere Animationspfade*.

4 Um einen Animationseffekt gegen einen anderen Effekt auszutauschen, klicken Sie den zu ändernden Effekt im *Animationsbereich* an und wählen anschließend in der Befehlsgruppe *Animation* den gewünschten Effekt.

Ende

HINWEIS

Sie können einem Objekt mehrere Animationseffekte zuweisen. Ein Beispiel: Produktbilder erscheinen der Reihe nach, pulsieren kurz, wandern an eine andere Stelle der Folie und verschwinden schließlich wieder von der Bildfläche.

TIPP

Achtung! Sobald Sie animierte Objekte gruppieren bzw. eine animierte Gruppe trennen, entfernt PowerPoint alle Animationseffekte dieser Objekte bzw. der Gruppe.

Start

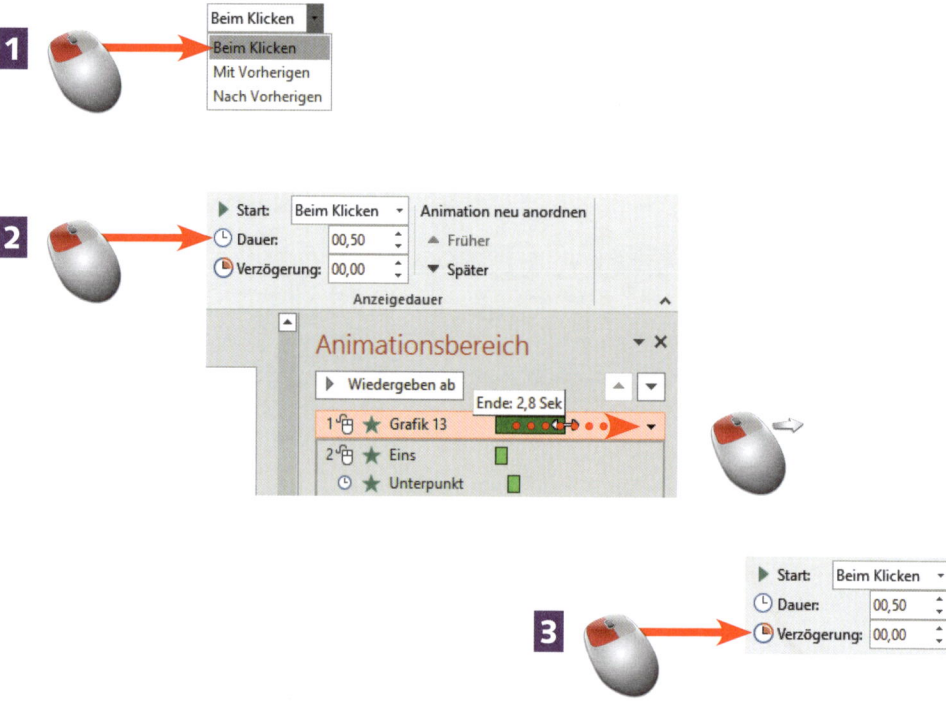

1 Zum Ändern der Startart klicken Sie im Animationsbereich auf den Effekt und wählen anschließend die gewünschte Startart aus dieser Liste.

2 Zum Ändern der Effektdauer klicken Sie im *Animationsbereich* auf den Effekt und wählen die gewünschte Zeit entweder über das Drehfeld *Dauer* oder Sie ziehen den die Dauer repräsentierenden grünen Balken mit gedrückter linker Maustaste auf die gewünschte Länge.

3 Um einen Effekt mit Verzögerung auszulösen, wählen Sie im Drehfeld *Verzögerung* die gewünschte Zeit.

Die Animationsreihenfolge ergibt sich aus der Reihenfolge, in der Sie die Objekte animieren. Animationseffekte werden per Voreinstellung manuell ausgelöst. Auf diesen Seiten lernen Sie, wie Sie nachträglich die Reihenfolge, die Dauer sowie den Auslösemechanismus (Startart) von Animationen ändern können.

WISSEN

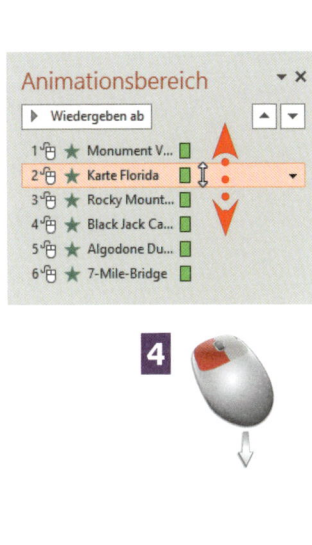

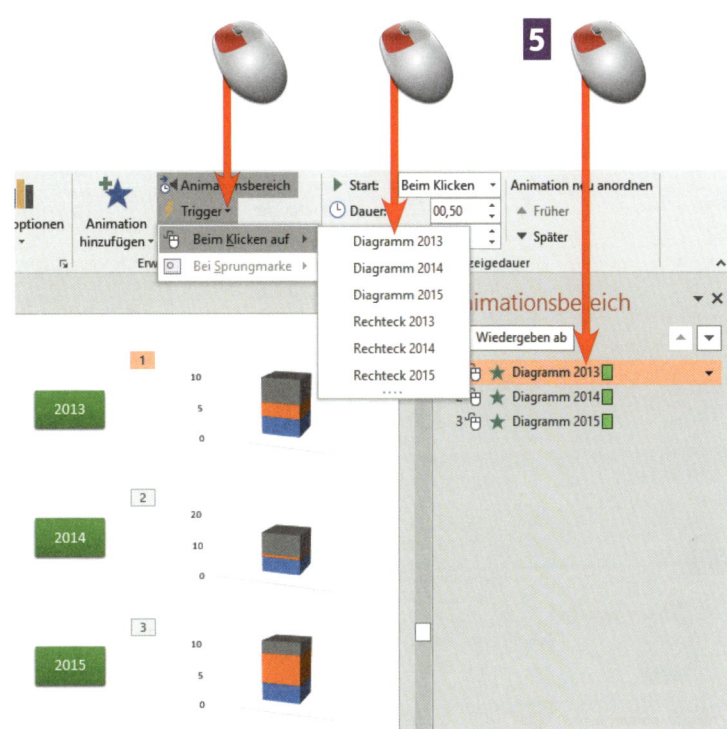

4 Zum Ändern der Animationsreihenfolge ziehen Sie im *Animationsbereich* den Effekt mit gedrückter linker Maustaste an die gewünschte Position.

5 In diesem Beispiel sollen Klicks auf die grünen Kästchen die bereits mit dem gewünschten Effekt versehenen Diagramme einblenden. Klicken Sie dazu im *Animationsbereich* auf den Effekt, danach im Register *Animationen* auf *Trigger* und wählen das gewünschte Triggerobjekt aus der Liste.

6 Per Rechtsklick auf einen Effekt im Animationsbereich öffnet sich ein Kontextmenü, mit dessen Hilfe Sie die *Effektoptionen* noch weiter verfeinern können.

Ende

Triggern bedeutet Auslösen eines vorhandenen Effekts durch Klicken auf ein beliebiges Objekt. Mithilfe von Triggern können Sie nicht nur die Reihenfolge von Effekten nach Belieben steuern, sondern auch spontan entscheiden, ein Objekt nicht einzublenden, indem Sie ein Triggerobjekt nicht anklicken. Mithilfe von Triggern können Sie also vorsorgen und eventuell benötigte Informationen im Bedarfsfall per Klick auf die Folie zaubern. Ergibt sich der Bedarf nicht, klicken Sie nicht.

Um einen Animationseffekt zu löschen, klicken Sie ihn im Animationsbereich an und drücken Entf.

HINWEIS

TIPP

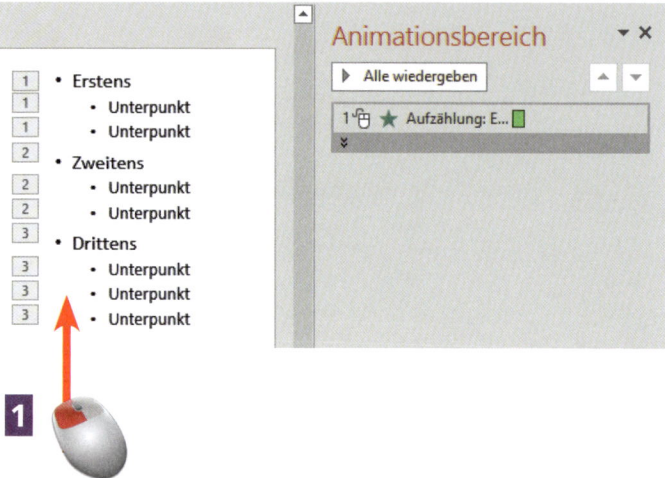

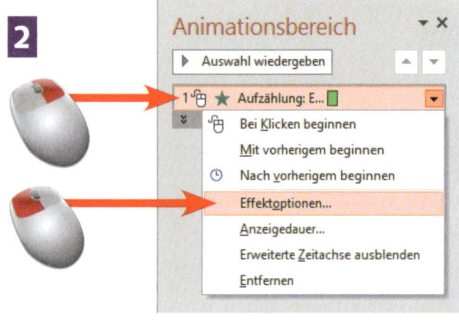

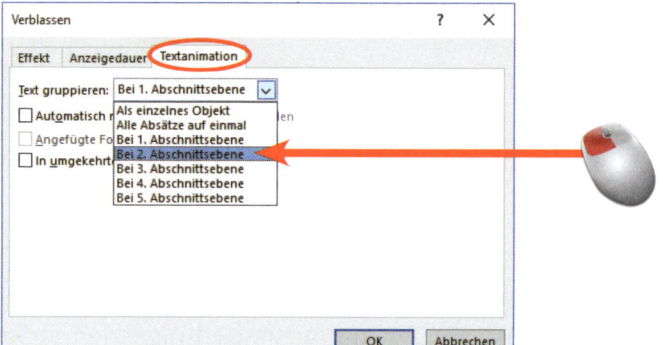

1 Aufzählung: Klicken Sie in ein beliebiges Wort, wählen Sie *Animation hinzufügen* und weisen Sie der Aufzählung den gewünschten Effekt zu.

2 Wenn Sie jeden Aufzählungspunkt einzeln animieren möchten, klicken Sie im *Animationsbereich* mit der rechten Maustaste auf den Effekt und wählen im Kontextmenü *Effektoptionen*. Im Dialogfenster *Effektoptionen* wechseln Sie zum Register *Textanimation* und wählen in der Liste *Text gruppieren* die gewünschte Ebene (Nr. 2 in diesem Beispiel).

Neben Textfeldern, Formen oder Bildern können Sie auch Text in Aufzählungsplatzhaltern sowie Diagramme und SmartArt-Grafiken animieren. Schlichtes Ein- oder Ausblenden ist zwar einfach, aber wenig wirkungsvoll. Interessant wird's erst beim Feintuning.

WISSEN

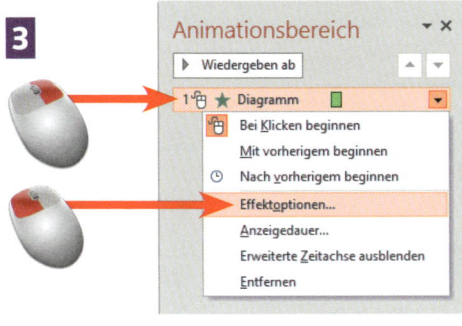

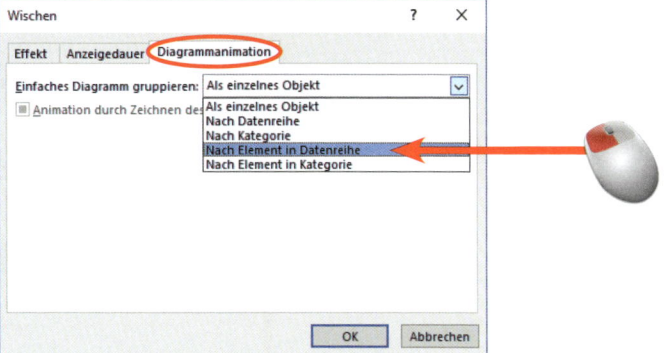

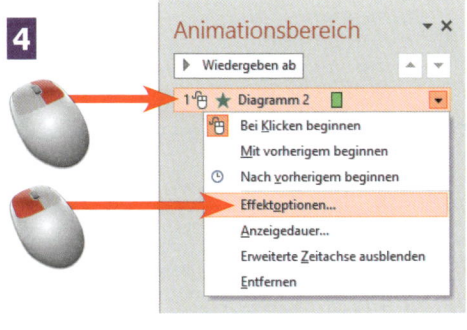

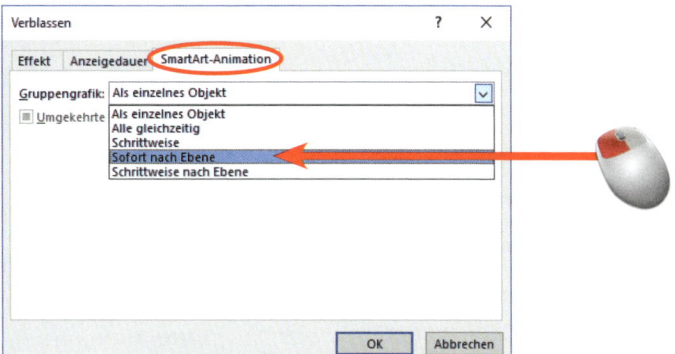

3 Für das Feintuning einer Diagrammanimation klicken Sie im Animationsbereich mit der rechten Maustaste auf den Effekt und wählen im Kontextmenü *Effektoptionen*. Im Dialogfenster *Effektoptionen* wechseln Sie zum Register *Diagrammanimation* und wählen die gewünschte Variante.

4 Bei SmartArt-Grafiken gehen Sie analog vor. Lassen Sie sich dabei nicht davon irritieren, dass im Animationsbereich *Diagramm* statt *SmartArt-Grafik* angezeigt wird.

Ende

Für das Einblenden von Text und Objekten empfehle ich den Effekt *Verblassen*. Von (fast) allen anderen Effekten rate ich ab. Faustregel: je zappeliger der Effekt, desto ungünstiger die Wirkung.

TIPP

Für Säulendiagramme eignet sich der Effekt *Wischen* in Kombination mit der Effektoption *von unten*. Die Säulen »wachsen« dann aus dem Boden. Für Balken- und Liniendiagramme passt *Wischen/von links*.

TIPP

Per Voreinstellung animiert PowerPoint in Aufzählungsplatzhaltern nach dem Zuweisen eines Animationseffektes nur die Absätze der »Gliederungsebene Eins« samt allen untergeordneten Gliederungsebenen. Wie hier gezeigt, lässt sich das über die Effektoptionen verfeinern.

HINWEIS

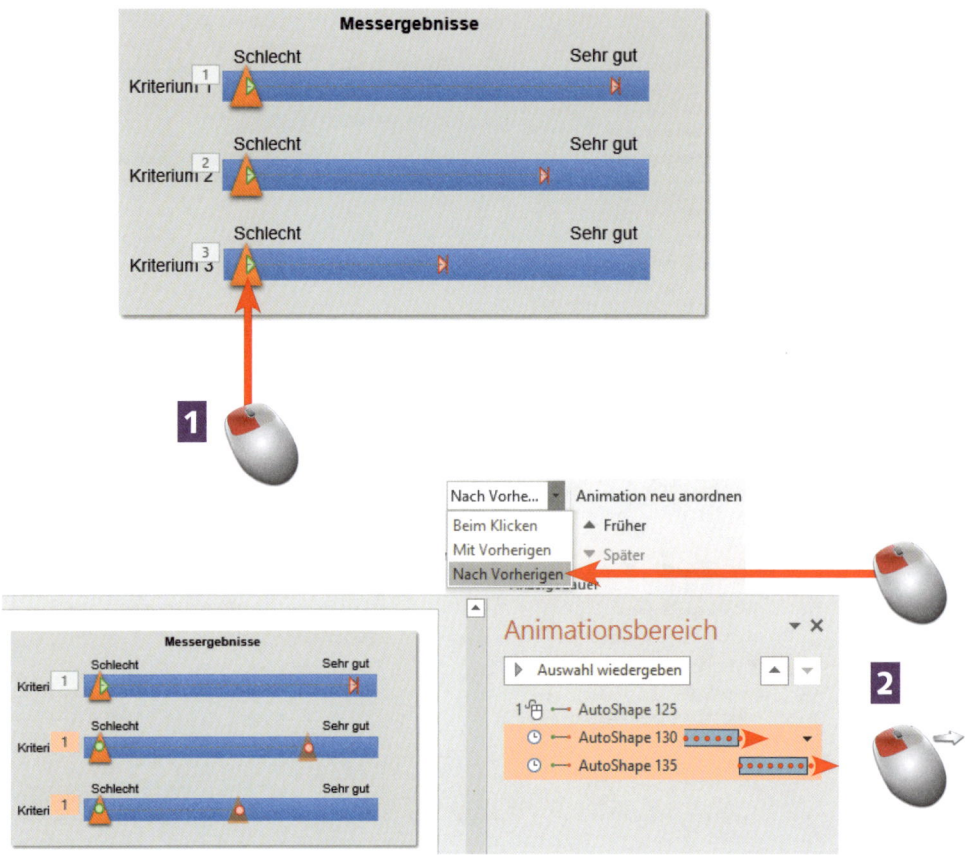

1 Dieses Beispiel zeigt Messergebnisse. Den Dreiecken habe ich Animationspfade unterschiedlicher Länge zugewiesen. Per Mausklick setzen sich die Dreiecke in Bewegung und wandern zum Ende des jeweiligen Animationspfades.

2 Um die Dreiecke automatisch und nacheinander in Bewegung zu setzen, markieren Sie die Effekte Nummer 2 und 3 und wählen *Start/Nach Vorherigen*. Effekt Nummer 1 bleibt »manuell«.

Wenn Sie eine Reihe von Animationseffekten nicht manuell, sondern automatisch auslösen möchten, können Sie zwischen zwei Varianten wählen: Entweder Sie erzeugen eine Animationskette, bei der die Effekte automatisch nacheinander ausgelöst werden. Stellen Sie sich das vor wie eine Kette von Dominosteinen; sobald Sie den ersten Stein umkippen, löst das die Kettenreaktion aus. Oder Sie sorgen dafür, dass eine Aktion mehrere Effekte gleichzeitig auslöst.

WISSEN

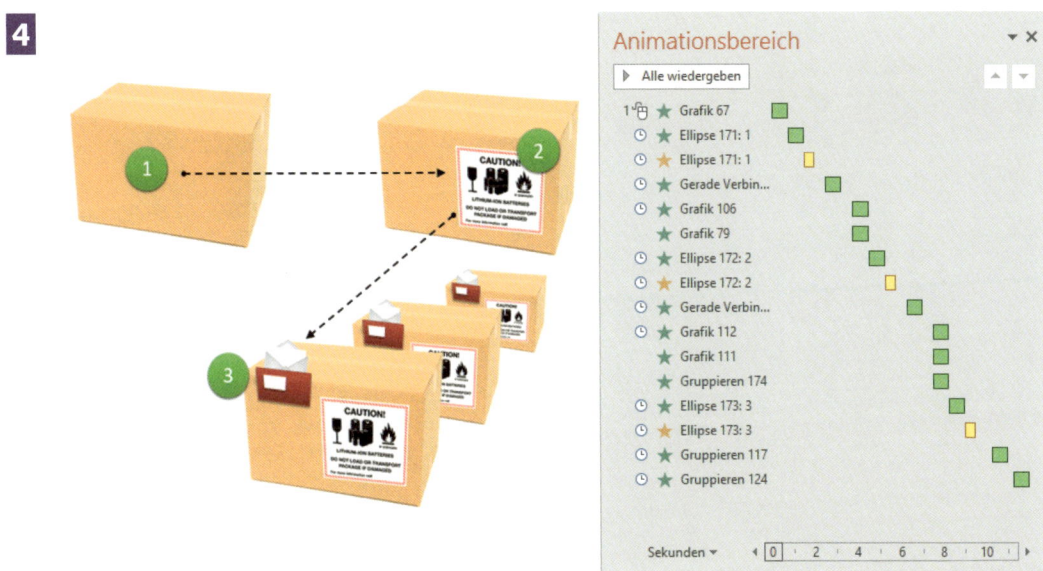

3 Um mit einem einzigen Klick alle Dreiecke gleichzeitig in Bewegung zu setzen, wählen Sie für die Effekte Nummer 2 und 3 *Start/Mit Vorherigen*.

4 Hier sehen Sie ein Beispiel für eine etwas komplexere Animationskette, die nach einem Klick die Folie vollautomatisch aufbaut.

Ende

TIPP	TIPP	HINWEIS
Um mehrere Effekte zu markieren, klicken Sie diese im Animationsbereich der Reihe nach mit gedrückter Strg-Taste an.	Bei komplexen Animationen ziehen Sie den Animationsbereich am besten auf maximale Breite.	Sollte die Zeitachse ganz unten im Animationsbereich nicht angezeigt werden, klicken Sie einen beliebigen Effekt im Animationsbereich mit der rechten Maustaste an und wählen *Erweiterte Zeitachse anzeigen*. Links neben der Zeitachse können Sie nach einem Klick auf *Sekunden* den Zoomfaktor (Zeitskala) vergrößern bzw. verkleinern.

Hyperlinks

9

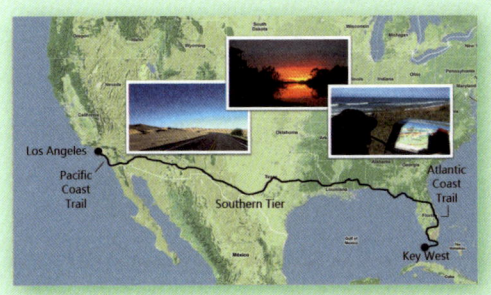

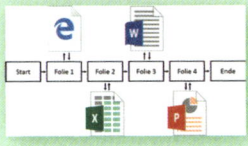

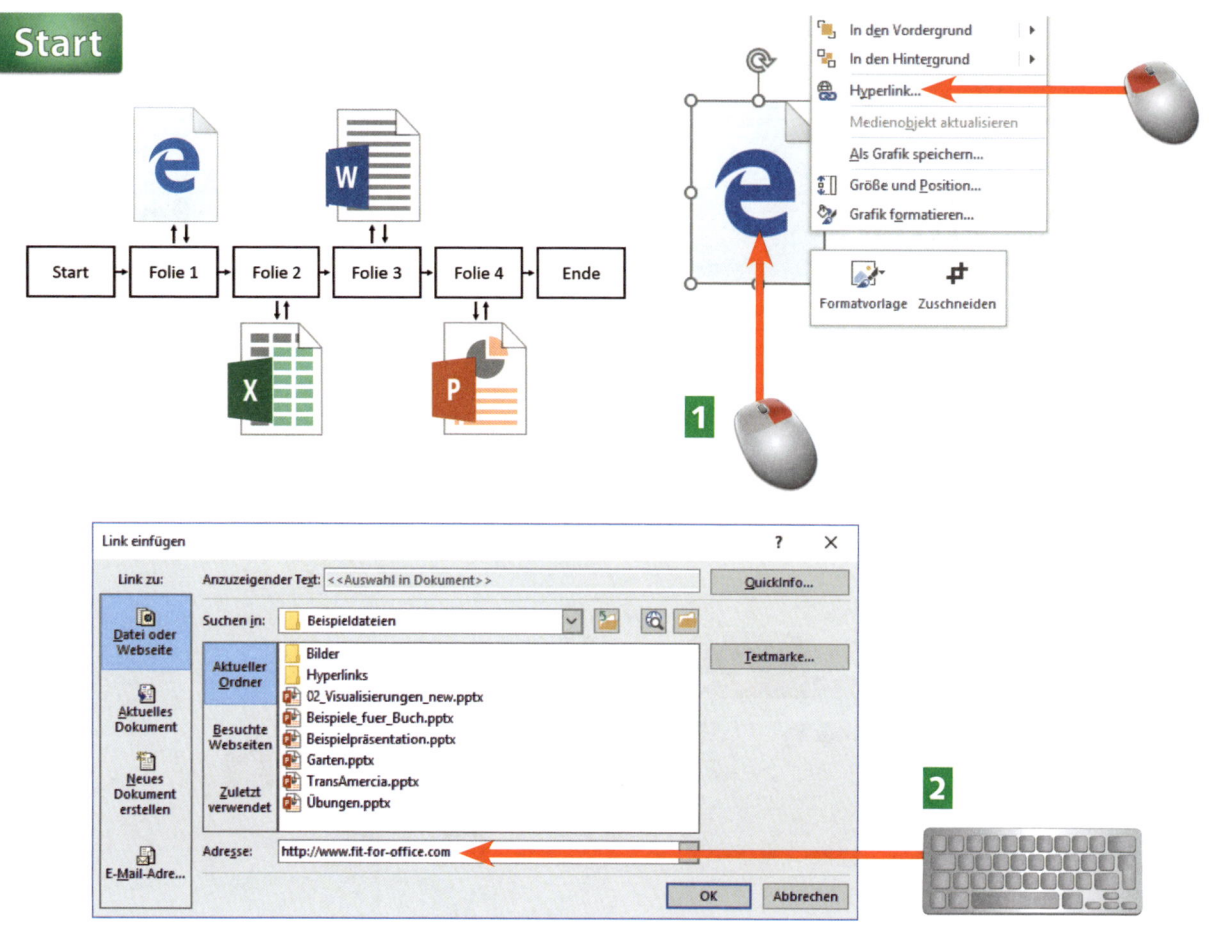

1 Für einen Hyperlink ins Internet klicken Sie das Hyperlinkobjekt auf der Folie mit der rechten Maustaste an und wählen im Kontextmenü den Befehl *Hyperlink*.

2 Im Dialogfenster *Link einfügen* tippen Sie im Feld *Adresse* die URL ein und klicken auf *OK*.

Eine Präsentation ohne Hyperlinks ist wie eine Bahnstrecke: Unterbrochen von kurzen Aufenthalten geht es wie auf Schienen immer geradeaus vom Start bis zum Ziel. Hyperlinks sind Weichen und ermöglichen Abzweigungen. Obwohl Sie mithilfe von Hyperlinks während der Präsentation zwischen verschiedenen Programmen, Internetseiten und anderen Präsentationen hin- und herwechseln, bleibt das Gesamtkunstwerk aus Sicht Ihres Publikums doch eine einzige zusammenhängende Präsentation.

WISSEN

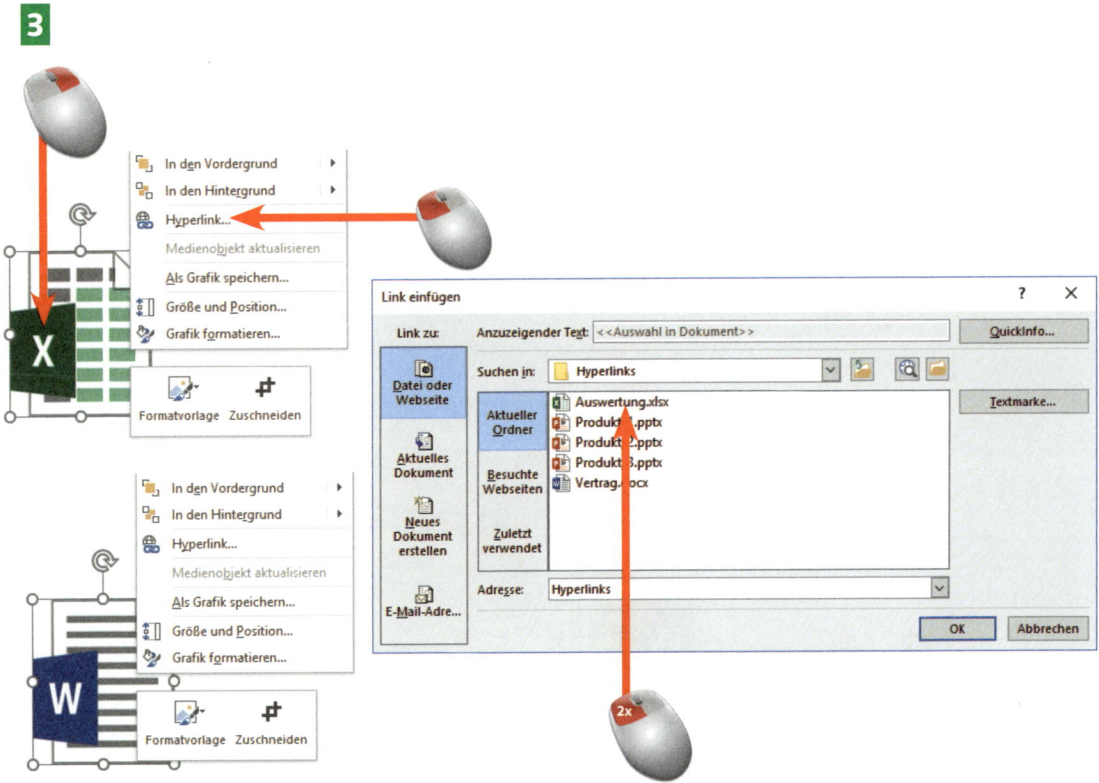

3 Für einen Hyperlink zu einer Office-Datei gehen Sie analog vor: erst das Hyperlinkobjekt mit der rechten Maustaste anklicken, im Kontextmenü *Hyperlink* wählen und im Dialogfenster *Link einfügen* die gewünschte Datei doppelklicken.

4 Wechseln Sie in den Präsentationsmodus, z. B. mit ⇧+F5, und klicken Sie zum Test der Reihe nach auf die Hyperlinkobjekte.

Hyperlinks funktionieren nur im Präsentationsmodus. Ein Klick auf das Objekt löst anschließend die von Ihnen festgelegte Aktion aus. Ein solches Objekt, dem ein Hyperlink zugewiesen werden soll bzw. zugewiesen wurde, nenne ich »Hyperlinkobjekt«.

HINWEIS

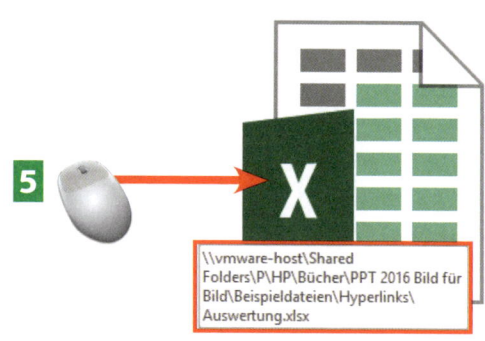

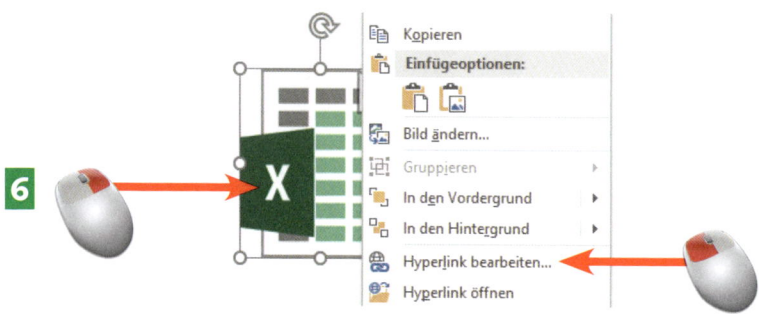

5 Im Präsentationsmodus erscheinen beim Zeigen auf ein Hyperlinkobjekt die Pfade zum jeweiligen Ziel.

6 Um benutzerdefinierte Informationen anzuzeigen, klicken Sie das Hyperlinkobjekt auf der Folie mit der rechten Maustaste an und wählen im Kontextmenü *Hyperlink bearbeiten*.

URL ist die Abkürzung für **U**niform **R**esource **L**ocator und bezeichnet – vereinfacht gesagt – eine Internetadresse, z. B. *http://www.fit-for-office.com*.

WISSEN

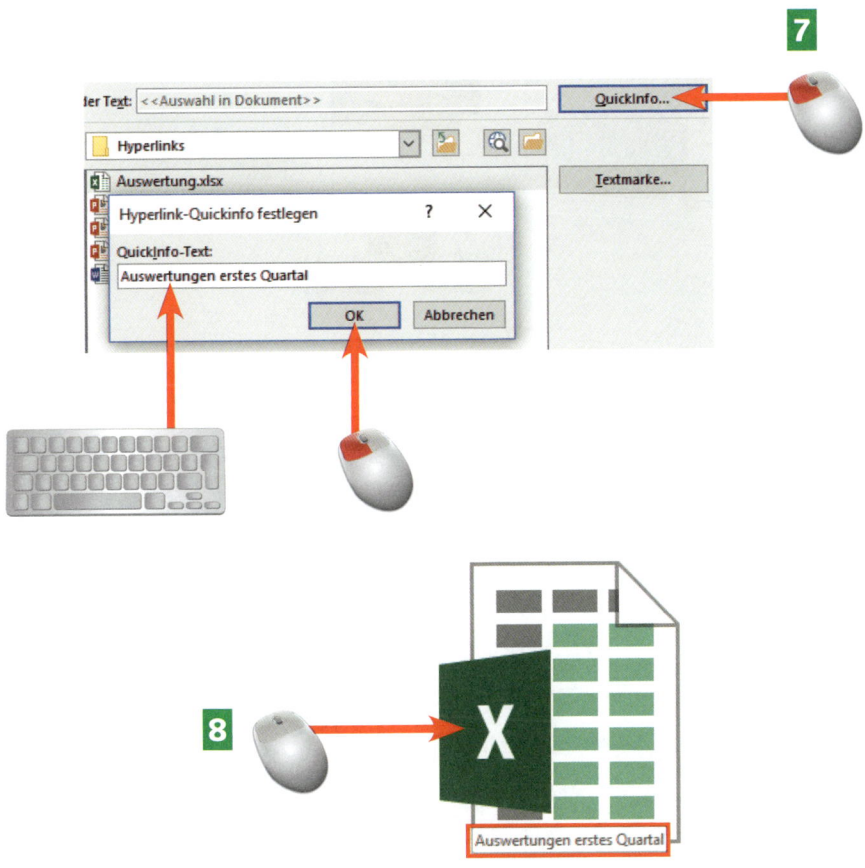

7 Klicken Sie im Dialogfenster *Link einfügen* auf *QuickInfo*, tippen Sie den gewünschten Text ein und bestätigen Sie mit *OK*.

8 Ab jetzt erscheint im Präsentationsmodus beim Zeigen mit der Maus auf das Hyperlinkobjekt der von Ihnen eingegebene Text.

Ende

Lange URLs kopieren Sie am besten direkt aus dem Browser mit Strg+C in die Zwischenablage und fügen sie anschließend mit Strg+V ins Adressfeld ein.

TIPP

Start

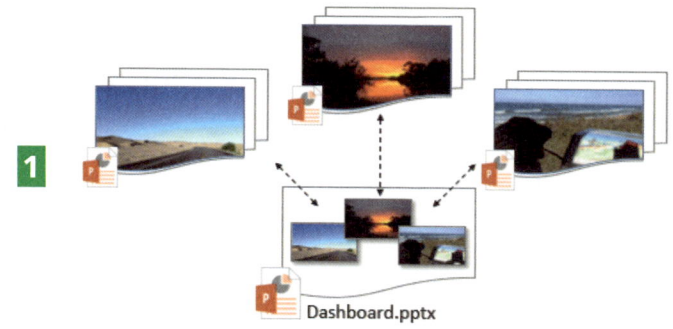

Dashboard.pptx

1 So sieht das – für dieses Beispiel vereinfachte – Szenario aus: Von der Dashboard-Präsentation verzweigen Hyperlinks zu den einzelnen Teilpräsentationen.

2 In der *Dashboard.pptx* (oder wie auch immer Sie diese aus einer einzigen Folie bestehende Präsentation nennen) erzeugen Sie die Hyperlinkobjekte. Ich verwende für dieses Beispiel drei Bilder.

Sie sollen Ihrem Publikum in der Präsentation verschiedene Themen, Produkte, Lösungen, Auswertungen etc. vorstellen, aber Sie möchten die Reihenfolge dieser Themen an den Wünschen des Publikums orientieren. Dann erstellen Sie statt einer Gesamtpräsentation mehrere kurze Teilpräsentationen, ergänzt durch die »Dashboard-Präsentation«. Diese besteht aus einer einzigen Folie mit Hyperlinks zu den Teilpräsentationen. Das klingt aufwendiger und komplizierter, als es ist, Ihre Vorträge werden bei minimalem Zusatzaufwand wesentlich flexibler, interaktiver und zielgruppenorientierter.

WISSEN

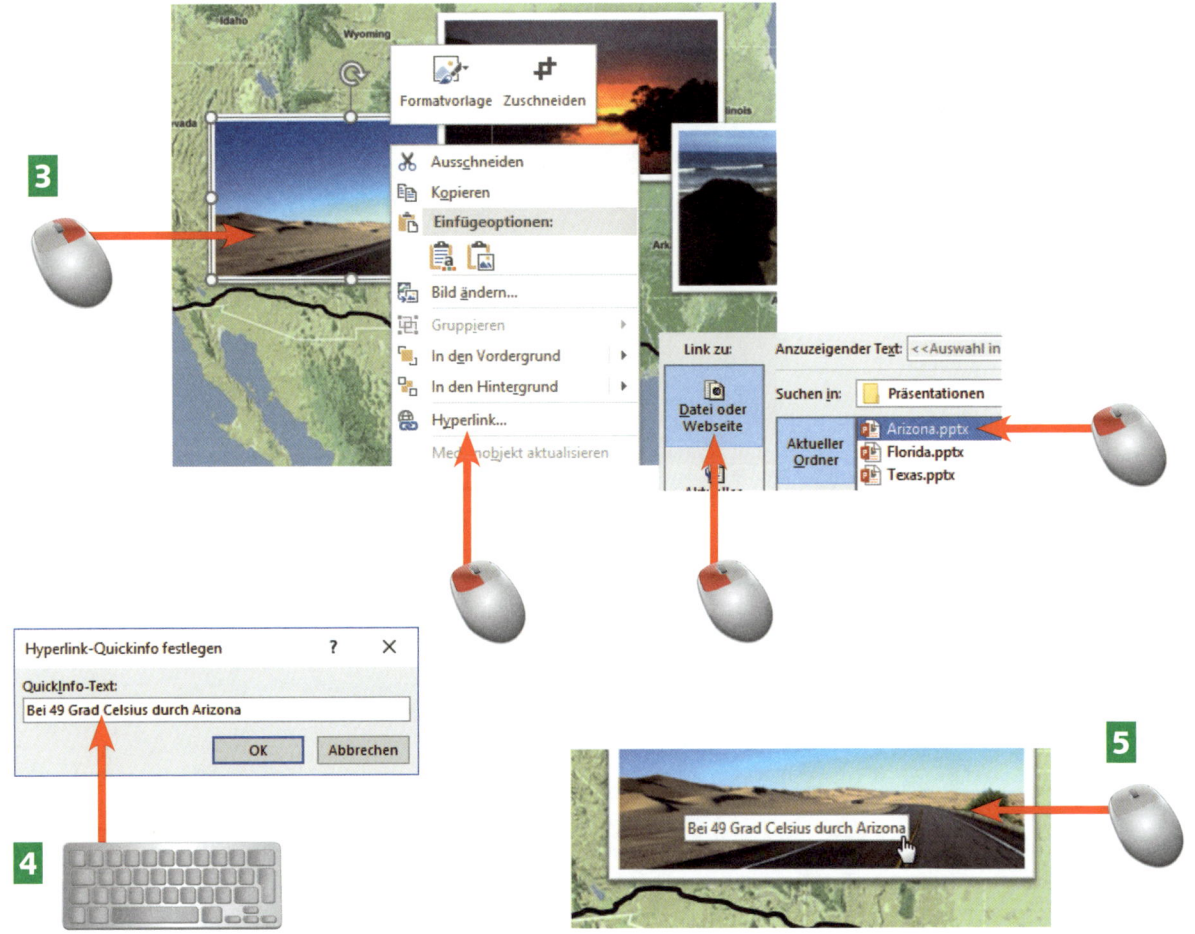

3 Weisen Sie den Hyperlinkobjekten wie gezeigt der Reihe nach per Rechtsklick die Hyperlinks zu den Zielpräsentationen zu.

4 Bei Bedarf erstellen Sie wie gezeigt eine benutzerdefinierte QuickInfo.

5 Wechseln Sie in den Präsentationsmodus und testen Sie die Hyperlinks.

Ende

Der schnellste Weg zum Dialogfenster *Link einfügen* führt über Strg+K.

Nach der letzten Folie einer Zielpräsentation kehrt PowerPoint automatisch zur Dashboard-Präsentation zurück, unter zwei Bedingungen: Die Präsentation war beim Klick auf den Hyperlink geschlossen und das Häkchen vor *Mit schwarzer Folie beenden* ist entfernt. Falls Sie mitten in einer Teilpräsentation zur Dashboard-Präsentation zurück möchten, drücken Sie Esc.

Sofern noch nicht geschehen, entfernen Sie mit *Datei/Optionen/Erweitert/ Bildschirmpräsentation* das Häkchen vor *Mit schwarzer Folie beenden*. Ansonsten verkündet nach der letzten Folie einer Teilpräsentation besagte schwarze Folie zum völlig falschen Zeitpunkt das Ende der Präsentation.

TIPP **TIPP** **HINWEIS**

Start

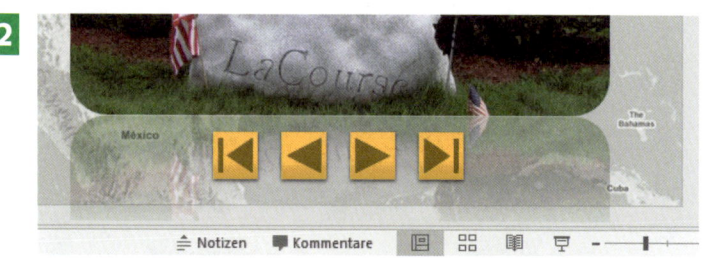

1 Öffnen Sie die Formenliste und fügen Sie die gewünschten Schaltflächen ein.

2 Formatieren und positionieren Sie die Schaltflächen wie gewünscht.

3 Kopieren Sie die Schaltflächen und fügen Sie sie auf jeder Folie ein.

PowerPoint stellt in der Auswahlliste der Formen auch **interaktive Schaltflächen** zur Verfügung, die bereits mit Hyperlinks vorbelegt sind. In Kombination mit dem Kiosk-Modus können Sie Präsentationen für Messen oder Ausstellungen so präparieren, dass sich Ihre Kunden nach Herzenslust durch die Folien klicken dürfen, dabei aber die Präsentation weder beenden noch bearbeiten können.

WISSEN

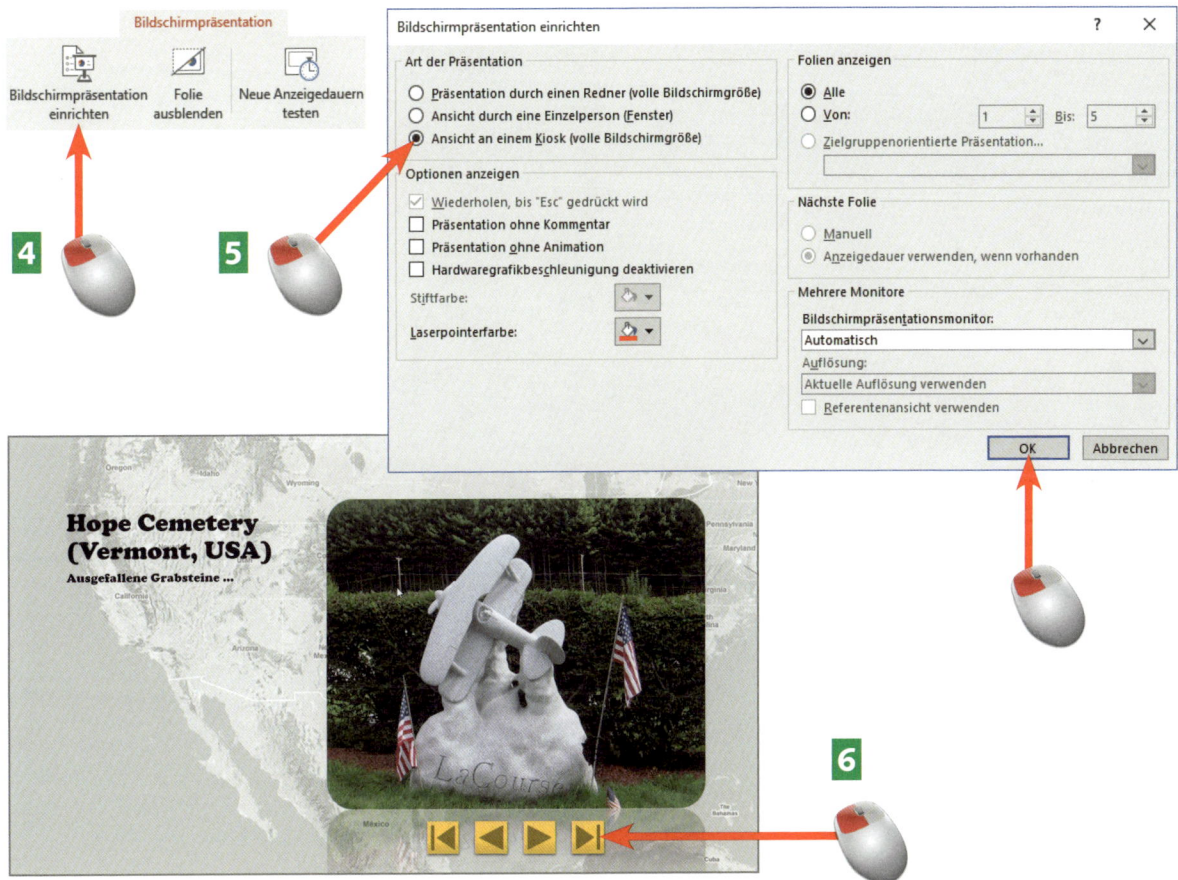

4 Wechseln Sie zum Register *Bildschirmpräsentation* und klicken Sie auf *Bildschirm-präsentation einrichten*.

5 Wählen Sie im Dialogfenster *Bildschirmpräsentation einrichten* die Option *Ansicht an einem Kiosk (volle Bildschirmgröße)* und klicken Sie auf *OK*.

6 Testen Sie das Ergebnis im Präsentationsmodus. Vor- und Zurückblättern ist jetzt nur noch durch Klicken auf die Schaltflächen möglich.

Ende

In diesem Beispiel füge ich die inter-aktiven Schaltflächen nur deshalb auf jeder einzelnen Folie ein, weil das Thema »Folienmaster« erst später in diesem Buch erklärt wird. Aber machen Sie sich schon an dieser Stelle eine Notiz, dass interaktive Schaltflächen in den Folienmaster gehören.

Sobald Sie den Kiosk-Modus einschalten, setzt PowerPoint ungefragt auch das Häkchen für die »Endlosschleife«: Nach der letzten Folie beginnt die Präsentation wieder von vorne. Dieses Spiel geht so lange, bis jemand [Esc] drückt. Wenn Sie – was auf Messen ratsam ist – die Tastatur entfernen bzw. dem Zugriff des Anwenders entziehen, gibt es keine Taste [Esc] mehr und niemand kann die Präsentation versehentlich schließen.

HINWEIS   **TIPP**

Audio und Video

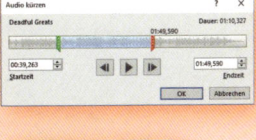

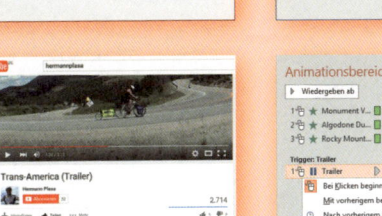

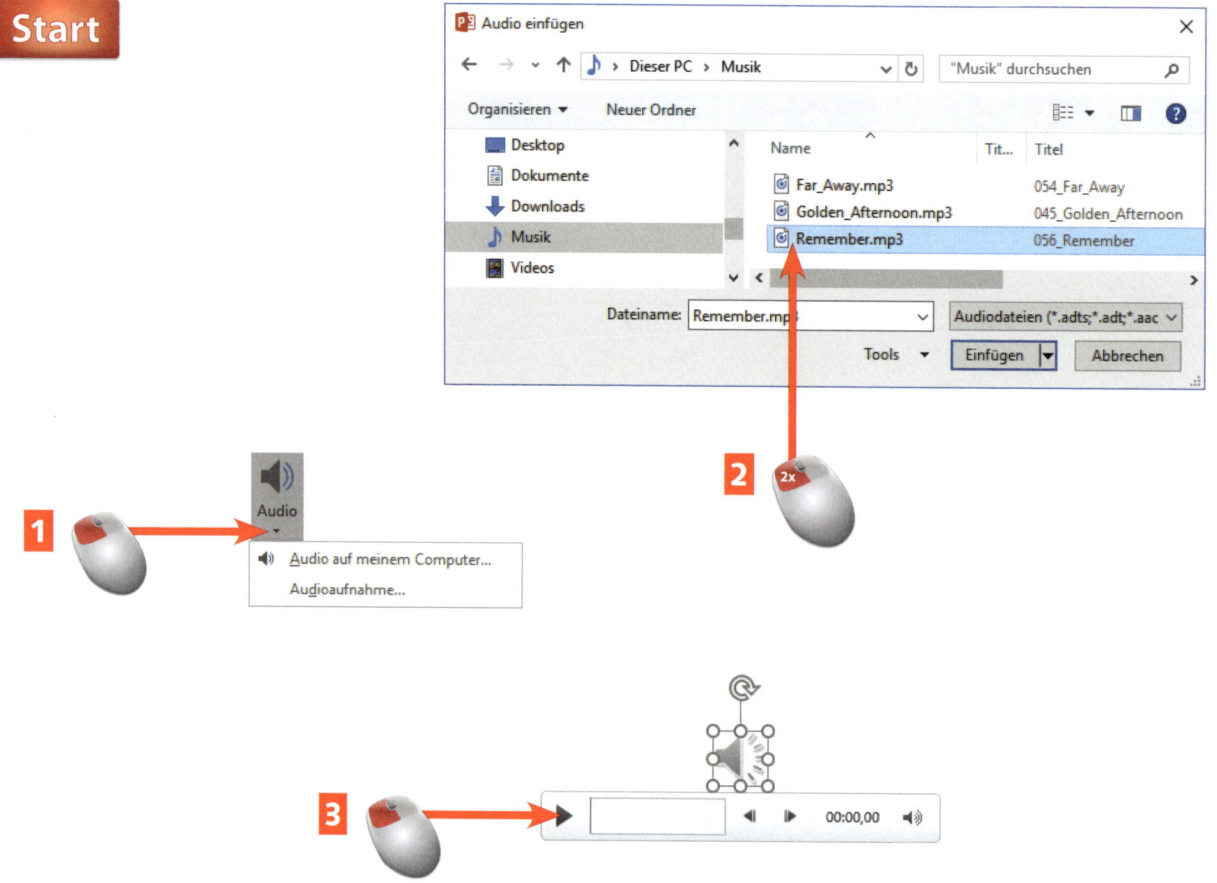

1. Klicken Sie im Register *Einfügen* auf *Audio/Audio einfügen*.

2. Suchen Sie die gewünschte Datei und doppelklicken Sie darauf.

3. Auf der Folie erscheint nun ein Lautsprechersymbol mit Steuerungsleiste. Um die Audiodatei in der Normalansicht zum Test abzuspielen, klicken Sie auf das Wiedergabe-Symbol in der Steuerungsleiste.

PowerPoint bettet auch Audiodateien in die Präsentation ein. Mit anderen Worten: Die Präsentationsdatei wächst nach dem Einfügen eines Videos schlagartig um die Größe der Audiodatei. PowerPoint 2016 unterstützt die Audioformate AIFF, AU, MID/MIDI, MP3, M4A, MP4, WAV, WMA.

WISSEN

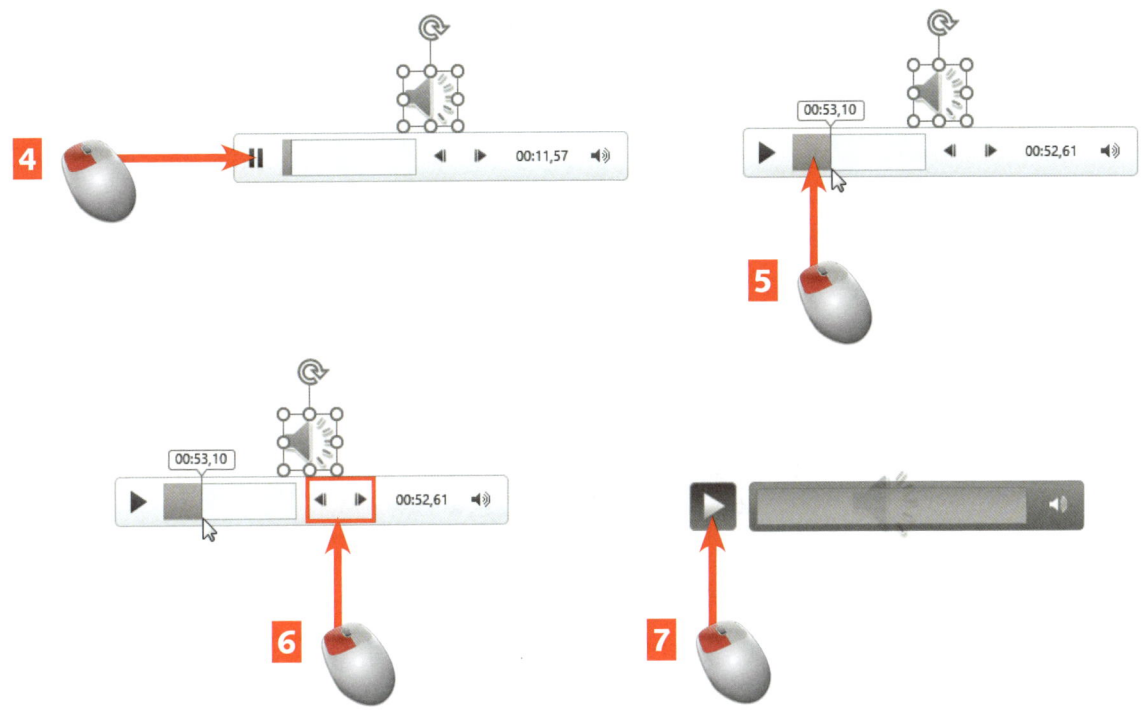

4 Während des Abspielens verwandelt sich das Wiedergabe-Symbol in das Pause-Symbol.

5 Ein Klick in die Steuerungsleiste positioniert die Abspielmarke an dieser Stelle.

6 Mithilfe der beiden Pfeilsymbole klicken Sie sich in Intervallen von 0,25 Sekunden vorwärts bzw. rückwärts durch die Audiodatei.

7 Das Lautsprechersymbol ist auch im Präsentationsmodus zu sehen, und die Steuerungs-leiste legt sich davor, sobald Sie auf den Lautsprecher zeigen. Zum Abspielen klicken Sie wie gehabt auf das Wiedergabe-Symbol.

Ende

Mit [Alt]+[↑] bzw. [Alt]+[↓] erhöhen bzw. verringern Sie während der Wiedergabe im Präsentationsmodus die Lautstärke.

Statt der kleinen Pfeile können Sie sich auch mit [Alt]+[⇧]+[→] bzw. [Alt]+[⇧]+[←] in 0,25-Sekunden-Intervallen durch die Audiodatei klicken.

Wenn Sie mit Audiodateien arbeiten, sollten Sie vorsorglich im Register *Animationen* den *Animationsbereich* einblenden.

TIPP　　　　**TIPP**　　　　**HINWEIS**

Start

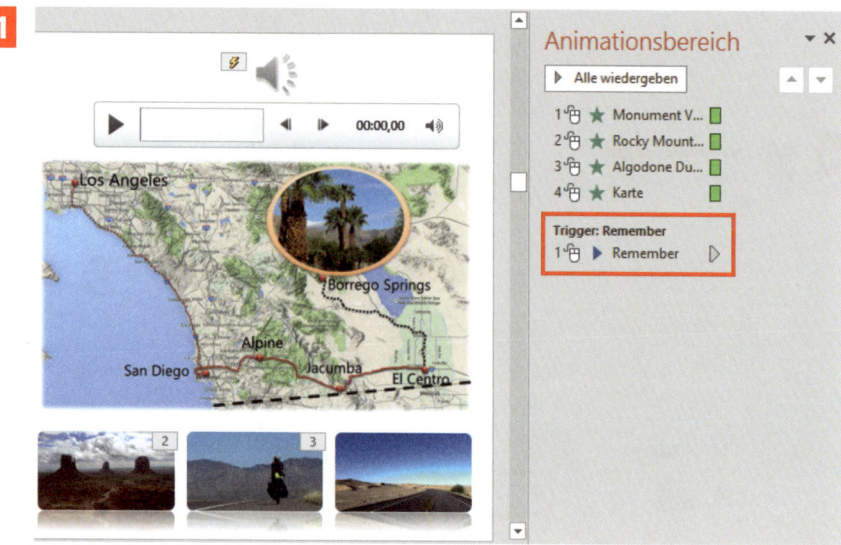

1 Diese Beispielfolie enthält vier animierte Grafiken und eine Audiodatei. Wie Sie sehen, ist im *Animationsbereich* die Audiodatei mit dem Namen *Remember* von den darüber angezeigten animierten Grafiken getrennt. Über dem Audioeffekt steht *Trigger*, gefolgt vom Namen der Audiodatei.

2 Um die Audiodatei zum »Teil der Klickreihenfolge« zu machen, verschieben Sie den Audioeffekt im Animationsbereich mit gedrückter linker Maustaste nach oben an die gewünschte Position.

Per Voreinstellung müssen Sie im Präsentationsmodus wie eben beschrieben die Audiodatei durch Anklicken starten. Aber PowerPoint kann auch anders. Im Folgenden lernen Sie die Varianten »Teil der Klickreihenfolge« und »Triggerobjekt« kennen.

WISSEN

3

 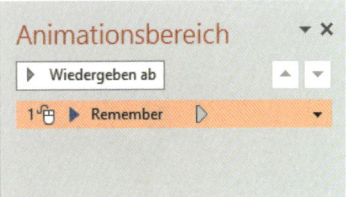

4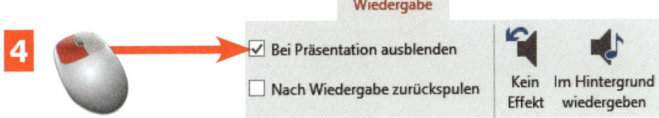

3 Die Verwandlung in einen »Teil der Klickreihenfolge« durch Ziehen des Effektes mit gedrückter linker Maustaste funktioniert auch dann, wenn keine weiteren Animations-effekte vorhanden sind.

4 Blenden Sie im Präsentationsmodus das nun überflüssig gewordene Lautsprechersymbol aus. Klicken Sie es dazu in der Normalansicht an und setzen Sie im Register *Wiedergabe* der Audiotools das Häkchen vor *Bei Präsentation ausblenden*.

Im Gegensatz zum »Teil der Klickreihen-folge« ist es beim getriggerten Audio allein Ihre Entscheidung, wann bzw. ob Sie die Audiodatei abspielen.

HINWEIS

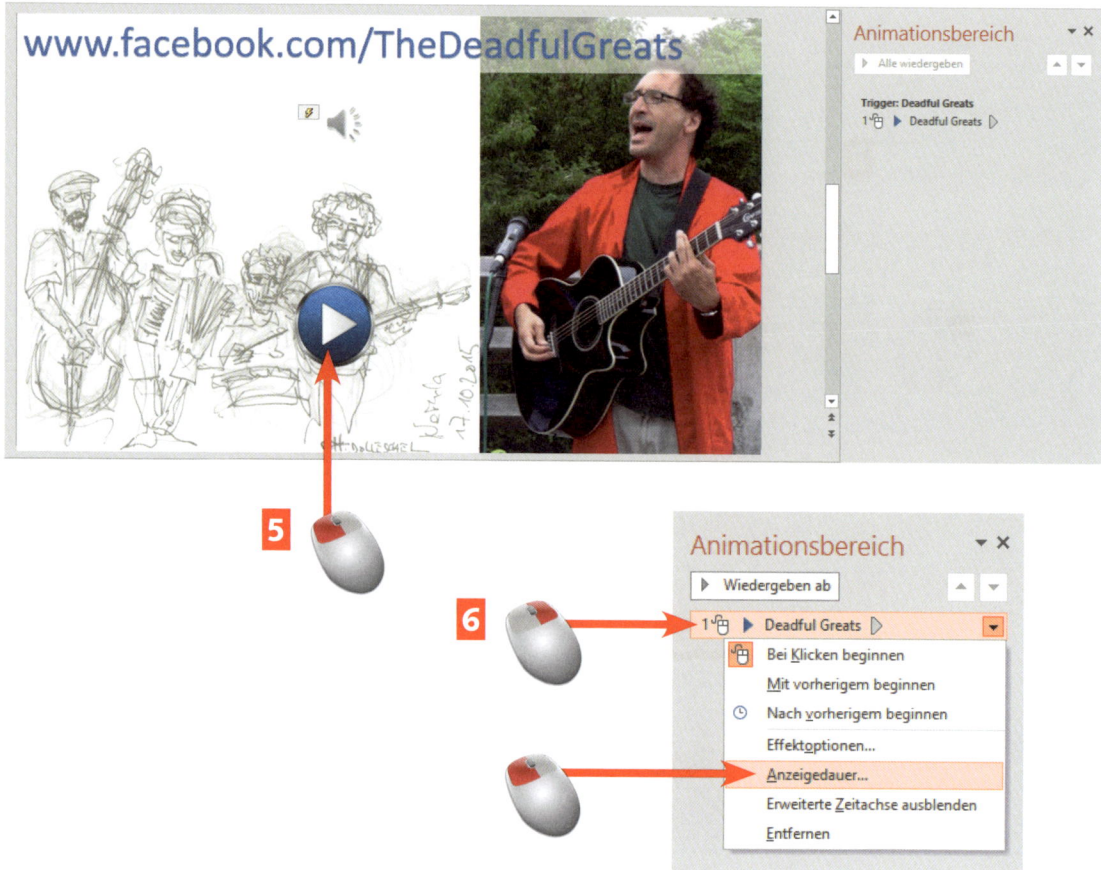

5 Alternativ zum »Teil der Klickreihenfolge« können Sie eine Audiodatei auch durch einen Klick auf ein Triggerobjekt starten. In diesem Beispiel übernimmt der blaue Play-Button die Rolle des Triggerobjektes.

6 Klicken Sie im *Animationsbereich* den Audioeffekt mit der rechten Maustaste an und wählen Sie im Kontextmenü *Anzeigedauer*.

Auch bei getriggerten Audiodateien sollten Sie das Lautsprechersymbol während der Präsentation ausblenden.

WISSEN

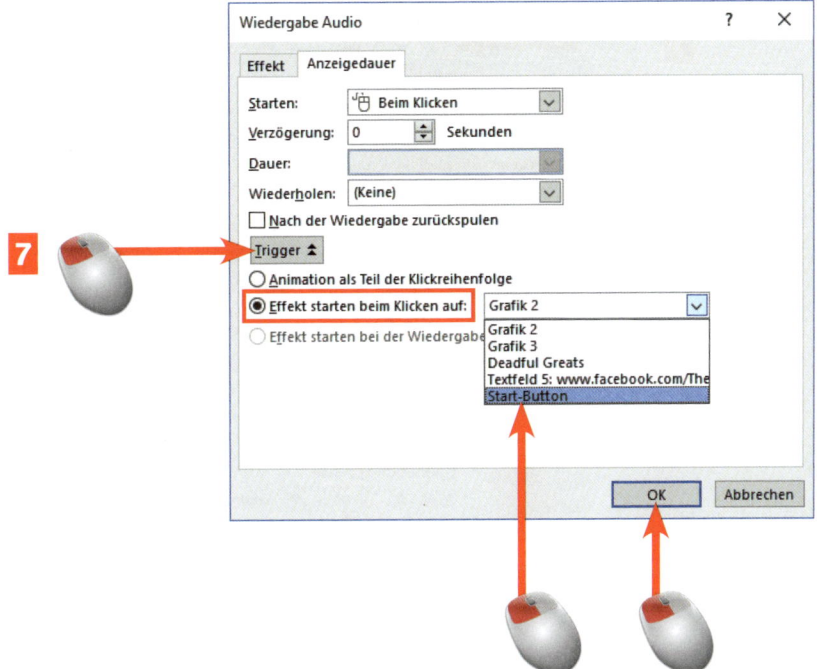

7 Klicken Sie im Dialogfenster *Wiedergabe Audio* auf *Trigger*, wählen Sie aus der Liste *Effekt starten beim Klicken auf* das gewünschte Triggerobjekt und klicken Sie abschließend auf *OK*.

Ende

Falls Sie im Dialogfenster *Wiedergabe Audio* unterhalb der Schaltfläche *Trigger* die oben abgebildeten Optionen sehen, können Sie das gewünschte Triggerobjekt wie gezeigt wählen. Sollten sie ausgeblendet sein, ändern Sie das durch einen Klick auf die Schaltfläche *Trigger*.

HINWEIS

Start

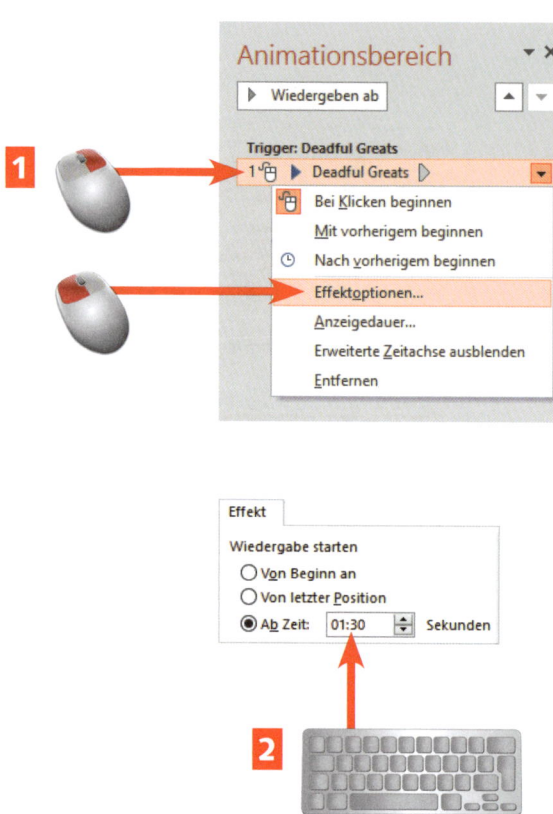

1 Um eine Audiodatei ab einem bestimmten Zeitpunkt abzuspielen, klicken Sie den Audio-effekt im *Animationsbereich* mit der rechten Maustaste an und wählen im Kontextmenü *Effektoptionen...*

2 Geben Sie den gewünschten Startzeitpunkt in »Minuten:Sekunden« ein.

Per Voreinstellung wird eine Audiodatei einmal abgespielt. Beim Folien-wechsel bricht PowerPoint eine noch nicht zu Ende abgespielte Audio-datei gnadenlos ab. Hier erfahren Sie, wie Sie eine Audiodatei ab einer bestimmten Stelle starten, kürzen oder über mehrere Folien hinweg abspielen können.

WISSEN

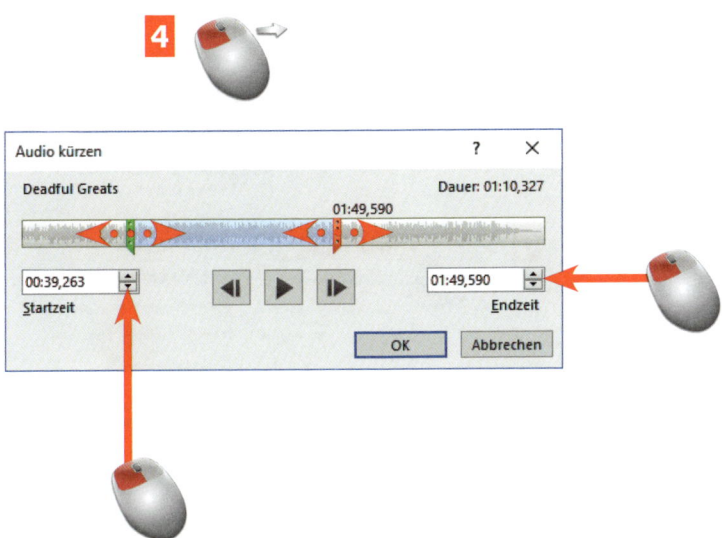

3 Um eine Audiodatei zu kürzen, klicken Sie das Lautsprechersymbol auf der Folie an, wechseln zur Registerkarte *Wiedergabe* und klicken auf *Audio beschneiden*.

4 Positionieren Sie im Dialogfenster *Audio kürzen* den grünen und roten Schieberegler für die Start- bzw. Endzeit ungefähr an den gewünschten Stellen. Für das Feintuning verwenden Sie anschließend die Drehfelder.

Denken Sie immer daran, dass Audiodateien dem Urheberrecht unterliegen. Das in Deutschland vorhandene Recht der Privatkopie ist zwar eine Ausnahme von dieser Regel, gilt aber nur für den privaten Gebrauch ohne Erwerbszweck. Die Verbreitung oder Veröffentlichung des kopierten Werkes bleibt in jedem Fall verboten.

HINWEIS

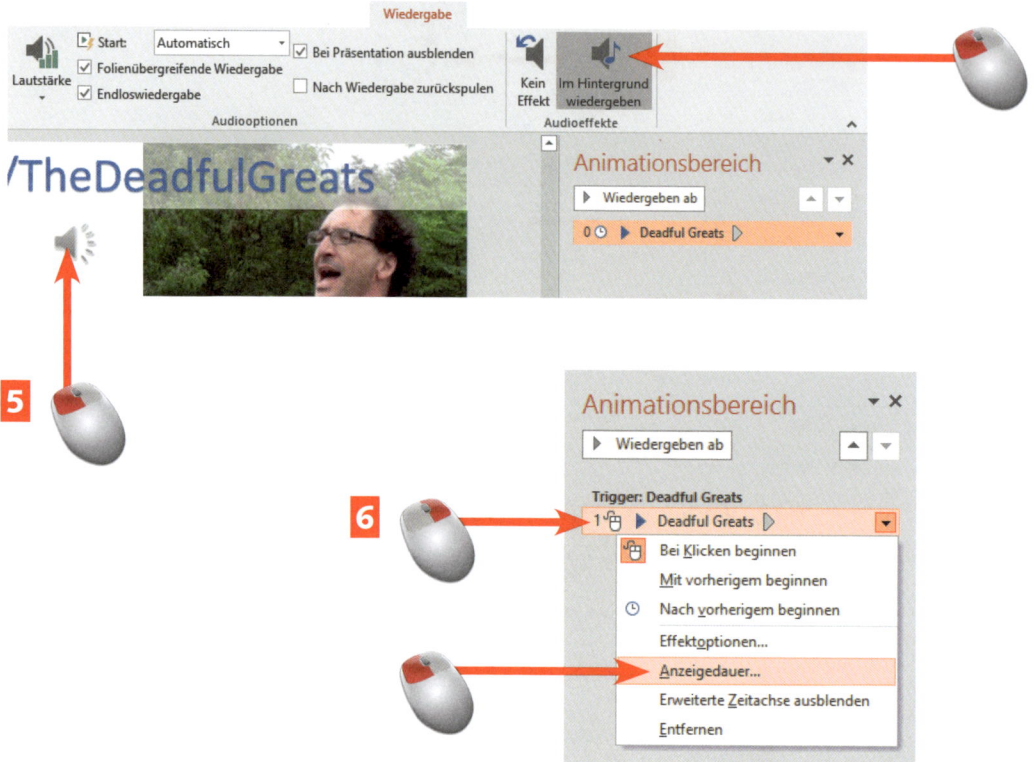

5 Um eine Audiodatei automatisch zu starten und folienübergreifend als Endlosschleife abzuspielen, fügen Sie die Audiodatei zunächst auf der gewünschten (Start-)Folie ein, klicken anschließend das Lautsprechersymbol an und wählen im Register *Wiedergabe* der Audiotools *Im Hintergrund wiedergeben*.

6 Um eine Audiodatei per Trigger zu starten und anschließend für eine bestimmte Anzahl von Folien als folienübergreifende Hintergrundmusik abzuspielen, klicken Sie den Audio-effekt im *Animationsbereich* mit der rechten Maustaste an und wählen im Kontextmenü den Befehl *Anzeigedauer*.

Wenn Sie das Lautsprechersymbol neben die Folie ziehen, sparen Sie sich das Häkchen vor *Bei Präsentation ausblenden*. Die Folie bleibt auf diese Weise auch übersichtlicher und besser zu bearbeiten. Voraus-setzung ist in diesem Fall allerdings, dass Sie die Audiodatei entweder automatisch, als Teil der Klickreihenfolge oder per Trigger starten.

WISSEN

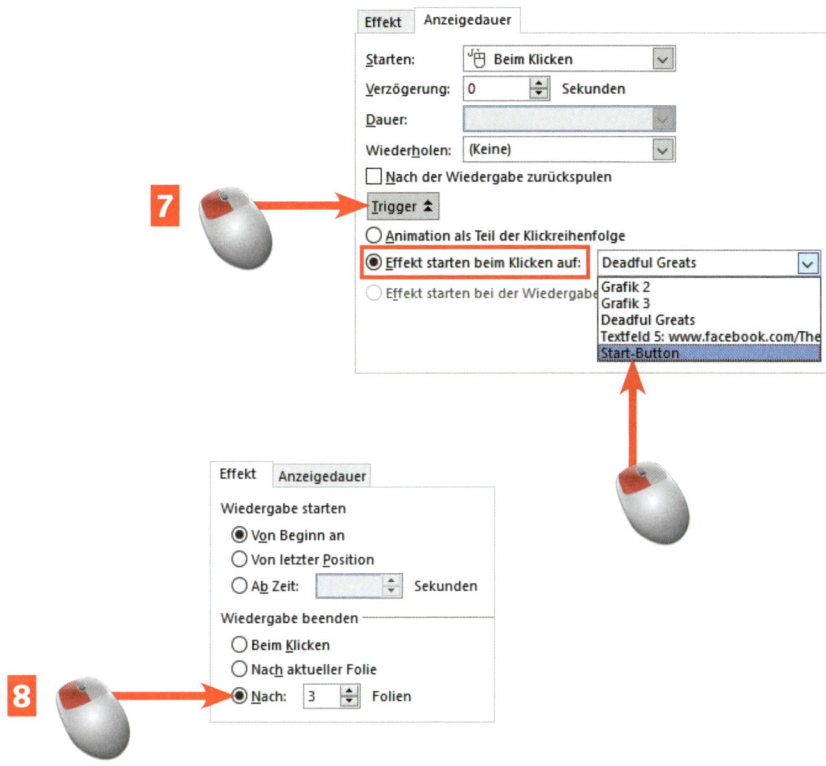

7 Wählen Sie wie gezeigt das gewünschte Triggerobjekt.

8 Wechseln Sie nun im aktuellen Dialogfenster zum Register *Effekt* und teilen Sie Power-Point mit, nach wie vielen Folien die Wiedergabe stoppen soll.

Ende

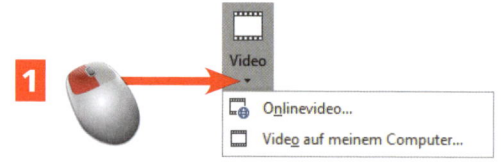

1 Klicken Sie im Register *Einfügen* auf *Video* und wählen Sie die gewünschte Variante.

2 Das Videoobjekt erscheint in der Mitte der Folie, der Videoeffekt im *Animationsbereich*.

3 Onlinevideos erscheinen nur als Objekt auf der Folie und lassen sich auch nur sehr eingeschränkt bearbeiten.

Im Schnelleinstieg in Kapitel 1 haben Sie gelernt, wie Sie ein Video mithilfe eines Platzhalters einfügen. Jetzt erfahren Sie, wie Sie **ohne** Platzhalter vorgehen. Sehen Sie sich ggf. die beiden Abschnitte »Video von Datenträger einfügen« und »Onlinevideo (YouTube) einfügen« in Kapitel 1 noch einmal an, da ich mich hier auf die ergänzenden Informationen beschränke.

Wenn Sie Videos vom Datenträger einfügen, sollten Sie vorsorglich im Register *Animationen* den *Animationsbereich* einblenden.

WISSEN

TIPP

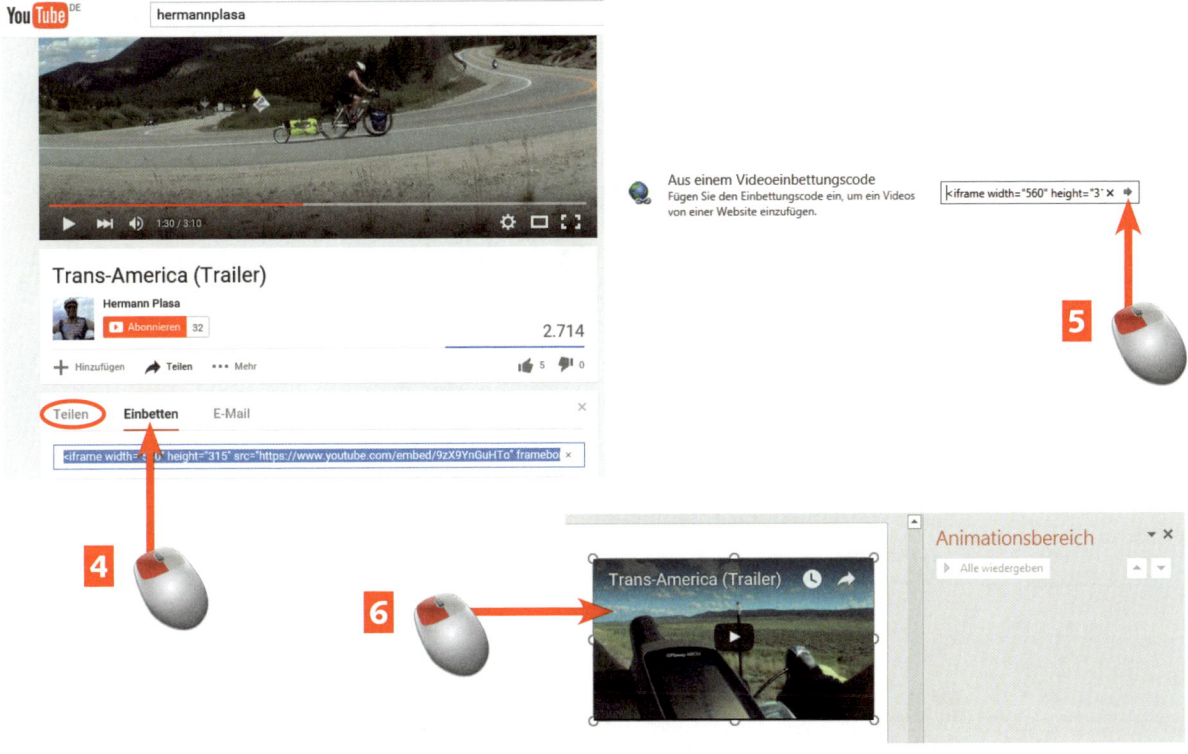

4 Um ein YouTube-Video einzufügen, das Sie im Browser vor sich haben, verwenden Sie den sogenannten Einbettungscode. Klicken Sie dazu unterhalb des Videos zuerst auf *Teilen*, dann auf *Einbetten* und kopieren Sie den (automatisch) markierten Code mit Strg+C in die Zwischenablage.

5 In PowerPoint wählen Sie im Register *Einfügen* den Befehl *Video/Onlinevideo*, fügen den Code mit Strg+V aus der Zwischenablage in das entsprechende Feld ein und klicken abschließend auf den unscheinbaren Pfeil *Einfügen.*

6 Nach wenigen Sekunden erscheint das Video auf der Folie.

Ende

HINWEIS

Denken Sie immer daran: Das »Online« in Onlinevideo birgt gewisse Risiken und Nebenwirkungen für die Präsentation. Eine fehlende Verbindung oder unzureichende Bandbreite kann einen perfekt geplanten Vortrag gewaltig ins Schleudern bringen.

HINWEIS

Wir leben in einer Zeit, in der Millionen von Menschen zwar ihr Leben via Facebook oder YouTube der Weltöffentlichkeit preisgeben, Ihnen als Referent/in aber mit einer Abmahnung drohen, wenn Sie ein der Weltöffentlichkeit zugängliches Video im Rahmen Ihrer Präsentation einer Gruppe von fünf Leuten vorführen. YouTube-Videos sind (aktuell) eine Grauzone. Grau ist zwar nicht rot, aber auch nicht grün.

Start

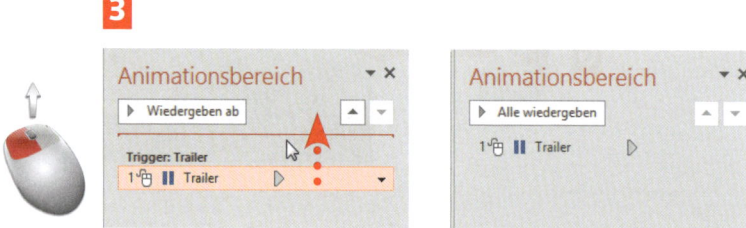

1 Diese Beispielfolie enthält drei kleine, animierte Grafiken und darüber das Video. Wie Sie sehen, ist im Animationsbereich das Video von den Grafiken getrennt. Über dem Videoeffekt steht *Trigger*, gefolgt vom Namen des Videos.

2 Um das Video zum Teil der Klickreihenfolge zu machen, verschieben Sie den Videoeffekt im Animationsbereich mit gedrückter linker Maustaste an die gewünschte Position.

3 Die Verwandlung in einen Teil der Klickreihenfolge durch Ziehen des Effektes mit gedrückter linker Maustaste funktioniert auch dann, wenn keine weiteren Animationseffekte vorhanden sind.

Per Voreinstellung müssen Sie im Präsentationsmodus das Video durch Anklicken starten. Alternativ dazu können Sie ein Video zum »Teil der Klickreihenfolge« machen oder per Klick auf ein Triggerobjekt starten.

WISSEN

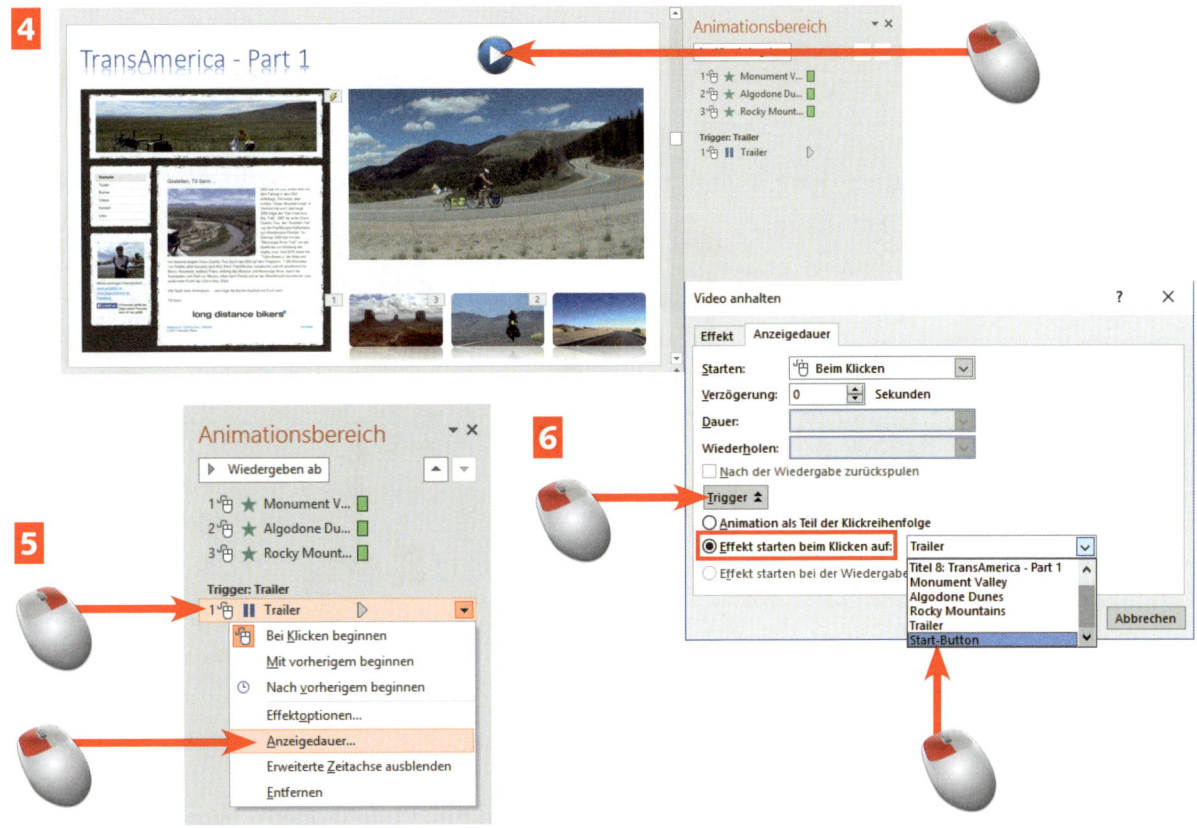

4 Alternativ können Sie ein Video durch den Klick auf ein Triggerobjekt starten. In diesem Beispiel übernimmt der blaue Play-Button über dem Video die Rolle des Triggerobjektes.

5 Klicken Sie im Animationsbereich den Videoeffekt mit der rechten Maustaste an und wählen Sie im Kontextmenü *Anzeigedauer*.

6 Klicken Sie im Dialogfenster *Video anhalten* auf *Trigger* und wählen Sie das gewünschte Triggerobjekt aus der Liste *Effekt starten beim Klicken auf* aus.

Ende

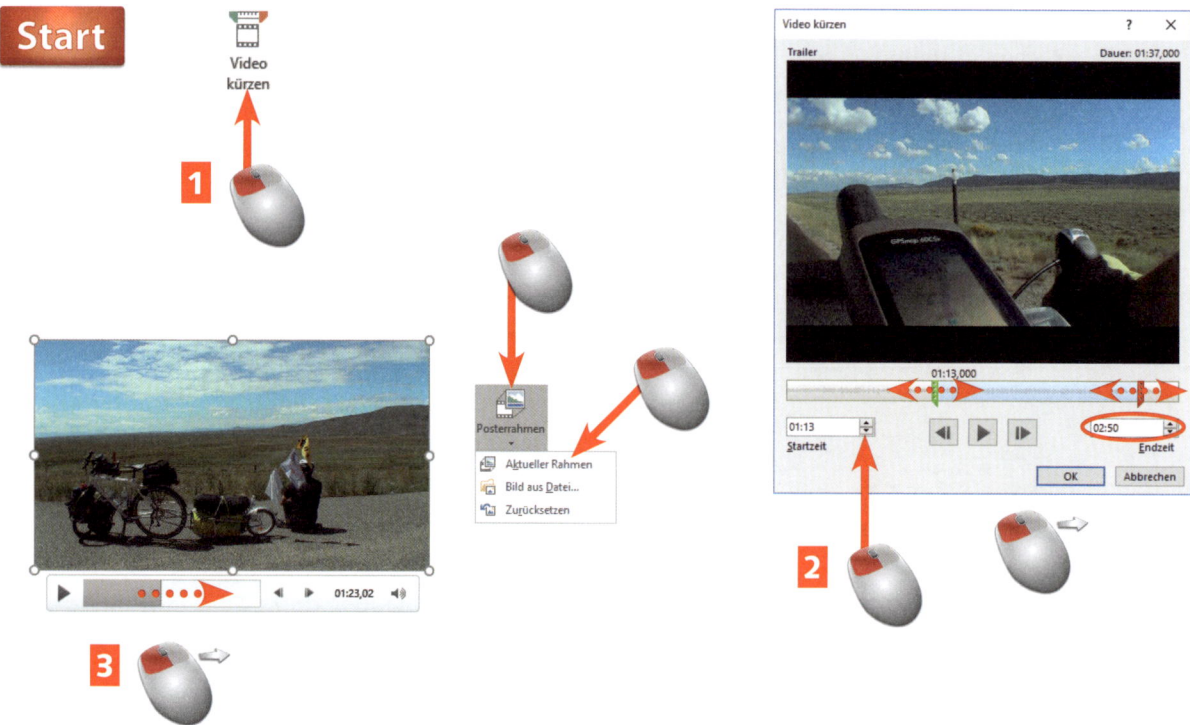

1 Um ein Video zu kürzen, klicken Sie es an, wechseln zur Registerkarte *Wiedergabe* und klicken auf *Video kürzen*.

2 Positionieren Sie im Dialogfenster *Video kürzen* den grünen und roten Schieberegler für die Start- und Endzeit ungefähr an der gewünschten Stelle. Für das Feintuning verwenden Sie anschließend die Drehfelder.

3 Per Voreinstellung zeigt PowerPoint als Startbild den ersten »Frame« (Einzelbild) des Videos. Um einen beliebigen Frame des Videos als Startbild zu verwenden, spulen Sie das Video zunächst zur gewünschten Stelle. Im Register *Format* der Videotools klicken Sie anschließend auf *Posterrahmen* und wählen *Aktueller Rahmen*.

Sie können ein Video auf verschiedene Weise anpassen: Sie können es kürzen, ein anderes Startbild als das voreingestellte festlegen, statt eines Videoframes eine Grafik als Startbild wählen oder auch mit Videoeffekten spielen.

WISSEN

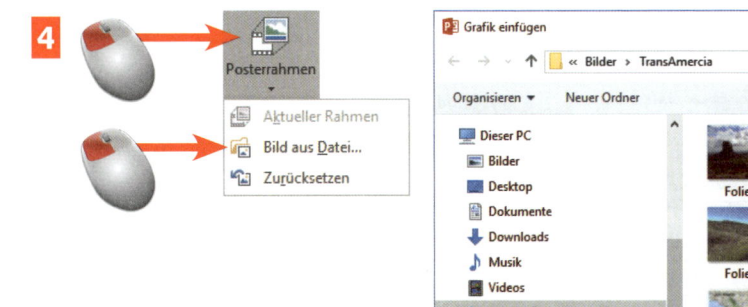

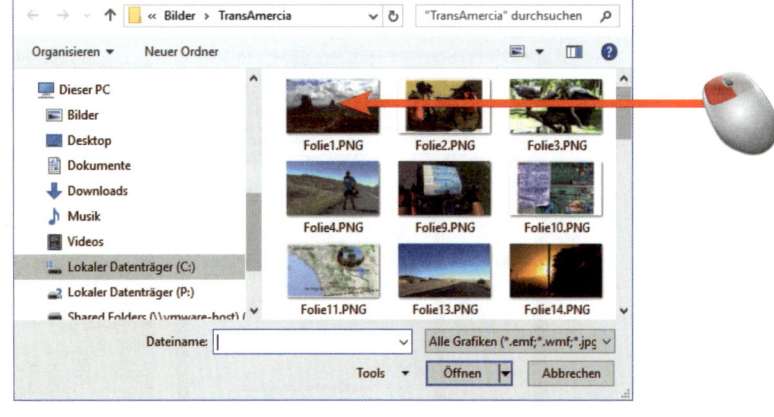

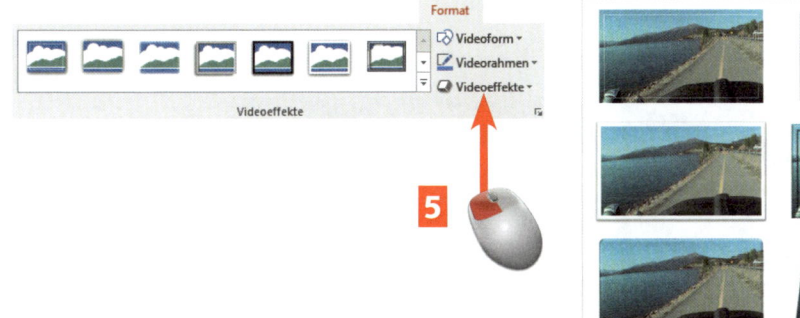

4 Wenn Sie statt eines Videoframes eine Grafik als Startbild verwenden möchten, wählen Sie *Bild aus Datei*, suchen die gewünschte Grafik und doppelklicken darauf.

5 Ich will Ihnen die *Videoeffekte* im Register *Format* der Videotools nicht verschweigen, wenngleich sich ihr Nutzen für Business-Präsentationen meiner Meinung nach in engen Grenzen hält.

Ende

Auf der Suche nach einem für ein Startbild geeigneten Frame klicken Sie sich am besten mithilfe der kleinen Pfeile in der Steuerungsleiste in 0,25-Sekunden-Intervallen durch das Video.

Um ein zugewiesenes Startbild (Frame oder Grafik) wieder zu entfernen, klicken Sie auf *Posterrahmen* und wählen *Zurücksetzen*.

Falls Sie als Startbild für ein Video eine Grafik wählen, achten Sie darauf, dass Grafik- und Videoformat übereinstimmen. Eine Grafik im Format 4:3 beispielsweise würde als Startbild eines 16:9-Videos in die Breite gedehnt.

TIPP   **TIPP**   **HINWEIS**

Start

1
TransAmerica - Part 1

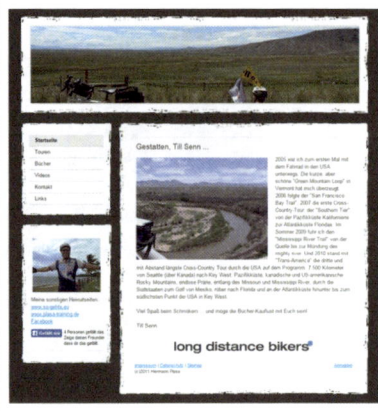

2
TransAmerica - Part 1

1 Enthält eine Folie Text- bzw. Bildinformationen, die Sie im Vortrag durch verschiedene Videos ergänzen möchten, eignet sich eine »Videogalerie«.

2 Enthält die Folie neben anderen Folienobjekten nur ein einziges Video, sollten Sie ihm schon auf der Folie möglichst viel Raum geben.

Mit »Videogröße« meine ich die Abmessungen des Videos auf der Folie und nicht die Dateigröße. Die Größe des Videos auf der Folie kann sich von der Abspielgröße im Präsentationsmodus unterscheiden. Je nach Anzahl der Videos pro Folie sowie Ihren choreografischen Überlegungen schwankt die Vorführgröße von »gerade noch erkennbar« bis Vollbild.

Ungeachtet der Größe eines Videos auf bzw. neben der Folie können Sie es im Vollbildmodus abspielen. Je größer die Projektion, desto stärker die Wirkung.

WISSEN

HINWEIS

3

5

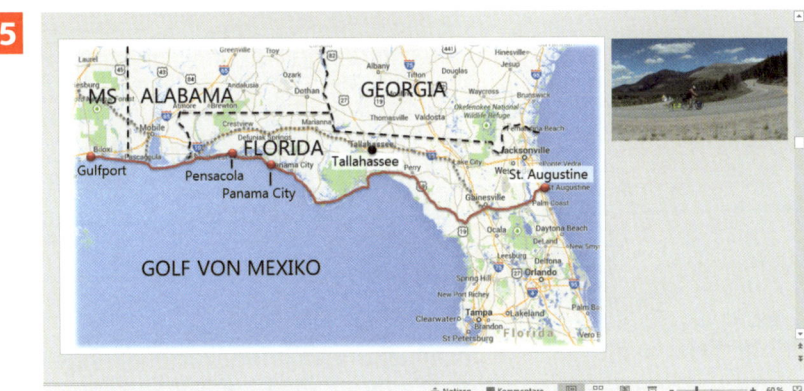

3 Ist das Video auch der einzige Inhalt der Folie, vergrößern Sie es maximal.

4 Um ein Video im Vollbildmodus abzuspielen, setzen Sie im Register *Wiedergabe* der Videotools das Häkchen vor *Wiedergabe im Vollbildmodus*.

5 Wenn Sie ein Video als i-Tüpfelchen bzw. Überraschungseffekt einsetzen möchten, verkleinern Sie es auf Briefmarkengröße, ziehen es neben die Folie und wählen die Option *Wiedergabe im Vollbildmodus*. Als Startart scheidet »Klick aufs Video« logischerweise aus, aber »Triggerobjekt« und »Teil der Klickreihenfolge« funktionieren problemlos.

Ende

Beim Abspielen eines Videos greift Power-Point auf die Hard- und Software des jeweiligen Computers zurück. Das führt oft zu unangenehmen Überraschungen, wenn die Präsentation auf Computer A erstellt und getestet, aber auf Computer B vorgeführt wird.

Codecs sind zum Erzeugen und Abspielen von Multimediadateien erforderlich und bestehen in der Regel aus zwei Komponenten: einem Encoder und einem Decoder. Ein Codec ist eine Art Übersetzer, der analoge Signale in digitale Daten und digitale Daten zurück in analoge Signale übersetzt. Ohne den richtigen Übersetzer (Codec) bleiben Lautsprecher stumm und Leinwände weiß. Windows hat die gebräuchlichsten Codes bereits an Bord.

HINWEIS   **FACHWORT**

Der Folienmaster

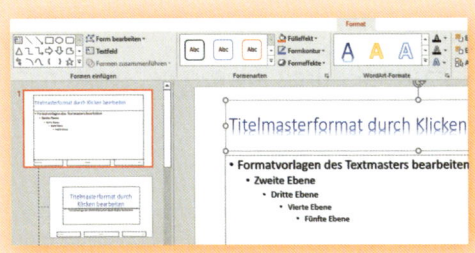

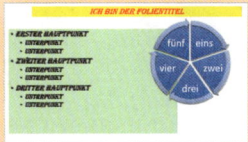

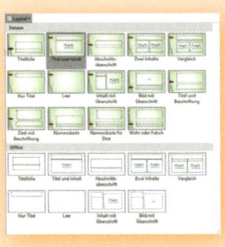

Start

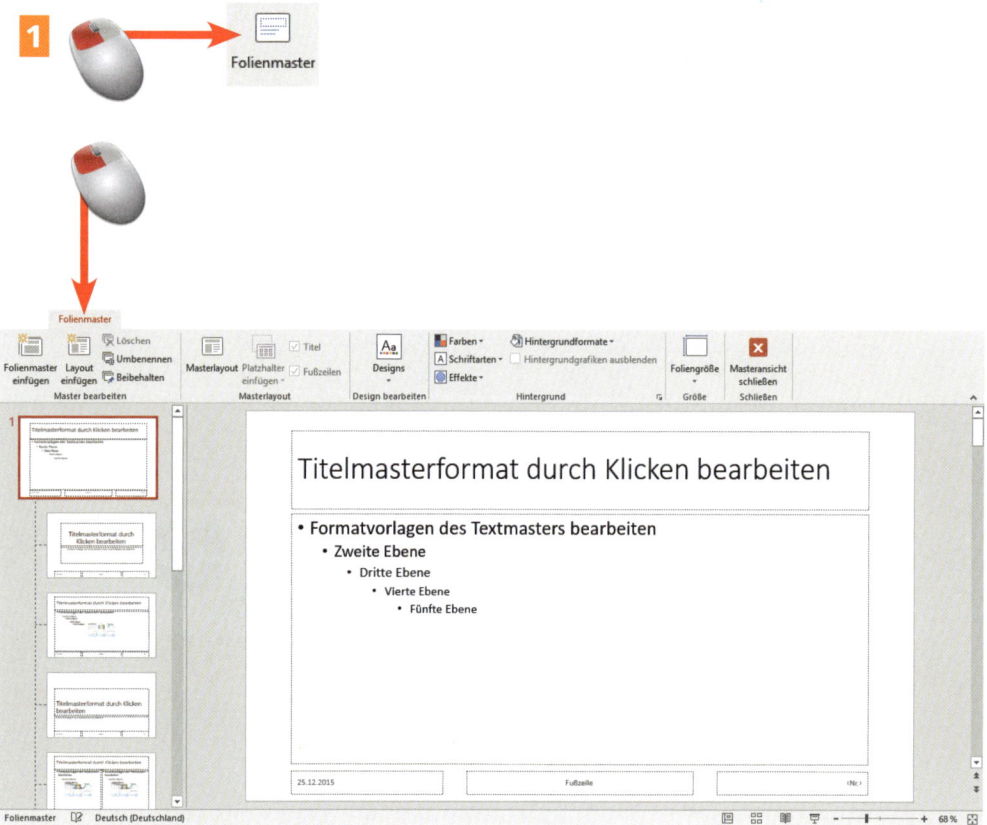

1 Klicken Sie im Register *Ansicht* in der Befehlsgruppe *Masteransichten* auf *Folienmaster*, um in die Masteransicht zu gelangen.

Jede Präsentation enthält (mindestens) einen Folienmaster. Der regelt im Sinne eines einheitlichen Gesamtlayouts der Präsentation unter anderem die Größe, Formate sowie Positionen von Text- und Objektplatzhaltern. Das Praktische am Folienmaster ist das eingebaute Energiesparprogramm: Eine einzige Änderung im Folienmaster wirkt sich auf viele, oft sogar auf alle Folien der Präsentation aus.

WISSEN

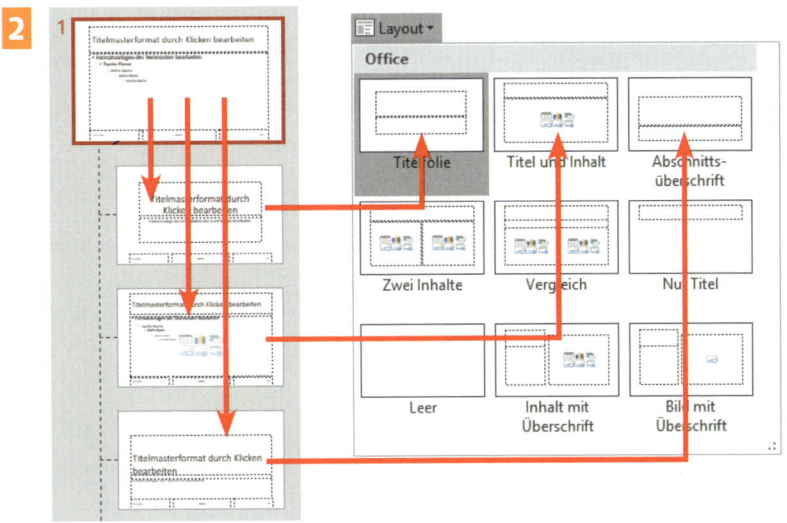

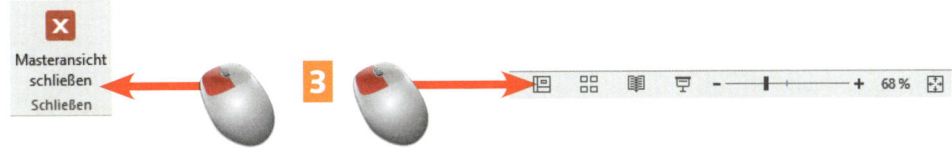

2 Stellen Sie sich die Folienhierarchie links im Navigationsbereich wie ein Regierungs-
kabinett vor. Oben thront der Regierungschef, unter ihm klammern sich die Minister an
ihre Stühle. Was der Regierungschef (Folienmaster) sagt, ist für alle Minister (Layouts)
verbindlich. Sonderregelungen einzelner Minister gelten nur für diejenigen Folien, für die
dieser Minister zuständig ist.

3 Um von der Masteransicht zurück zur Normalansicht zu wechseln, klicken Sie entweder im Register *Folienmaster* auf *Masteransicht schließen* oder am unteren
Bildschirmrand in der Ansichtsleiste auf das Symbol *Normalansicht*.

Ende

HINWEIS

Der Folienmaster ist der wichtigste von
insgesamt drei Mastern. Mit weitem
Abstand folgen der Handzettel- und
der Notizenmaster.

TIPP

Wenn Sie mit gedrückter ⇧-Taste auf
das Symbol *Normalansicht* in der Ansichtsleiste klicken, bringt PowerPoint Sie ohne
Umweg über das Register *Ansicht* direkt
zum Folienmaster.

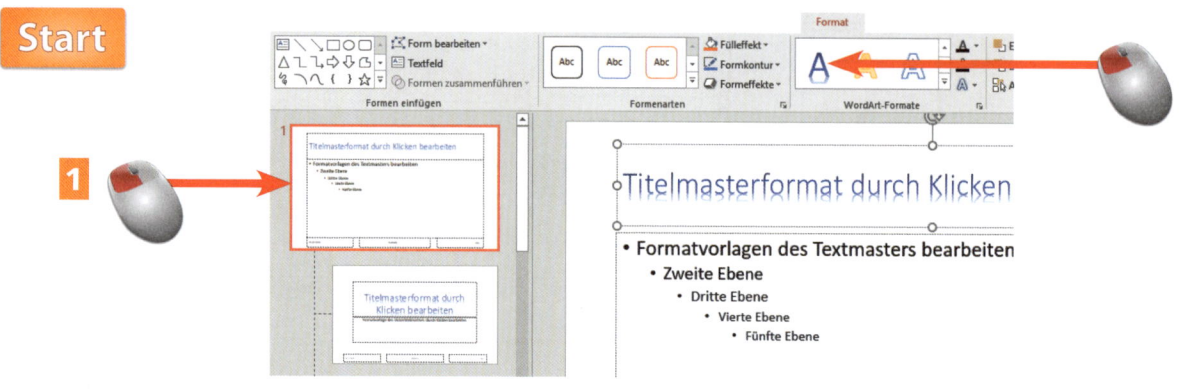

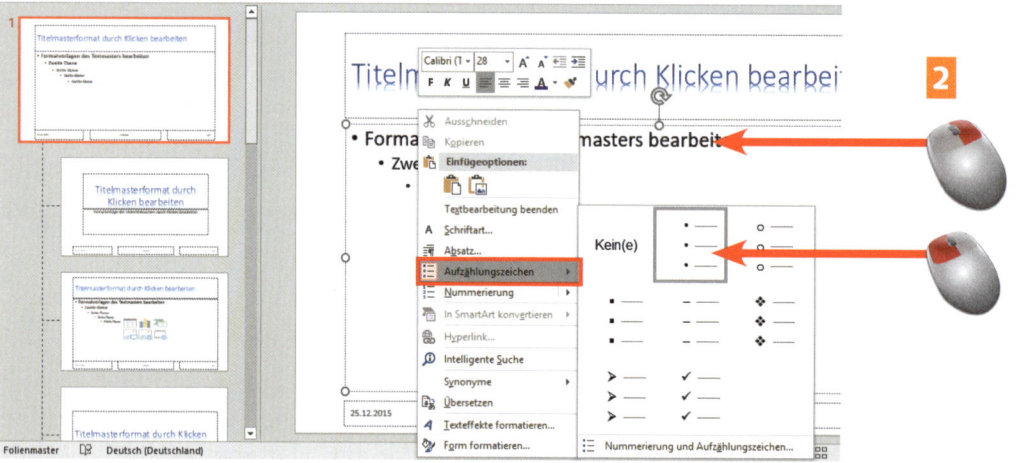

1 Wechseln Sie in die Masteransicht, klicken Sie ganz oben auf den Folienmaster und formatieren Sie den Folientitel wie gewünscht.

2 Zum Anpassen von Aufzählungszeichen klicken Sie im Folienmaster mit der rechten Maustaste in die gewünschte Gliederungsebene, zeigen im Kontextmenü auf *Aufzählungszeichen* und wählen die gewünschte Variante.

Zeichen- und Absatzformatierungen aller Platzhalter sind im Folienmaster festgelegt. Wenn Sie beispielsweise die Schriftart des Folientitels oder das Aufzählungszeichen für die erste Gliederungsebene ändern möchten, sollten Sie derartige Arbeiten niemals auf den einzelnen Folien, sondern ausschließlich im Folienmaster vornehmen. Denken Sie daran: Änderungen im Master haben sofortige und weitreichende Wirkung. Ein Klick – viele Änderungen.

WISSEN

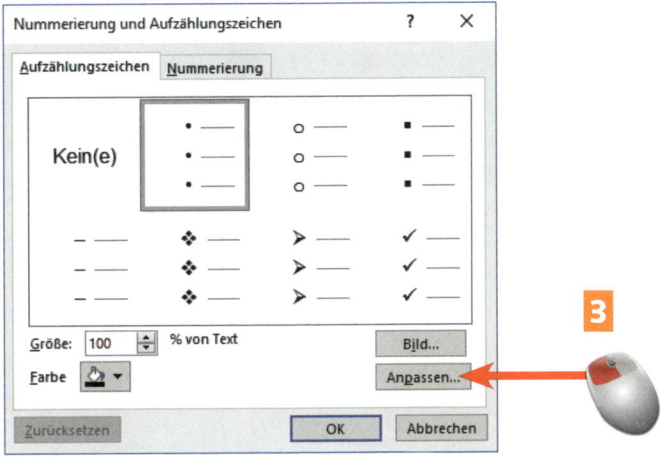

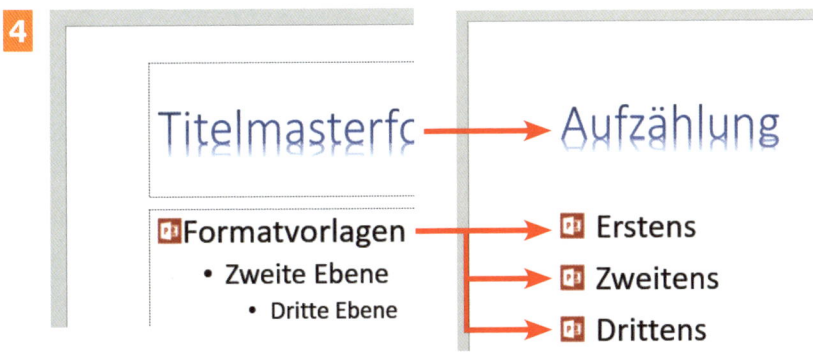

3 Finden Sie nichts Passendes, klicken Sie auf *Nummerierung und Aufzählungszeichen* und graben im gleichnamigen Dialogfenster noch ein wenig tiefer.

4 Wechseln Sie zurück in die Normalansicht und überprüfen Sie das Ergebnis.

Ende

Achtung! Sie landen beim Wechsel zur Masteransicht immer bei dem Layout (Minister), das der Folie zugewiesen ist, von der aus Sie in die Masteransicht gewechselt sind. Sollen Änderungen alle Folien betreffen, müssen Sie ganz oben im Folienmaster (Regierungschef) arbeiten.

Viele Anwender übersehen gern, dass auch in der Masteransicht alle Register des Menübandes und damit alle Werkzeuge von PowerPoint zur Verfügung stehen.

Zum Anpassen von Schriftformaten müssen Sie in der Masteransicht keinen Text markieren. Klicken Sie in den gewünschten Platzhalter bzw. die gewünschte Gliederungsebene und formatieren Sie.

HINWEIS   **HINWEIS**   **TIPP**

Start

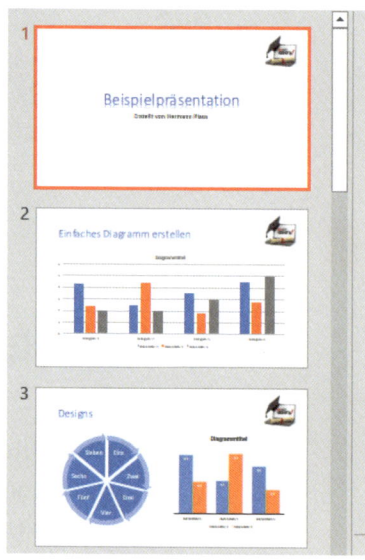

1 Fügen Sie das Logo in den Folienmaster ein und positionieren Sie es an der gewünschten Stelle.

2 Wechseln Sie zurück in die Normalansicht und überprüfen Sie, ob das Logo auf jeder Folie zu sehen ist.

Musterbeispiel für ein Master-Objekt ist das Firmenlogo, das auf jeder Folie erscheinen soll. Objekte auf den Folien einzeln einzufügen, wäre nicht nur eine enorme Energieverschwendung, es wäre auch sehr riskant. Was tun, wenn sich nach getaner Arbeit herausstellt, dass das Logo ein wenig kleiner ausfallen und ein paar Millimeter weiter rechts positioniert sein sollte? Alles kein Problem, solange Sie im Folienmaster arbeiten.

WISSEN

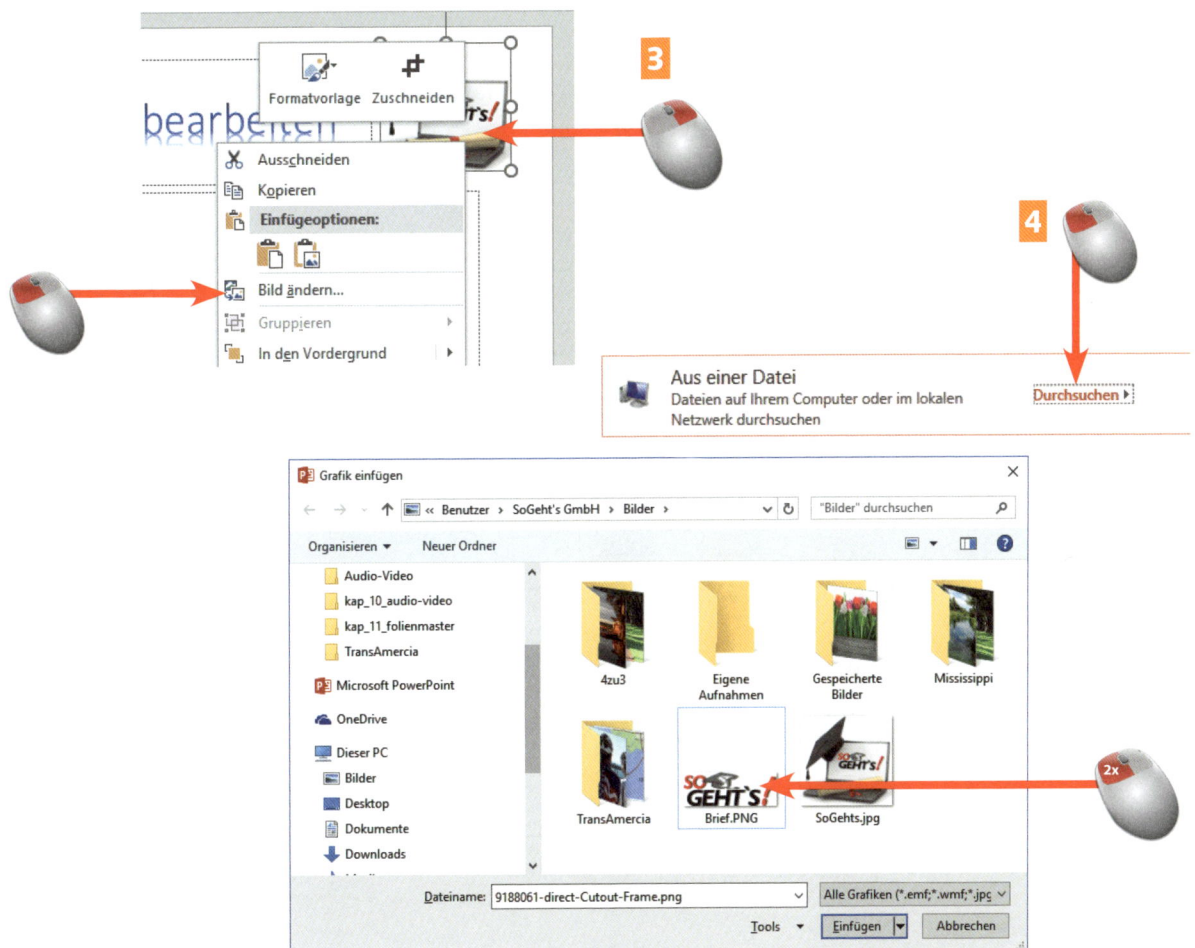

3 Um ein Bild im Folienmaster gegen ein anderes Bild auszutauschen, klicken Sie es mit der rechen Maustaste an und wählen *Bild ändern.*

4 Suchen Sie das gewünschte Bild, doppelklicken Sie darauf und überprüfen Sie das Ergebnis in der Normalansicht.

Ende

Bilder können Sie auch per Drag-and-drop aus einem geöffneten Ordner direkt auf den Folienmaster ziehen.

Falls eingefügte Bilder oder Objekte den Titelplatzhalter ein klein wenig überlagern, reduzieren Sie die Breite des Titelplatzhalters etwa. Auf diese Weise vermeiden Sie bei längeren Folientiteln, dass der Text ins Logo bzw. Objekt ragt.

Im Folienmaster formatieren Sie den Folienhintergrund wie gewohnt, indem Sie mit der rechten Maustaste neben die Folie klicken und im Kontextmenü *Hintergrund formatieren* wählen.

TIPP   **TIPP**   **HINWEIS**

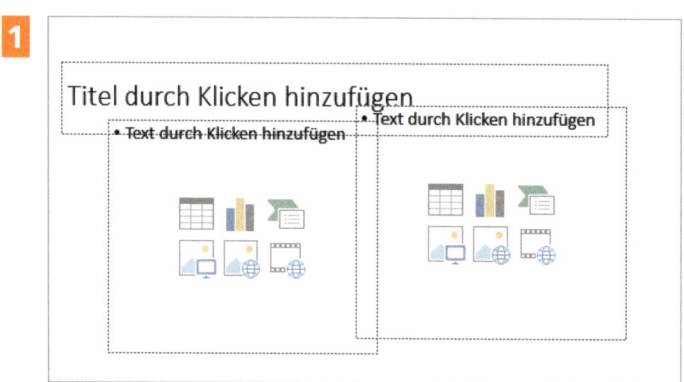

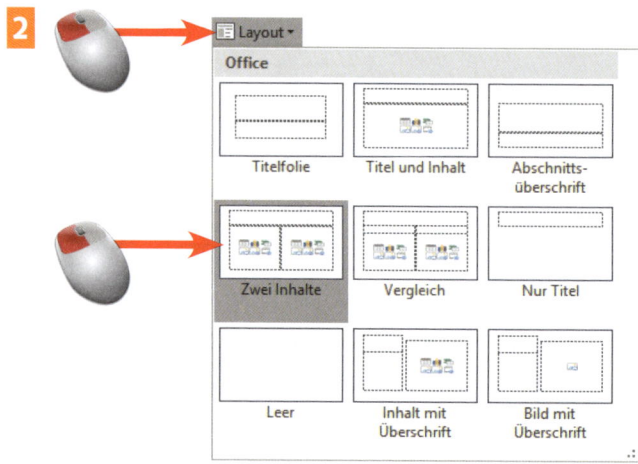

1 Im ersten Beispiel befinden sich die Platzhalter nicht mehr an der vorgesehenen Position.

2 Zur Reparatur klicken Sie im Register *Start* auf *Layout* und weisen der Folie das aktuelle Layout erneut zu. Klingt seltsam, führt aber zum gewünschten Ergebnis.

Der Folienmaster sorgt mit einheitlichen Positionen und Formaten von Text- und Objektplatzhaltern für ein gleichmäßiges Layout. In der Praxis passiert es aber immer wieder, dass man Platzhalter versehentlich verschiebt oder im Eifer des Gefechtes Formatänderungen vornimmt, die später das einheitliche Bild empfindlich stören. Gut, dass es zwei eingebaute Reparaturfunktionen gibt.

WISSEN

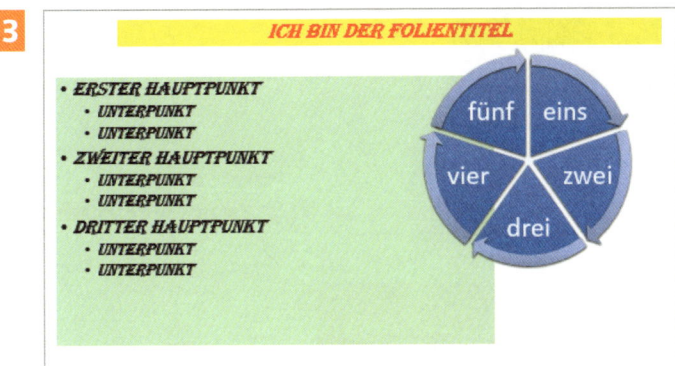

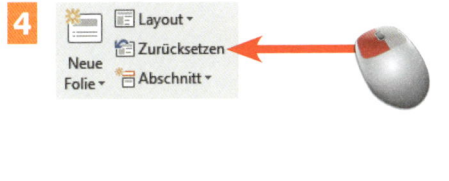

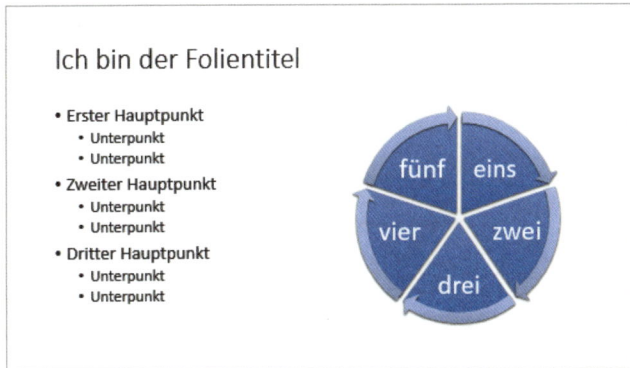

3 Im zweiten und zu Demonstrationszwecken drastischen Beispiel habe ich zusätzlich zur Position auch die Formate von Folientitel und Aufzählung verbogen.

4 Um Position und Formatierungen in einem einzigen Arbeitsgang zu reparieren, klicken Sie im Register *Start* auf *Zurücksetzen*.

5 Falls Sie nur die Zeichenformate, nicht aber die Position eines Platzhalters reparieren möchten, klicken Sie auf den Rahmen des Platzhalters (oder markieren seinen Inhalt) und drücken [Strg]+[⎵].

Ende

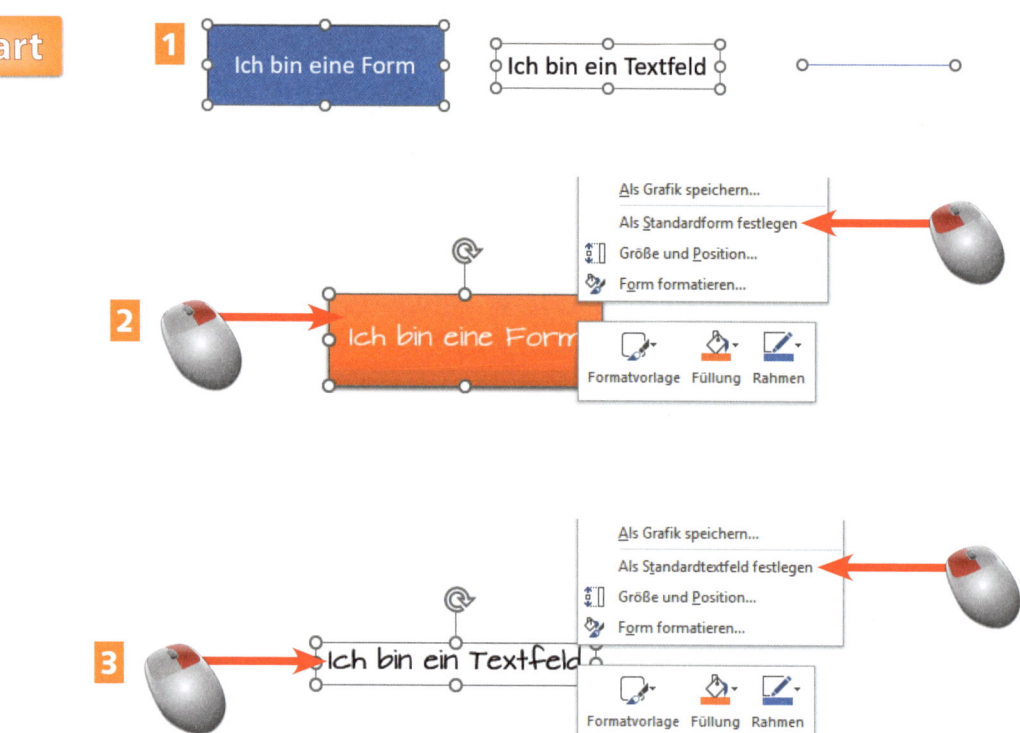

1 So sehen die drei Standardobjekte in PowerPoint 2016 aus.

2 Um die Standards für Formen zu ändern, erstellen Sie zunächst einen Prototyp, den Sie inklusive Schrift mit allen gewünschten Formaten ausstatten. Klicken Sie ihn anschließend mit der rechten Maustaste an und wählen Sie im Kontextmenü *Als Standardform festlegen*.

3 Auch für Textfelder erstellen Sie zuerst einen Prototyp mit den gewünschten Formatierungen. Anschließend klicken Sie mit der rechten Maustaste auf den Rahmen des Textfeldes und wählen im Kontextmenü *Als Standardtextfeld festlegen*.

Wenn Sie eine Form erstellen, verwendet PowerPoint ungefragt eine bestimmte Füllfarbe, Linienfarbe, Linienart und -stärke. Auch Textfelder, Linien und Pfeile erstellt PowerPoint mit voreingestellten Formaten, die Sie bei Bedarf ändern können.

WISSEN

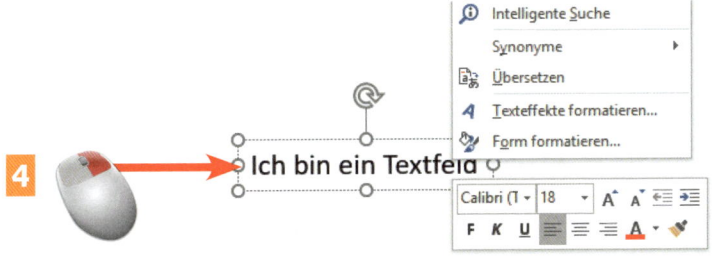

4 Achtung! Falls Sie den Befehl *Als Standardtextfeld festlegen* im Kontextmenü nicht finden bzw. das Kontextmenü so wie in dieser Abbildung aussieht, dann haben Sie beim Klicken mit der rechten Maustaste leicht daneben gezielt und in den Text statt auf den Objektrahmen geklickt.

5 Bei Linien können Sie nichts falsch machen: Prototyp erstellen, formatieren, mit der rechten Maustaste anklicken und im Kontextmenü *Als Standardlinie festlegen* wählen.

6 Für dieses Beispiel verwende ich die Standard-Präsentationsvorlage *Office*, die Power-Point per Voreinstellung für neue leere Präsentationen verwendet. Falls Sie eine andere Vorlage einsetzen, können natürlich andere Standards für Formen, Textfelder und Linien festgelegt sein. Das hier beschriebene Anpassungsverfahren ist jedoch immer dasselbe.

Ende

Es gibt zwei wichtige Einschränkungen: Die hier gezeigten Änderungen wirken sich erstens nur auf alle neuen Formen, Textfelder und Linien aus. Zweitens: Der Geltungsbereich der neuen Standards ist auf die aktuelle Präsentation begrenzt. Um Standards für zukünftige Präsentationen zu setzen, benötigen Sie eine entsprechende Präsentationsvorlage. Näheres dazu erfahren Sie gleich im Anschluss in Kapitel 12.

Weil die Standards für Formen, Textfelder und Linien nicht im Folienmaster definiert sind, greift die Reparaturmethode *Zurücksetzen* bei diesen Objekten ins Leere. Verbogene Formen, Textfelder oder Linien müssen Sie also immer von Hand anpassen.

TIPP **HINWEIS**

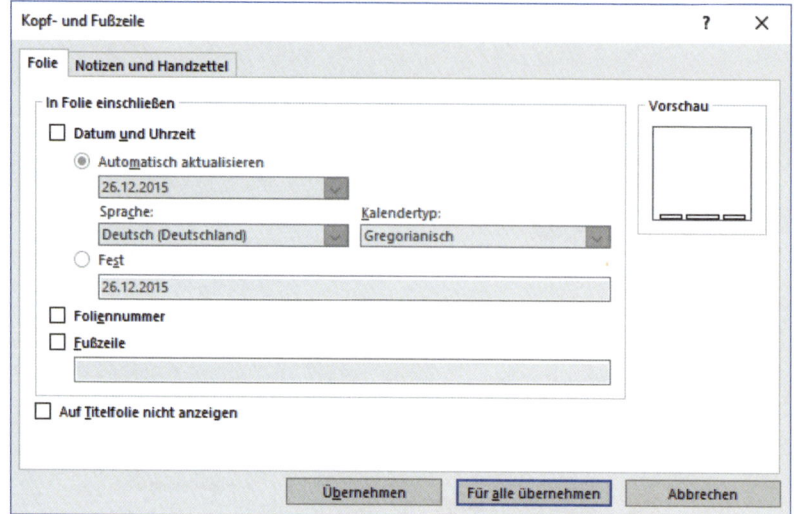

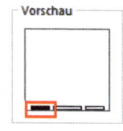

1 Klicken Sie im Register *Einfügen* auf *Kopf- und Fußzeile*, um das gleichnamige Dialogfenster zu öffnen.

2 Der Platzhalter *Datum und Uhrzeit* funktioniert nach dem Entweder-oder-Prinzip. Entweder enthält er das täglich automatisch aktualisierte Datum oder, wie in diesem Beispiel, einen festen Text.

3 Zur automatischen Nummerierung der Folien setzen Sie das Häkchen vor *Foliennummer*.

Der Folienmaster enthält die drei Fußzeilenplatzhalter *Datum/Uhrzeit*, *Fußzeilentext* und *Foliennummer*. Falls Sie Unternehmensvorlagen einsetzen, können sich Anzahl, Position und Formate der Fußzeilenplatzhalter von den hier verwendeten Beispielfolien unterscheiden. Das Grundprinzip bleibt jedoch unverändert: Position und Formate werden im Folienmaster festgelegt, aber mit Inhalten betanken Sie die Platzhalter von einer Arbeitsansicht aus.

WISSEN

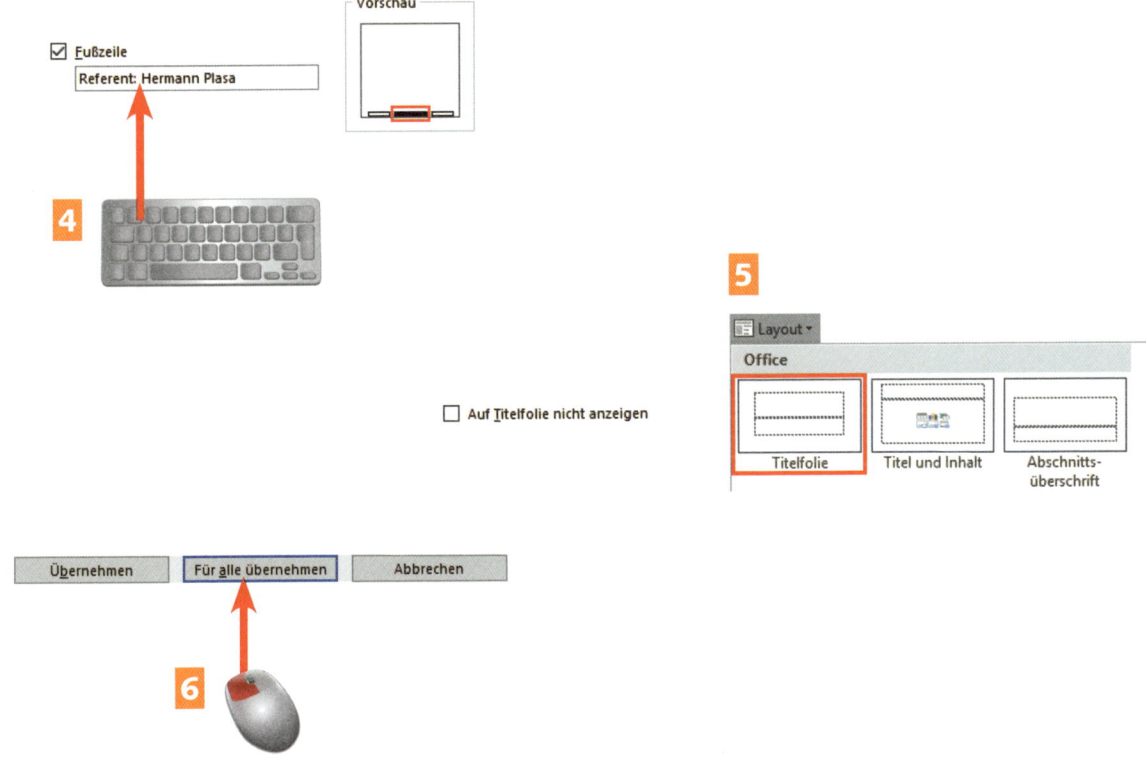

4 In den Platzhalter *Fußzeile* fügen Sie beliebigen Text ein.

5 Die Option *Auf Titelfolie nicht anzeigen* ist irreführend. Der Volksmund versteht unter der »Titelfolie« die erste Folie der Präsentation. PowerPoint dagegen meint all jene Folien einer Präsentation, denen das Layout *Titelfolie* zugewiesen wurde.

6 Im Normalfall weisen Sie eine Fußzeile mit einem Klick auf *Für alle übernehmen* jeder Folie der aktuellen Präsentation zu. Falls Sie einer einzelnen Folie eine Extrawurst braten möchten, wählen Sie *Übernehmen*.

Ende

Falls Sie einen Fußzeilenplatzhalter versehentlich auf der Folie verschoben haben (bzw. falls das ein Kollege für Sie übernommen hat), reparieren Sie das wie beschrieben durch erneutes Zuweisen des aktuellen Folienlayouts.

Falls Sie den Inhalt eines Fußzeilenplatzhalters versehentlich umformatiert haben (bzw. ein Kollege das für Sie übernommen hat), reparieren Sie das nach der Methode »Rahmen des Platzhalters anklicken und [Strg]+[ ] drücken«.

Für die Druckvarianten *Notizen* und *Handzettel* gibt es neben der Fußzeile auch eine Kopfzeile. Um die entsprechenden Platzhalter dieser Druckvarianten mit Inhalt zu füllen, wechseln Sie im Dialogfenster *Kopf- und Fußzeile* zum Register *Notizen und Handzettel*.

TIPP   **TIPP**   **HINWEIS**

Start

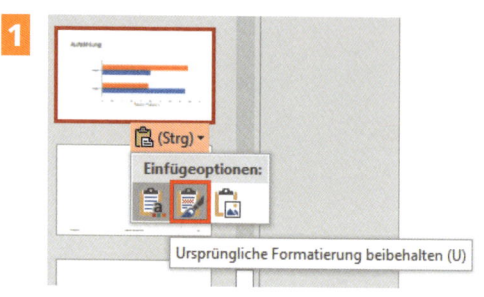

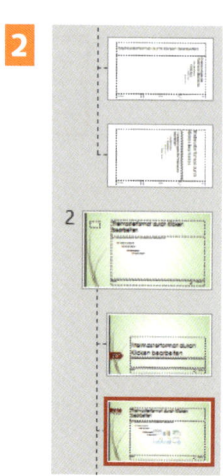

1 Die Option *Ursprüngliche Formatierung beibehalten* nach dem Einfügen einer Folie aus einer anderen Präsentation klingt doch harmlos, oder? Die Formatierung beibehalten, das möchte man doch, nicht wahr? Nein, nicht wahr!

2 Der anschließende Blick in den Folienmaster enthüllt die grausame Wahrheit: statt eines Regierungskabinetts drängeln sich jetzt zwei in der Masteransicht.

Im Normalfall gilt für den Folienmaster das »Highlander-Prinzip«. Es kann nur einen geben! Aber ein scheinbar harmloser Klick durchbricht dieses Prinzip und sorgt in der Folge oft für großen Ärger. Plötzlich tummeln sich mehrere Master in einer Präsentation, und für den Anwender beginnt das Heulen und Zähneklappern.

Sobald kein Layout eines unerwünschten Folienmasters mehr einer Folie zugewiesen ist, löst sich der nun arbeitslos gewordene Master in Luft auf.

WISSEN   **HINWEIS**

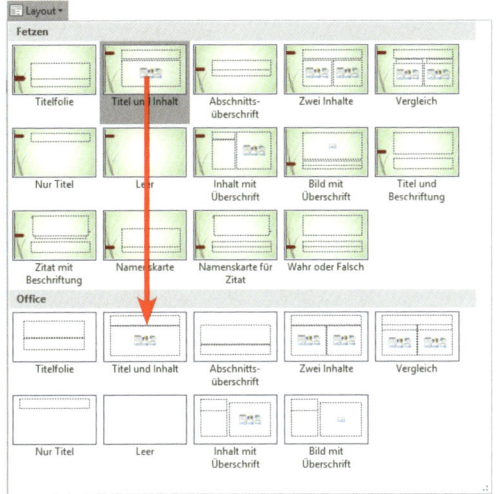

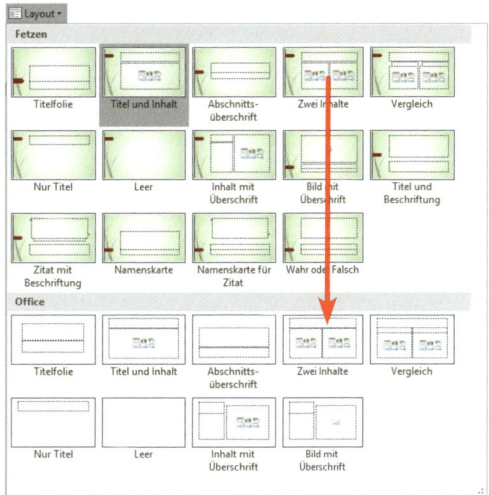

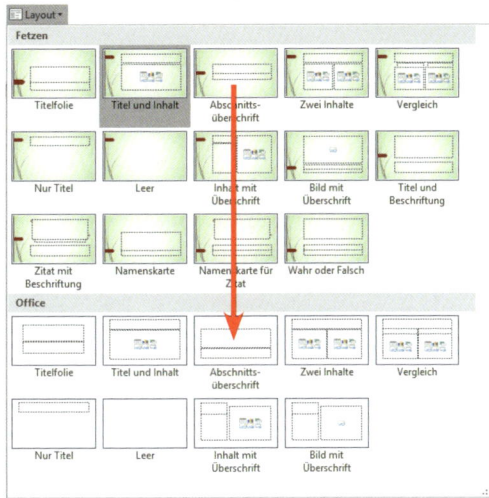

3 Nun gilt es, dieses Master- und Layout-Chaos zu entwirren und das Highlander-Prinzip wiederherzustellen. In der Auswahlliste *Layout* finden Sie die Folienlayouts aller Folienmaster. Sie müssen nun Folie für Folie prüfen und bei Bedarf das passende Layout des gewünschten Folienmasters zuweisen.

Ende

Auch wenn die Versuchung groß ist, mehrere Folien mit demselben (falschen) Folienlayout zu markieren und ihnen gemeinsam in einem Arbeitsgang das entsprechende Folienlayout des korrekten Folienmasters zuzuweisen, rate ich Ihnen dazu, sich Folie für Folie voranzutasten. Nur so springen Ihnen die Änderungen auf der Folie sofort ins Auge und Sie wissen, welche Nachbesserungen noch nötig sind.

Wie Sie gelernt haben, setzt das Zuweisen eines Folienlayouts alle vorhandenen Text- und Objektplatzhalter an die im Folienmaster vorgesehenen Positionen, lässt aber die Finger von Zeichenformaten. Hier müssen Sie nach bewährter Methode mit [Strg]+[___] von Hand nachbessern.

HINWEIS   **TIPP**

Präsentationsvorlage

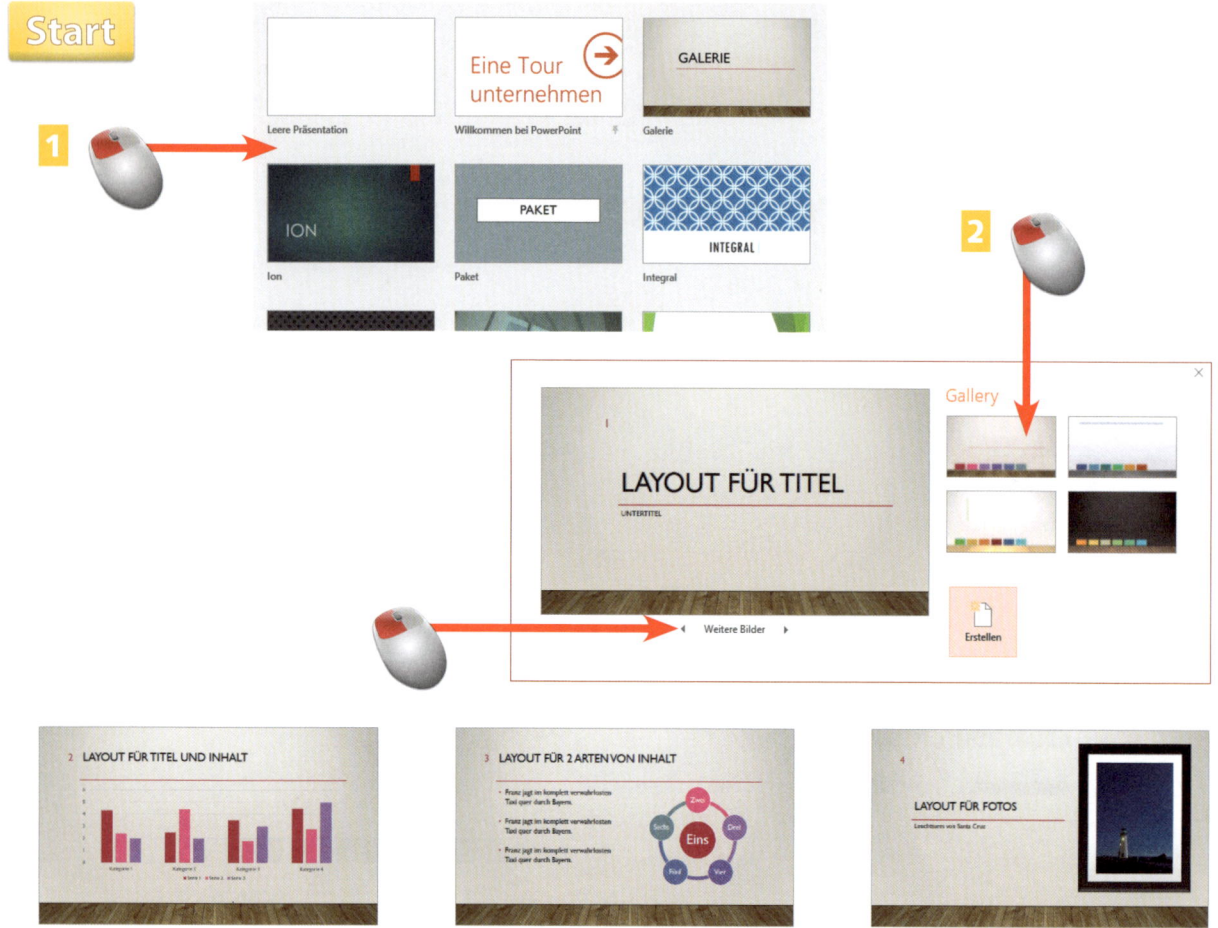

1 Der Weg zu den Vorlagen führt über das Register *Datei/Neu*. Neben der Standard-vorlage *Leere Präsentation* stehen auch bunte Varianten zur Auswahl.

2 Nach dem Klick auf eine Vorlage wählen Sie die gewünschte Farbskala. Für eine Vor-schau klicken Sie auf ein Vorschaubild in der *Gallery*, und mit den beiden kleinen Pfeilen links und rechts neben *Weitere Bilder* erhalten Sie eine Vorschau der Folienlayouts.

Präsentationen basieren auf einer Vorlage mit der Dateinamenserweite-rung *.POTM oder *.POTX. Vorlagen sind wie ein niemals endender Abreißblock. Beim Erstellen einer neuen Präsentation erzeugt PowerPoint eine Kopie der gewählten Vorlage. Solange Sie keine andere Vorlage wählen, verwendet PowerPoint per Voreinstellung die Standardvorlage *Leere Präsentation*.

WISSEN

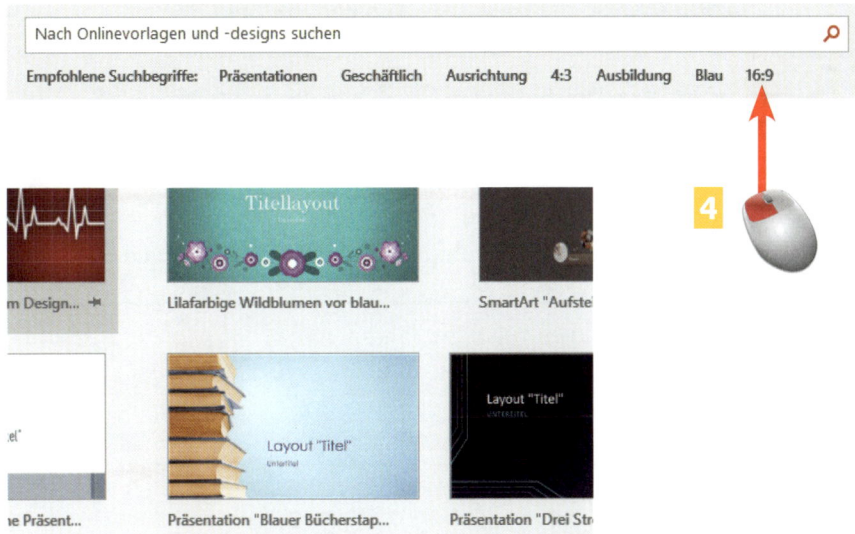

3 Zum Zuweisen einer Vorlage klicken Sie auf *Erstellen*.

4 Ist keine passende Vorlage für Sie dabei, können Sie Vorlagen aus dem Internet herunterladen.

Ende

FACHWORT

.POTM/.POTX: Das POT steht für **P**ower**P**oint **T**emplate (PowerPoint-Vorlage). Das M steht für »mit Makro«, das X für »ohne Makro«.

TIPP

Falls Sie über ein Microsoft-Konto verfügen, finden Sie auf *https://templates.office.com* eine Riesenauswahl an kostenlosen Präsentationsvorlagen.

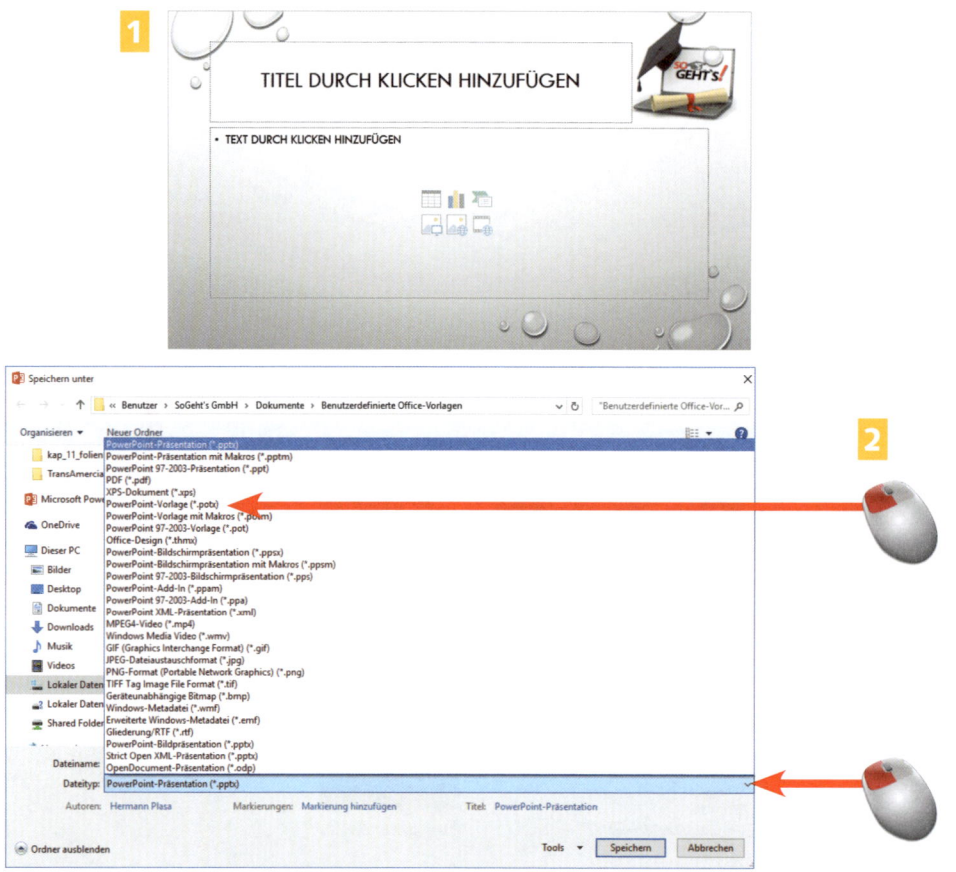

1 Erstellen Sie eine Präsentation, die in allen Belangen der gewünschten Vorlage entspricht: Masterformate und -objekte, Hintergrund, Foliengröße und -ausrichtung, Standards für Formen, Textfelder und Linien.

2 Drücken Sie F12, um das Dialogfenster *Speichern unter* zu öffnen, benennen Sie die neue Vorlage und wählen Sie als Dateityp anstelle der Vorgabe *PowerPoint-Präsentation* die Variante *PowerPoint-Vorlage*. PowerPoint speichert die neue Vorlage automatisch im voreingestellten Vorlagenordner ab.

Der sicherste Weg zu einer benutzerdefinierten Präsentationsvorlage führt über eine Präsentation, die Sie zunächst nach Wunsch gestalten und anschließend als Vorlage speichern.

Falls Sie die in den Abbildungen sichtbaren Dateinamenerweiterungen *.pptx*, *.potx* etc. auf Ihrem Bildschirm nicht sehen, ist das kein Grund zur Beunruhigung. Das bedeutet nur, dass auf Ihrem Computer die Standardeinstellung für Windows noch aktiv ist, nach der bekannte Dateinamenerweiterungen ausgeblendet werden.

WISSEN **HINWEIS**

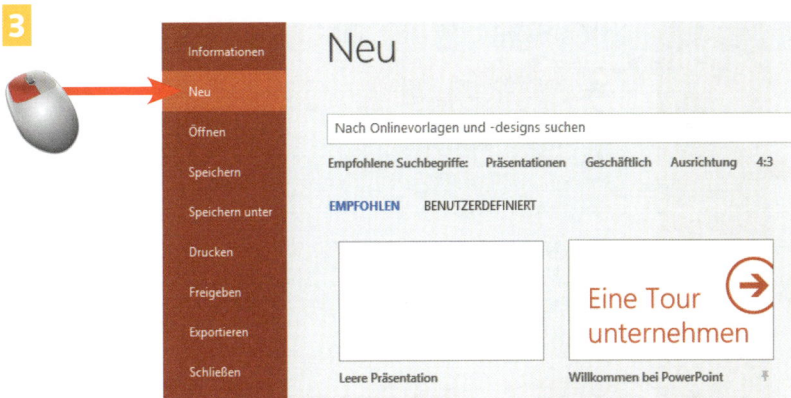

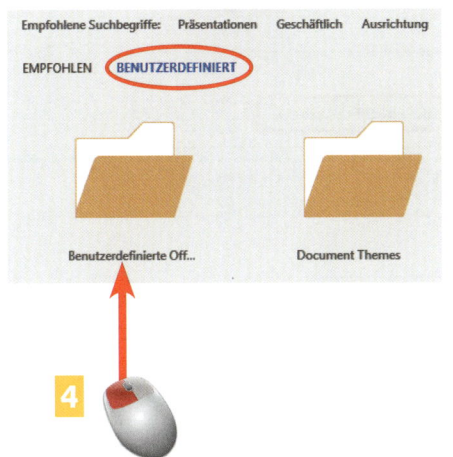

3 Um eine neue Präsentation auf Basis einer benutzerdefinierten Vorlage zu erstellen, wechseln Sie ins Register *Datei* und klicken auf *Neu*.

4 Wählen Sie *Benutzerdefiniert* und klicken Sie dann auf den Ordner *Benutzerdefinierte Office-Vorlagen*.

5 Wählen Sie die gewünschte Vorlage.

Ende

Je nach Konfiguration Ihres Computers bzw. der jeweiligen Office-Dateien, insbesondere innerhalb von Unternehmensnetzwerken, ist die Wahrscheinlichkeit hoch, dass Sie bei den Vorlagen auf andere als die hier abgebildeten Ordnerstrukturen treffen.

Wenn Sie typische und häufig verwendete Musterfolien nutzen möchten, erstellen Sie diese Folien in der Präsentation, die Sie anschließend als Vorlage speichern, oder fügen Sie sie nachträglich in die Vorlage ein. Auf diese Weise erhalten Sie beim Erstellen neuer Präsentationen alle Musterfolien zur Auswahl und müssen sie nicht jedes Mal neu erstellen oder aus alten Präsentationen in die neue Präsentation kopieren. Sie verwenden dann jeweils die Folien, die Sie brauchen, den Rest löschen Sie.

HINWEIS   **TIPP**

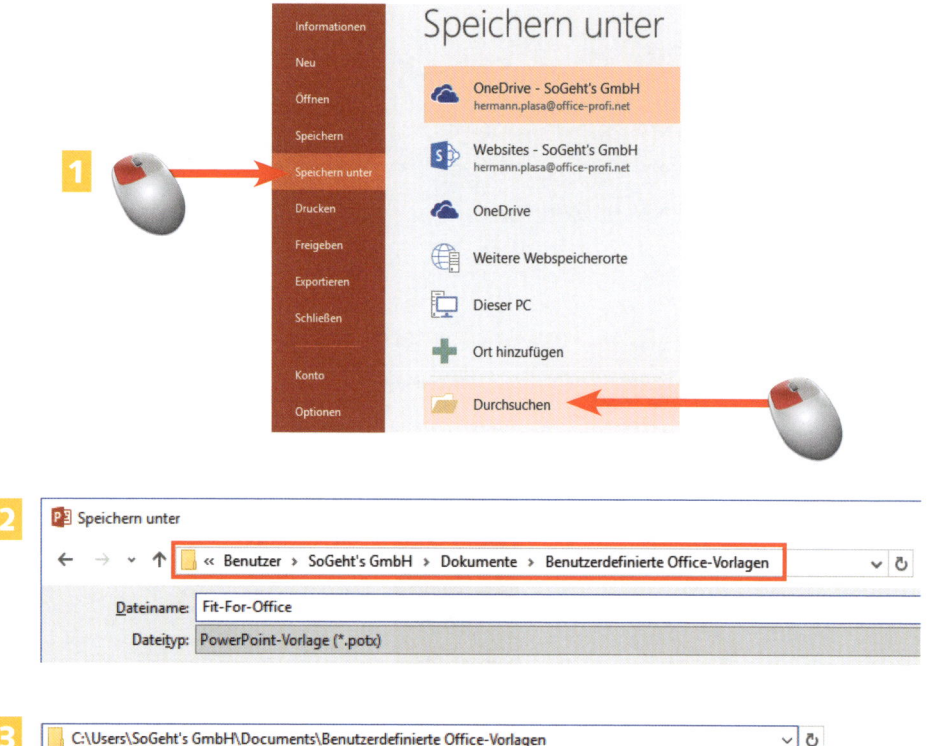

1 Wo stecken Präsentationsvorlagen? Wechseln Sie zur Klärung dieser Frage ins Register *Datei*, klicken Sie auf *Speichern unter*, dann auf *Durchsuchen*, um das Dialogfenster *Speichern unter* zu öffnen, und wählen Sie den Dateityp *PowerPoint-Vorlage (*.potx)*, damit PowerPoint den Vorlagenpfad anzeigt.

2 In der Adresszeile des Dialogfensters *Speichern unter* finden Sie Teil 1 der Lösung.

3 Weil Windows aber den tatsächlichen Pfad zunächst mit schönen Worten verschleiert, klicken Sie für Teil 2 der Lösung in der Adresszeile hinter das letzte Wort. Der Schleier lüftet sich und Windows gibt den tatsächlichen Pfad zum Vorlagenordner preis.

Vielleicht fragen Sie sich jetzt: »Wozu ein eigenes Kapitel dazu? Ich brauche doch nur die Vorlage zu öffnen und anzupassen.« Da haben Sie zwar absolut recht, aber bevor Sie eine Vorlage öffnen können, müssen Sie zuerst die Vorlagendatei im Labyrinth der Ordnerstruktur Ihres Computers aufstöbern und anschließend mit einem kleinen Trick öffnen.

Der kürzeste Weg zum Dialogfenster *Speichern unter* führt über `F12`.

WISSEN

TIPP

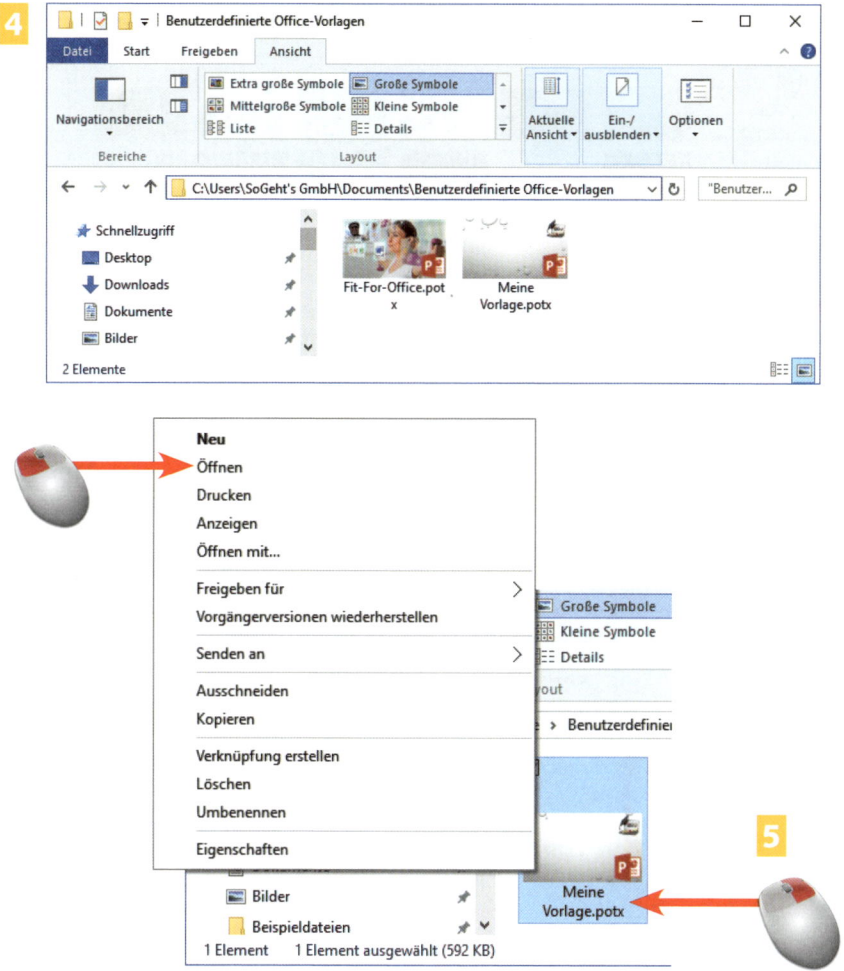

4 Öffnen Sie mit ⊞+E ein neues Explorer-Fenster und klicken Sie sich zum Vorlagenordner durch.

5 Klicken Sie die Vorlage mit der rechten Maustaste an und wählen Sie im Kontextmenü den Befehl *Öffnen*.

Ende

Statt sich den Pfad zum Vorlagenordner zu notieren oder gar zu merken und sich danach mühsam durch die Ordnerstrukturen zu klicken, kopieren Sie ihn lieber mit Strg+C in die Zwischenablage, öffnen mit ⊞+E ein neues Explorer-Fenster, fügen den Pfad mit Strg+V in die Adresszeile des Windows-Explorer ein und drücken ↵.

Nach dem Rechtsklick auf eine Datei im Windows-Explorer öffnet sich das Kontextmenü. Der fett formatierte Befehl ist der Standardbefehl, also derjenige, der durch einen Doppelklick auf die Datei ausgelöst wird. Bei gewöhnlichen Office-Dateien ist das der Befehl *Öffnen*, aber bei Vorlagen ist es der Befehl *Neu*. Der Doppelklick auf eine Vorlage erzeugt also eine neue Datei auf Basis dieser Vorlage.

TIPP

HINWEIS

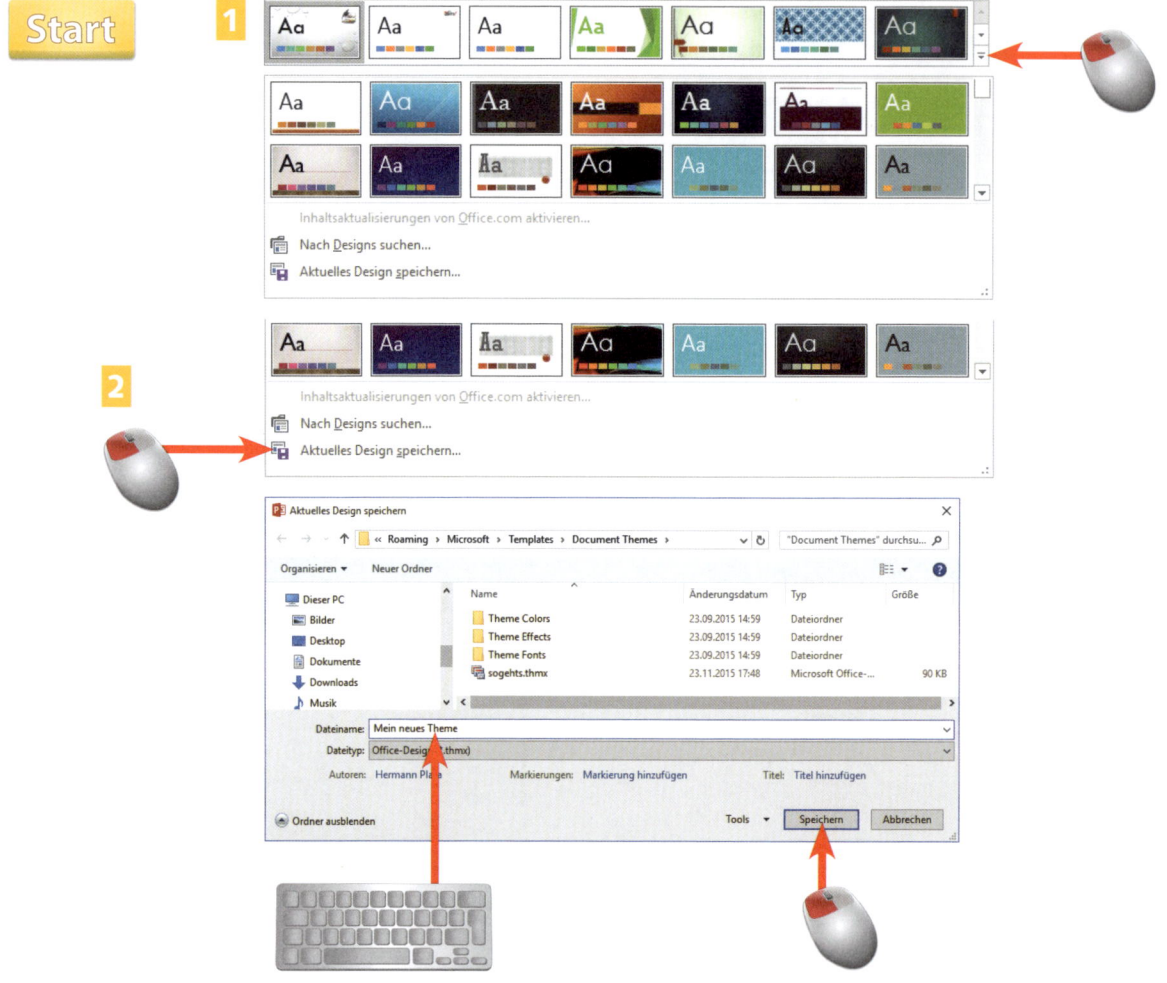

1 Erzeugen Sie auf Basis der gewünschten Vorlage eine neue Präsentation und öffnen Sie anschließend im Register *Entwurf* die Auswahlliste der Designs.

2 Klicken Sie auf *Aktuelles Design speichern*, vergeben Sie einen Dateinamen und klicken Sie auf *Speichern*. Den Speicherort wählt PowerPoint analog zur Vorlage selbstständig.

Wie Sie mittlerweile gelernt haben, erstellen Sie eine neue Präsentation immer auf Basis einer Präsentationsvorlage. Schön und gut, aber was machen Sie, wenn Sie bereits vorhandene Präsentationen mit einer Vorlage tapezieren möchten? Dann speichern Sie die Präsentationsvorlage (*.POTX) bzw. eine auf Basis der Vorlage erstellte und geöffnete Präsentation (*.PPTX) als *Design* und weisen es per Knopfdruck den gewünschten Präsentationen zu. Der englische Begriff für Design lautet »Theme«, was die Dateinamenerweiterung *.THMX erklärt.

WISSEN

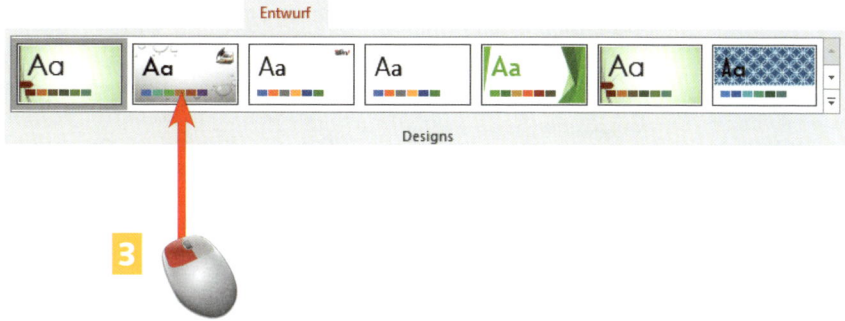

3

 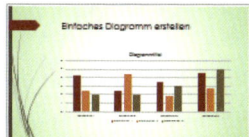 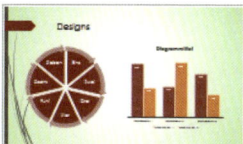 
  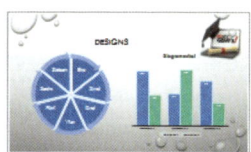 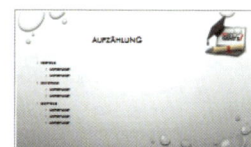

3 Ab sofort erscheint das Design in der Auswahlliste *Designs*.

4 Um es einer geöffneten Präsentation zuzuweisen, genügt ein einfacher Klick darauf – und einen Augenblick später sind alle Folien neu tapeziert.

Ende

Im Gegensatz zu einer Präsentationsvorlage (*.POTX, *.POTM) kann ein Design (*.THMX) keine Musterfolien enthalten.	Denken Sie an die Reparaturen, die Sie im Zusammenhang mit dem Folienmaster kennengelernt haben, bzw. sehen Sie sich das entsprechende Kapitel 11 noch einmal aufmerksam an. Die dort beschriebenen Werkzeuge werden Ihnen auch nach einem Designwechsel eine Menge Arbeit abnehmen.	Überprüfen Sie nach dem Zuweisen eines Designs immer das Ergebnis. Klicken Sie sich dazu einzeln durch die Folien. Erfahrungsgemäß müssen Sie bei Formen, Textfeldern und Linien sowie frei positionierten Objekten häufig nachbessern.
HINWEIS	**HINWEIS**	**TIPP**

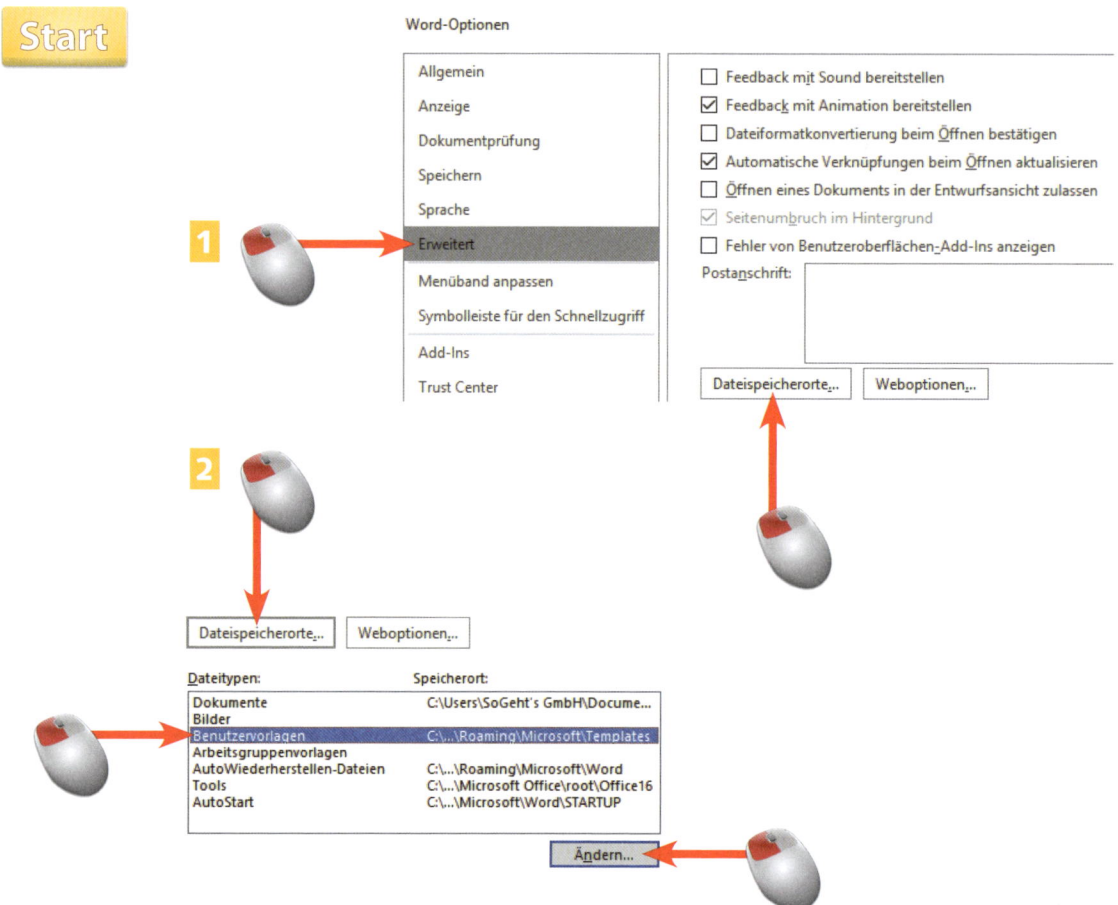

1 Den Standardordner für die Benutzervorlagen aller Office-Programme ermitteln Sie in Word. Wählen Sie *Datei/Optionen/Erweitert* und blättern Sie nach unten, bis die Schaltfläche *Dateispeicherorte* auftaucht.

2 Klicken Sie auf *Dateispeicherorte*, wählen Sie *Benutzervorlagen* und klicken Sie auf *Ändern*, um das Dialogfenster *Speicherort ändern* zu öffnen.

PowerPoints Standardvorlage ist die bekannte *Leere Präsentation*. Um eine benutzerdefinierte Vorlage als neue Standardvorlage zu verwenden, speichern Sie die gewünschte Vorlage unter dem Namen *blank.potx* im Standardordner für die Benutzervorlagen.

WISSEN

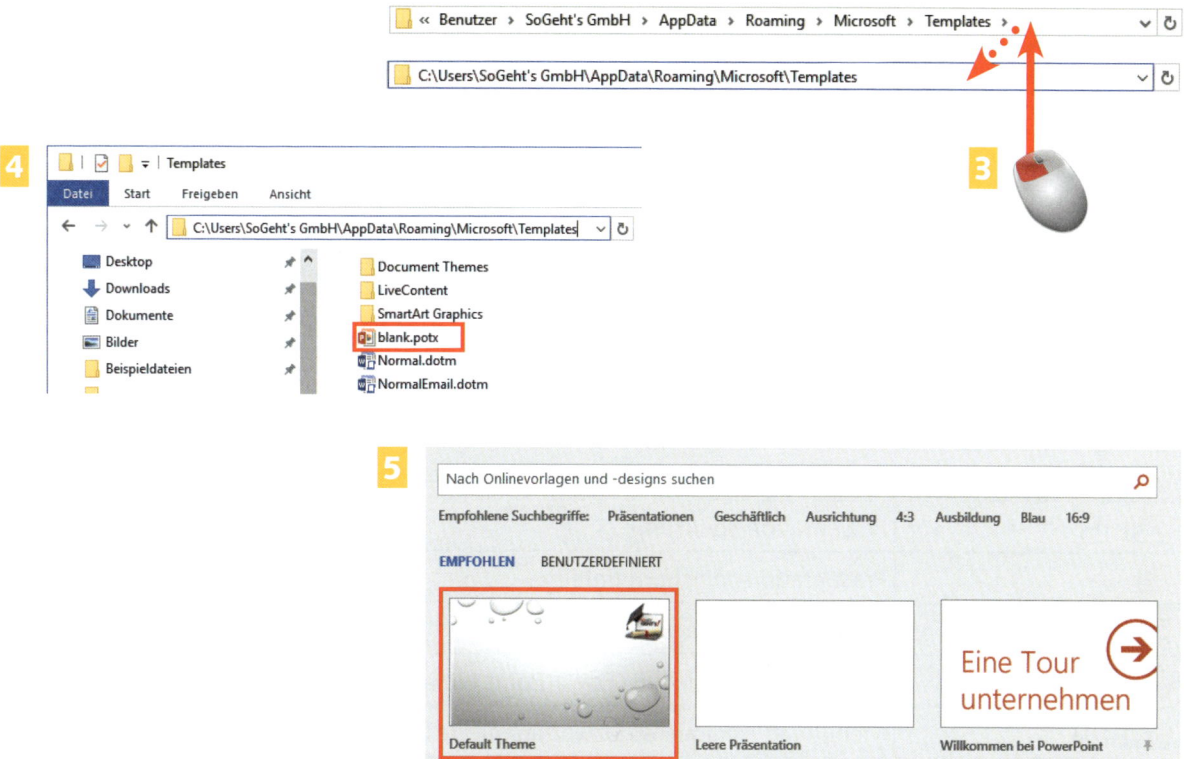

3 Klicken Sie in der Adresszeile des Dialogfensters *Speicherort ändern* hinter das letzte Wort, um den tatsächlichen Pfad zum Standardordner zu enthüllen.

4 Speichern Sie die gewünschte Benutzervorlage unter dem Namen *blank.potx* in diesem Ordner.

5 Schließen Sie PowerPoint und starten Sie es gleich wieder. Bei deaktiviertem Startbildschirm begrüßt PowerPoint Sie ab sofort nicht mehr mit der leeren Präsentation, sondern mit einer Kopie der neuen Standardvorlage. Und so sieht's bei aktiviertem Startbildschirm bzw. nach einem Klick auf *Datei/Neu* aus.

Ende

Statt eine bereits vorhandene Präsentationsvorlage zu öffnen, um sie anschließend als *blank.potx* im Vorlagenordner zu speichern, können Sie diese natürlich auch über den Windows-Explorer in den Vorlagenordner verschieben und in *blank.potx* umbenennen.

Ich empfehle Ihnen, alle wichtigen Pfade in einem Dokument zu speichern. So müssen Sie nicht jedes Mal aufs Neue recherchieren, wo welche Dateien abgelegt sind. Wenn Sie viel mit Vorlagen zu tun haben, sparen Sie Zeit und Nerven.

Wenn Sie die Datei *blank.potx* löschen, verwendet PowerPoint wieder die *Leere Präsentation* als Standardvorlage.

TIPP   **TIPP**   **HINWEIS**

Bei der täglichen Arbeit mit PowerPoint lassen sich einige – vor allem routinemäßige, immer wiederkehrende Aktionen – schnell mit praktischen Tastenkombinationen erledigen. So sparen Sie sich das Klicken durch die Menüs. Nachfolgend finden Sie eine Auflistung einiger nützlicher Tastenkürzel.

Grundfunktionen

Tastenkombination	Funktion
Strg + N	neue Präsentation anlegen
Strg + M	neue Folie anlegen
Strg + F12	Präsentation öffnen
Strg + O	Präsentation öffnen
Strg + S	Präsentation speichern
F12	Präsentation speichern unter
Strg + P	Dialogfenster *Drucken* öffnen
Strg + W	Präsentation schließen, PowerPoint bleibt geöffnet
Strg + F1	Menüband minimieren bzw. minimiertes Menüband wieder einblenden
Strg + Z	Aktion rückgängig machen
Strg + Y	Aktion wiederholen bzw. rückgängig gemachte Aktion wiederherstellen
Esc	Aktion abbrechen
Strg + F	Präsentation durchsuchen
Strg + H	Suchen und ersetzen
F7	Rechtschreibprüfung starten
⇧ + F7	Thesaurus starten
Alt + ⇧ + F9	Lineal ein- oder ausblenden
⇧ + F9	Gitterlinien ein- oder ausblenden
Alt + F9	Führungslinien ein- oder ausblenden
F1	PowerPoint-Hilfe aufrufen

Navigieren

Tastenkombination	Funktion
↑	eine Folie nach oben blättern
↓	eine Folie nach unten blättern
⇆	auf einer Folie zwischen Objekten wechseln
⇧ + ⇆	auf einer Folie in umgekehrter Richtung zwischen Objekten wechseln
Strg + ↵	auf einer Folie zum nächsten Platzhalter bewegen
←, →	Cursor im Textfeld ein Zeichen nach links bzw. rechts setzen
↑, ↓	Cursor im Textfeld eine Zeile nach oben bzw. unten bewegen
Strg + →	Cursor im Textfeld ein Wort nach rechts setzen
Strg + ←	Cursor im Textfeld ein Wort nach links setzen
Strg + ↑	Cursor im Textfeld einen Absatz weiter nach oben bewegen
Strg + ↓	Cursor im Textfeld einen Absatz weiter nach unten bewegen
Pos 1	Cursor im Textfeld an den Anfang der Zeile setzen
Ende	Cursor im Textfeld an das Ende der Zeile setzen
Strg + Pos 1	Cursor an den Anfang des Textfeldes setzen
Strg + Ende	Cursor ans Ende des Textfeldes setzen

Text formatieren und markieren

Tastenkombination	Funktion
Strg + ⎵	Formatierung eines markierten Textes entfernen und ihm wieder Standardformat zuweisen
Strg + T	Dialogfenster *Schriftart* öffnen
Strg + ⇧ + F	markierten Text fett formatieren
Strg + ⇧ + K	markierten Text kursiv formatieren
Strg + ⇧ + U	markierten Text unterstreichen
Strg + ⇧ + +	markierter Text wird hochgestellt
Strg + +	markierter Text wird tiefgestellt
Strg + E	Absatz zentriert
Strg + R	Absatz rechtsbündig

Tastenkombination	Funktion
Strg + L	Absatz linksbündig
Strg + J	Absatz im Blocksatz
⇧ + ←	Zeichen links vom Cursor markieren
⇧ + →	Zeichen rechts vom Cursor markieren
Strg + ⇧ + ←	Wort links vom Cursor markieren
Strg + ⇧ + →	Wort rechts vom Cursor markieren
⇧ + ↑	vom Cursor eine Zeile nach oben markieren
⇧ + ↓	vom Cursor eine Zeile nach unten markieren
Strg + ⇧ + ↑	kompletten Text vom Cursor nach oben markieren
Strg + ⇧ + ↓	kompletten Text vom Cursor nach unten markieren

Objekte bearbeiten

Tastenkombination	Funktion
⇧	um Objekte in Intervallen von 15 Grad zu drehen, drücken Sie während des Drehens die ⇧-Taste
Strg + A	alle Objekte auf einer Folie markieren
⇧ + ←	markiertes Objekt in der Breite reduzieren
Strg + ⇧ + ←	markiertes Objekt in kleinen Schritten in der Breite reduzieren
⇧ + →	markiertes Objekt in der Breite vergrößern
Strg + ⇧ + →	markiertes Objekt in kleinen Schritten in der Breite vergrößern
⇧ + ↑	markiertes Objekt in der Höhe vergrößern
Strg + ⇧ + ↑	markiertes Objekt in kleinen Schritten in der Höhe vergrößern
⇧ + ↓	markiertes Objekt in der Höhe reduzieren
Strg + ⇧ + ↓	markiertes Objekt in kleinen Schritten in der Höhe reduzieren
Alt + →	markiertes Objekt nach rechts drehen
Strg + Alt + →	markiertes Objekt in kleinen Schritten nach rechts drehen
Alt + ←	markiertes Objekt nach links drehen
Strg + Alt + ←	markiertes Objekt in kleinen Schritten nach links drehen

Tabellen

Tastenkombination	Funktion
⇆	Cursor springt zur nächsten Zelle
⇧ + ⇆	Cursor springt zur vorherigen Zelle
⇆ in letzter Zelle einer Tabelle	am Ende der Tabelle eine zusätzliche Zeile einfügen
Strg + ⇆	Tabstopp innerhalb einer Zelle setzen
Alt + ⇧ + →	Zellinhalt nach rechts einrücken
Alt + ⇧ + ←	Zellinhalt nach links einrücken

Präsentationsmodus

Tastenkombination	Funktion
F5	Bildschirmpräsentation von Beginn an starten
⇧ + F5	aktuelle Folie von der Normalansicht in den Präsentationsmodus schalten
F1	Übersicht aller Steuerungsmöglichkeiten
→	zur nächsten Folie blättern
←	zur vorherigen Folie blättern
Esc	in die zuletzt verwendete Arbeitsansicht wechseln
B	während der Bildschirmpräsentation die Projektion aus- bzw. wieder einschalten
Alt + ↑	während der Wiedergabe im Präsentationsmodus die Lautstärke Audio/Video erhöhen
Alt + ↓	während der Wiedergabe im Präsentationsmodus die Lautstärke Audio/Video verringern
Alt + ⇧ + →	in Intervallen von 0,25 Sekunden vorwärts durch die Mediendatei klicken
Alt + ⇧ + ←	in Intervallen von 0,25 Sekunden rückwärts durch die Mediendatei klicken
Alt + P	Audio-/Video-Wiedergabe unterbrechen bzw. fortsetzen
Alt + Q	Audio-/Video-Wiedergabe beenden

Gliederungsansicht

Tastenkombination	Funktion
⏎	in der Gliederungsansicht neue Folie erstellen
Strg + ⇧ + ⇄	zwischen der Gliederungsansicht und der normalen Ansicht wechseln
Alt + ⇧ + ↑	in der Gliederung ein Element nach oben verschieben
Alt + ⇧ + ↓	in der Gliederung ein Element nach unten verschieben
Alt + ⇧ + 1	in der Gliederungsansicht nur die Überschriften anzeigen

Einfügen

Tastenkombination	Funktion
Strg + D	Duplikate einer ausgewählten Folie erzeugen
Strg + C	kopiert markierte Objekte/Texte in die Zwischenablage
Strg + X	schneidet markierte Objekte/Texte aus und kopiert sie in die Zwischenablage
Strg + V	fügt den Inhalt der Zwischenablage ein
Strg + K	Dialogfenster *Link einfügen* öffnen
Strg + ⇧ + C	Formatierung kopieren

Elemente löschen

Tastenkombination	Funktion
Strg + ⇐	löscht das Wort links vom Cursor
Strg + Entf	löscht das Wort rechts vom Cursor
linke Maus auf Rahmen des Platzhalters + Entf	Inhalt eines Platzhalters löschen, ohne den Platzhalter zu löschen

Zeichnen

Tastenkombination	Funktion
⇧	um exakte horizontale oder vertikale Linien zu malen, drücken Sie beim Zeichnen der Linie die ⇧-Taste
Alt	beim Zeichnen der Linie die Alt-Taste drücken, um vorübergehend die magnetische Anziehungskraft der Ankerpunkte zu deaktivieren

Tastenkombination	Funktion
Esc	Zeichenmodus »entsperren«
Strg	um einen Kreis zu erzeugen, drücken Sie die Strg-Taste und zeichnen ein Oval

Weitere praktische Tastenkürzel, die in keine Kategorie passen

Tastenkombination	Funktion
⇧	wenn Sie mit gedrückter ⇧-Taste auf das Symbol *Normalansicht* in der Ansichtsleiste klicken, kommen Sie direkt zum Folienmaster
⊞+E	ein neues Explorer-Fenster öffnen

Häufig genutzte Sonderzeichen

Tastenkombination	Zeichen
Alt+1 (Nummernblock)	☺
Alt+2 (Nummernblock)	☻
Alt+7 (Nummernblock)	• (Punkt in der Zeilenmitte)
Alt+16 (Nummernblock)	►
Alt+17 (Nummernblock)	◄
Alt+18 (Nummernblock)	↕
Alt+29 (Nummernblock)	↔
Alt+0044 (Nummernblock)	‚ (einfaches Anführungszeichen unten)
Alt+0145 (Nummernblock)	' (einfaches Anführungszeichen oben)
Alt+175 (Nummernblock)	» (französische Anführungszeichen auf)
Alt+174 (Nummernblock)	« (französische Anführungszeichen zu)
Alt+0187 (Nummernblock)	» (französische Anführungszeichen auf)
Alt+0171 (Nummernblock)	« (französische Anführungszeichen zu)
Alt+0155 (Nummernblock)	› (einfache französische Anführungszeichen auf)
Alt+0139 (Nummernblock)	‹ (einfache französische Anführungszeichen zu)
AltGr+C	© (Copyright)
AltGr+R	® (Registered)
AltGr+T	™ (Trademark)

A

Abschnitt 56
Anführungszeichen 68
Animation 150
　ändern 150, 152
　anpassen 150
　automatisch auslösen 158
　Autovorschau 151
　Dauer anpassen 154
　hinzufügen 150, 152
　per Trigger starten 155
　Reihenfolge ändern 154
　Startart ändern 154
　übertragen 151
Animationsbereich 151
Ankerpunkt 81
Ansicht Foliensortierung 43
Ansicht-Register 42
Ansichtsleiste 15, 52, 193
Arbeitsansichten 42
Audio
　Abspieldauer anpassen 178
　als Teil der Klickreihenfolge 174
　einfügen 172
　Formate 172
　kürzen 179
　Lautsprecher ausblenden 175
　per Trigger starten 174
Aufzählung 20
Aufzählung animieren 156
AutoFormat 68
AutoKorrektur 66

B

Bild
　einfügen 30
　Formate 30
　komprimieren 31
Bildbearbeitung 94
Bildformatvorlage 92
Bildschirmpräsentation 46

D

Design 214
Design zuweisen 38
Diagramm 130
　animieren 156
　anpassen 136
　Balkendiagramm 130
　Datenbereich 27
　Datenblatt 27
　einbetten 132
　Einfügeoptionen 132
　erstellen 26
　Excel-Diagramm einfügen 132
　Farben 134
　Formatvorlagen 134
　Kreisdiagramm 131
　Liniendiagramm 131
　Säulendiagramm 130
　Schnelllayouts 134
　verknüpfen 132
Drucken 60

E

Effektoptionen 150
Einbetten 132

F

Folie
　löschen 54
　verschieben 43
Folienformat 18, 89
Folienhintergrund 88
Folienlayout ändern 22
Folienmaster 192
　Formate anpassen 194
　Fußzeile 202
　mehrere Master in einer Präsentation 204
　Objekte einfügen 196
　Reparaturwerkzeuge 198
Folientitel 69
Folienübergang 40

Form 76
   ändern... 91
   drehen... 77
   erstellen 76
   skalieren 76
   Standardform ändern 200
Formenarten 77
Formenliste 76
Formkontur 77
Fußzeile 202

G

Gliederungsansicht 43
Grafik
   als Folienhintergrund........................ 88
   als Füllung für Form 90
   ändern... 93
   anpassen 94
   Auflösung.. 100
   Bullaugen-Effekt 106
   Effekte.. 94
   einfügen 86
   Farbe 94
   Formatvorlage 92
   Fotoalbum 102
   Fotomontage...................................... 97
   freistellen.. 94
   Helligkeit 94
   komprimieren 99, 100
   Kontrast 94
   Schärfe 94
   skalieren 87
   zuschneiden 98

H

Handout... 45
Hintergrund.. 88
Hyperlink
   ins Internet 162
   QuickInfo 165
   Überblick... 162
   zu anderen Präsentationen................. 166
   zu Office-Datei.................................. 163

K

Kiosk-Modus 168
Kontextabhängige Register 15
Kontextmenü 23

L

Leseansicht... 46
Linie 80
Linie, Standardlinie ändern.................. 200
Linienart.. 80
Linienstärke.. 80
Löschen, Folien 58

M

Markieren von Objekten....................... 82

N

Normalansicht..................................... 42
Notizansicht.. 44
Notizenbereich 45

O

Objekte markieren 82
Office-Design...................................... 23
Onlinegrafik einfügen.......................... 32
Onlinevideo einfügen........................... 36
Organisationsdiagramm 81

P

Pfeil.. 80
PowerPoint
   anpassen 64
   Optionen... 64
Präsentation
   erstellen 18
   öffnen 18
   speichern 58
Präsentationsansichten........................ 46

Präsentationsmodus 46
Programmfenster.. 15
Programmoberfläche...................................... 14

Q

QuickInfo 15

R

Rechtschreibprüfung 66
Referentenansicht.. 48
Rückgängig machen 65

S

Schnelllayout 135
Schnellzugriffsleiste............................... 14, 70
Screenshot... 99
SmartArt-Grafik... 140
   animieren 156
   erstellen 28
   Farben anpassen 141
   Formatvorlagen.................................... 144
   Layout anpassen 142
   Textbereich... 140
Speichern 58
Standardformate zuweisen............................ 17
Startbildschirm.................................... 18, 217
Statusleiste... 15, 52

T

Tabelle
   erstellen 24, 118
   formatieren 124
   Gitternetzlinien 125
   Spaltenbreite anpassen...................... 126
   Spalten einfügen/löschen................... 126
   Zeilen einfügen/löschen..................... 126
   Zeilenhöhe anpassen.......................... 126
   Zellen markieren................................. 120
   Zellen teilen... 123
   Zellen verbinden................................. 122

Tabellenformatvorlagen......................... 25, 124
Tastenkombinationen 218
Textfeld.. 76, 78
   Standardtextfeld ändern 200
Textplatzhalter 16
Trigger... 155

V

Verbindungslinie.................................... 80, 81
Verknüpfen.. 132
Video
   Abspielgröße 188
   als Teil der Klickreihenfolge 184
   anpassen 186
   Effekte.. 187
   Einbettungscode................................. 183
   einfügen 34, 182
   Formate 34
   kürzen 186
   per Trigger starten 185
   Startbild ändern 186
   Vollbildmodus 189
   YouTube 34
Vorlage
   als Design speichern........................... 214
   als Standardvorlage speichern................... 216
   anpassen 212
   erstellen 210
   Überblick.. 208

Y

YouTube 36

Z

Zeilenumbruch 16, 77
Zoomfaktor... 52
Zuletzt verwendete Präsentation 18
Zwischenspeichern 65

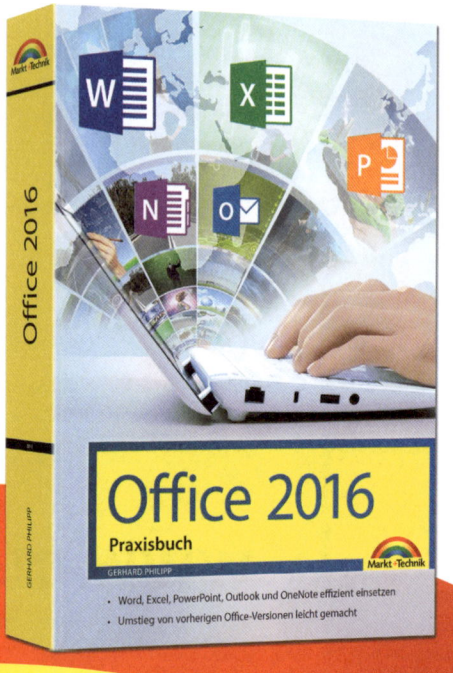